U0542206

国家出版基金项目
NATIONAL PUBLICATION FOUNDATION

"一带一路"沿线国家教育政策法规研究丛书

埃及、摩洛哥、埃塞俄比亚、南非

教育政策法规

主编 / 张德祥 李枭鹰

编译 / 贾枭　魏宁　刘玉君　赵乐　靳莹　张妍　王迪　祝嫣然

大连理工大学出版社
Dalian University of Technology Press

图书在版编目(CIP)数据

埃及、摩洛哥、埃塞俄比亚、南非教育政策法规 /
贾枭等编译. -- 大连 ：大连理工大学出版社，2020.12
　　("一带一路"沿线国家教育政策法规研究丛书 /
张德祥，李枭鹰主编)
　　ISBN 978-7-5685-2711-8

　　Ⅰ.①埃… Ⅱ.①贾… Ⅲ.①教育政策－埃及②教育
政策－摩洛哥③教育政策－埃塞俄比亚④教育政策－南非
Ⅳ.①D940.216

中国版本图书馆 CIP 数据核字(2020)第 182482 号

AIJI MOLUOGE AISAIEBIYA NANFEI
JIAOYU ZHENGCE FAGUI

大连理工大学出版社出版
地址:大连市软件园路 80 号　邮政编码:116023
发行:0411-84708842　邮购:0411-84708943　传真:0411-84701466
E-mail:dutp@dutp.cn　URL:http://dutp.dlut.edu.cn
上海利丰雅高印刷有限公司印刷　　大连理工大学出版社发行

幅面尺寸:185mm×260mm　　印张:19.5　　字数:409 千字
2020 年 12 月第 1 版　　　　2020 年 12 月第 1 次印刷

责任编辑:杨文杰　　　　　　　　责任校对:孙　楠
封面设计:奇景创意

ISBN 978-7-5685-2711-8　　　　　　定　价:136.00 元

本书如有印装质量问题,请与我社发行部联系更换。

总　序

共建"一带一路"是中国提出的伟大倡议，也是中国与"一带一路"沿线国家的共同愿望。"一带一路"倡议出自中国，却不只属于中国，而属于"一带一路"沿线所有国家，乃至全世界。中国是"一带一路"的倡导者和推动者，沿线所有国家是"一带一路"的共商者、共建者和共享者。

为推进共建"一带一路"伟大倡议，让古丝绸之路焕发新的生机与活力，以新的形式使亚欧非各国联系更加紧密，互利合作迈向新的历史高度，中国政府于2015年3月28日发布了《推动共建丝绸之路经济带和21世纪海上丝绸之路的愿景与行动》，强调"一带一路"是促进共同发展、实现共同繁荣的合作共赢之路，是增进理解信任、加强全方位交流的和平友谊之路。中国政府倡议，秉持和平合作、开放包容、相互借鉴、互利共赢的理念，全方位推进务实合作，打造政治互信、经济融合、文化包容的利益共同体、命运共同体和责任共同体。

为贯彻落实《推动共建丝绸之路经济带和21世纪海上丝绸之路的愿景与行动》，2016年7月13日，中华人民共和国教育部牵头制定了《推进共建"一带一路"教育行动》。该文件指出，推进共建"丝绸之路经济带"和"21世纪海上丝绸之路"，为推动区域教育大开放、大交流、大融合提供了大契机。"一带一路"沿线国家教育加强合作、共同行动，既是共建"一带一路"的重要组成部分，又为共建"一带一路"提供人才支撑。中国愿与沿线国家一道，扩大人文交流，加强人才培养，共同开创教育的美好明天。

自共建"一带一路"倡议提出至2019年8月底，已有136个国家和30个国际组织与中国签署了195份共建"一带一路"合作文件。"一带一路"是一个多极的和多文化的世界，无论是政治、经济、文化、教育、生态还是种族、民族、宗教、习俗等，不同国家或地区之间存在这样或那样的差异。因此，只有全面了解民间需求与广泛民意、消除误解误判，只有国家的学者、企业家、政府部门、民间组织和民众充分理解各国的国际关系、宗教信仰、历史文化、风俗习惯、法律法规和民心社情，才能更好地推动"一带一路"建设。也就是说，"一带一路"沿线国家建立政治互信、经济融合、文化包容的利益共同体、命运共同体和责任共同体，必须根基于沿线国家间的"文化理解或认同"，而这又与教育尤其是高等教育的交流合作密切相关。

　　教育政策法规是了解一个国家教育发展状况和治理水平的重要窗口,是各国之间教育合作交流的基本依据。为此,教育部牵头制定的《推进共建"一带一路"教育行动》呼吁沿线国家"加强教育政策沟通",即通过开展"一带一路"教育法律、政策协同研究,构建沿线各国教育政策信息交流通报机制,为沿线各国政府推进教育政策互通提供依据与建议,为沿线各国学校和社会力量开展教育合作交流提供政策咨询;积极签署双边、多边和次区域教育合作框架协议,制定沿线各国教育合作交流国际公约,逐步疏通教育合作交流政策性瓶颈,实现学分互认、学位互授联授,协力推进教育共同体建设。

　　大连理工大学切实贯彻《推进共建"一带一路"教育行动》的精神,精心谋划和大力支持"一带一路"教育研究。该校原党委书记张德祥教授带领课题组成员克服文本搜集、团队组建、经费筹措等多重困难,充分发挥学校高等教育研究院、"一带一路"高等教育研究中心、中俄暨独联体合作研究中心以及教育部国别和区域研究中心"独联体国家研究中心"的优势和特色,积极参与和服务于"一带一路"的推进和共建,编译"一带一路"沿线国家教育政策法规,并在国内率先开展"一带一路"沿线国家教育政策法规研究,具有很好的教育发展战略意识和强烈的服务国家发展战略的责任感和使命感。中国高等教育学会大力支持这项工作,将"'一带一路'国家高等教育政策法规研究"立项为2016年高等教育科学研究"十三五"规划重大攻关课题,并建议课题组首先聚焦于编译"一带一路"沿线国家的教育法、高等教育法以及教育中长期发展规划等,及时为国家推进共建"一带一路"教育行动搭建教育政策沟通桥梁。该课题组根据中国高等教育学会专家组的意见,组织力量,编译了这套《"一带一路"沿线国家教育政策法规研究丛书》。作为中国高等教育学界的一名老兵,看到自己的学生们带领国内一批青年学者甘于奉献、不辞辛劳、不畏艰难,率先耕耘在"一带一路"沿线国家教育研究这片土地上,我由衷地感到欣慰。同时,大连理工大学出版社全力支持这套丛书的出版,不遗余力地为丛书的出版工作提供支持,使这套丛书能及时出版发行。最后,我真诚地希望参与这项工作的师生们努力工作,高质量、高水平地把编译成果呈现给"一带一路"的教育工作者。

　　是为序。

潘懋元于厦门大学高等教育研究中心
2019 年 9 月 10 日

前 言

　　2015 年 3 月 28 日《推动共建丝绸之路经济带和 21 世纪海上丝绸之路的愿景与行动》和 2016 年 7 月 13 日《推进共建"一带一路"教育行动》的相继颁布,将"政策沟通"置于"五通"之首,让我们意识到编译《"一带一路"沿线国家教育政策法规研究丛书》的重要性和紧迫性。对我们来说,承担这一艰巨任务是一种考验,更是一种使命。

　　2016 年中国高等教育学会组织申报高等教育科学研究"十三五"规划课题,将"'一带一路'背景下我国高等教育国际化研究"列入重大攻关课题指南。我们在这个框架之下组织申报的"'一带一路'国家高等教育政策法规研究",获得了中国高等教育学会专家组的认可和支持,这对我们是极大的鞭策和鼓励。2016 年 11 月,我们认真筹备和精心谋划,参加了中国高等教育学会组织的开题论证工作,汇报了课题的研究设想。听取了专家组的宝贵意见后,我们及时调整了课题研究重心。我们考虑首先要聚焦于编译"一带一路"沿线国家教育政策法规,因为,我们对许多国家的高等教育政策法规还不了解,国内也缺乏这方面的资料。编译这些资料既可以为我们日后的研究打下基础,也可以为其他研究者和部门进行相关研究、制定政策提供基础性的资料和参考。于是,我们调整了工作思路,即先编译,然后再进行研究。同时,考虑到许多国家的高等教育政策法规常常包含在教育政策法规中,我们的编译从"高等教育政策法规"拓展到"教育政策法规",这种转变正好呼应了《推进共建"一带一路"教育行动》中的"政策沟通"。

　　主编《"一带一路"沿线国家教育政策法规研究丛书》,是一项相当繁重和极其艰辛的工作,其中的酸甜苦辣只有经历了才能体会到。第一,参与共建"一带一路"的国家相当多,截至 2019 年 8 月底,已有 136 个国家和 30 个国际组织与中国签署了共建"一带一路"合作文件。这套教育政策法规研究丛书虽然只涉及其中的 69 个国家,但即使是选择性地编译这些国家的教育法、高等教育法以及中长期教育发展规划等,也需要大量的人力、财力等的支持。第二,不少"一带一路"沿线国家的教育本身不够发达,与之密切关联的教育政策法规通常还在制定和健全之中,我们只能找到和编译那些现已出台的政策法规文本,抑或某些不属于政策法规却比较重要的文献。编译这类教育政策法规时,我们根据实际需要对某些文本进行了适当删减。由于编译这套丛书的工作量很大、历时较长,我们经常刚编译完某些国家旧有的教育政策法规,新的教育政策法规又出台了,我们不得不再次翻译最新的文本而舍弃旧有的文本。如此反反复复,做了不少"无用功"。即便如此,我们依然不敢担保所编译的教育政策法规是最新的。第三,"一带一路"沿线国家或地区的官方语言有 80 多种,涉及非通用语种 70 种(这套教育政策法规研究丛书涉及的 69 个国家,官方语言有 50 多种),我们竭尽全力邀请谙熟非通用语种的人士加盟,但依然还很不够。由于缺乏足够的谙熟非通用语种的人士加盟,很多教育政策法规被迫采用英文文本。在编译过程中,我们发现那些非英语国家的英文文本的表达方式与标准英文经常存在很大的出入,而且经常夹杂着这样或那样的"官方语言"或"民族语言"。这对编译工作是一个极大的挑战和考验,我们做到了尽最大努力去克服和处理。譬如,新西兰是一个特别注重原住民及其文化的国家,其教育政策法规设有专门的毛利语教育板块,因而文本中存有大量的毛利语。为了翻译这些毛利语,编译者查阅了大量有关毛利文化的书籍和文献,有时译准一个毛利语词语要花上数十天甚至更长的时间。类似的情况经常碰到,编译者们付出了难以计量的劳动,真诚地希望这套丛书的出版能给他们带来足够的精神上的慰藉。

为了顺利推进研究工作,我们围绕研究目标和研究重点,竭尽全力组建结构合理的研究团队,制订详尽的研究计划,规划时间表和线路图,及时启动研究工作,进入研究状态。大连理工大学积极参与"一带一路"建设,高度重视"一带一路"沿线国家教育研究工作,成立了"'一带一路'高等教育研究中心"、"中俄暨独联体合作研究中心"和教育部国别和区域研究中心"独联体国家研究中心"。大连理工大学、大连外国语大学、大连民族大学、杭州师范大学、广西民族大学、广西财经学院、广西职业技术学院、广西桂林市委党校、南开大学、海南大学、重庆大学、赤峰学院、天津市教育科学研究院等单位的有关专家、学者、教师、学生积极参与此项工作,没有他们的艰辛付出和辛勤劳动,编译工作将举步维艰。这项工作得到了大连理工大学出版社的大力支持,出版社的同志们不畏艰辛、不厌其烦、不计回报,为这套丛书的出版付出了难以想象的汗水和精力。对此,课题组由衷地表示感谢。

张德祥　李枭鹰
2019 年 9 月 8 日

CONTENTS

目 录

埃 及

　　阿拉伯埃及共和国,简称"埃及"。跨亚、非两大洲,大部分位于非洲东北部,只有苏伊士运河以东的西奈半岛位于亚洲西南部。西连利比亚,南接苏丹,东临红海并与巴勒斯坦、以色列接壤,北濒地中海。首都为开罗,官方语言是阿拉伯语。

　　埃及是世界四大文明古国之一。公元前 3200 年建立奴隶制国家。公元前 525 年,埃及成为波斯帝国的一个行省。在此后的一千多年间,埃及相继被希腊和罗马征服。1922 年获得独立。1953 年成立埃及共和国。1971 年改为现国名。

注:以上资料数据参考依据为中国外交部官方网站埃及国家概况(2020 年 10 月更新)。

埃及全民教育计划

（2002/2003—2015/2016）
（本文件是按照联合国教科文组织提出的框架编写的，2003 年 2 月）

前 言

任何国家和社会，都应确保每个人享有平等的受教育权利。教育计划的制订要全面而灵活，要明确教育目标、考核方式、方案设计、制度建设和基础评价。教育计划要为社会提供合适的人力资源，紧密联系社会上的生产和生活。同时，教育计划的制订要在坚持本国特色的基础上增加国际竞争的资本。

自 19 世纪初，埃及的教育政策彰显出两大主要特点。一是教育政策的计划性；二是教育作为一个强大的链接，将社会发展的必要性、有效性和效率性联系在了一起。在穆罕默德·阿里统治时期，埃及的教育制度受迫于他的政治观点，即组建一支强大的国家军队。这个过程需要特定领域高质量的人才，高等教育也因此成为关注焦点。

1923 年是埃及教育政策变革的转折点。当年颁布的埃及《宪法》第十九条：6～12 岁的儿童必须接受教育。同年，另一项法律规定：实行免费的义务教育。1944 年又出台政策规定：实行免费的初等教育。1951 年底，第 142 号法令规定实行免费的中等教育。1952 年 7 月 23 日，新的政策出台，规定实行免费的各阶段教育，包括高等教育。

1923 年，埃及义务教育的年限为 6 年。1981 年，第 139 号法令颁布，将义务教育年限延长为 9 年。自此，义务教育入学率快速提高，在校生规模迅速扩大。

1997 年开始，埃及从国家层面更多地关注教育质量，并为提高教育质量付出了许多努力，旨在让青年人在其未来的社会生活中发挥出无限潜能。

20 世纪 90 年代，埃及发布了两个关于教育发展的重要宣言。一是关于扫盲计划的宣言，二是关于儿童教育的宣言。在 2000 年 4 月达喀尔国际会议期间，穆巴拉克总统提出了一个新的愿景，即"为所有卓越的人提供卓越的教育"。

为了实现这一目标，教育部门将许多精力投入到如何提高教育质量方面，制订了《教育发展五年计划（2002—2007 年）》与《埃及全民教育计划（2002—2015 年）》，主要内容如下：

(一)计划设计

1. 教育部门根据以下文件审查了计划设计要求

(1)2000年2月15日颁布的儿童保护法案(2000—2010年)。

(2)世界教育论坛批准的全民教育目标(达喀尔,2000年4月)。

(3)国民经济和社会发展计划(2002—2007年)。

(4)教育发展五年计划(2002—2007年)。

(5)作为人类发展基础和实现未来现代化的埃及21世纪国家教育现代化计划。

(6)国家全民教育的计划结构模型,包括由阿拉伯教育办公室于2002年翻译的联合国教科文组织(亚洲和太平洋地区办事处)编制的国家教育计划手册。

2. 为使各部门有效推进全民教育计划,国家教育委员会成立了技术委员会,负责学前教育、基础教育、校外教育、扫盲教育和继续教育相关计划的推进

(1)起草计划期间,技术委员会在"全民教育"的框架内,将国家教育发展计划与联合国教科文组织计划相互关联,给出了两种计划设计方案。一是纵向设计,由一名委员负责一个目标群体(目标群体包括学前教育、基础教育、校外教育、扫盲教育和继续教育的适龄学生)的计划设计。二是横向设计,由一名成员针对教育的三个要素(入学、质量和管理)进行计划设计。第一种方案被采纳。

(2)该计划整合了涉及全民教育各部门的意见和建议并做出了修改。

(3)该计划的制订在广泛征求政府官员、行政人员和公民代表的建议的基础上,组建相关研究会,对不同观点进行讨论、修订并予以反馈。

(4)该计划在主管大学前教育的教育部门审核后,进行了再次修订并发行。

(二)执行纲要

(1)该计划秉持了在1990年3月举办的乔木提恩会议上提出的全民教育计划理念,并贯彻2004年4月达喀尔国际教育论坛提出的教育目标。

(2)该计划详细展示了计划内容和年度支出情况,以便适应不同机构的不同规定。根据埃及政府规定,为了遵循国家经济和社会发展规划,已将该计划进行分类并纳入五年计划。

(3)该计划为全民教育的四类目标群体制订了24个子计划,总支出超过1 170亿埃及镑,各类计划数量及其成本细则见表1-1。

表1-1　　　　　　　　　　各类计划数量及其成本

计划类型	计划数量	支出(埃及镑)
早期和学前教育	4	8 475 020 200
正规的基础教育	6	103 484 472 272
青年校外教育	6	2 806 648 550
继续教育	7	2 454 711 200
进展及计划评估	1	140 000 000
总　计	24	117 360 852 222

(4)第五个五年(2002—2007)计划中全民教育计划的预估支出为不少于 42 716 523 720 埃及镑。其中,大学前教育的估计支出为至少 24 450 375 000 埃及镑。

1 "全民教育"计划的背景

引 言

20 世纪 90 年代,人们逐渐认识到教育是人权和人类发展的一部分,全民教育原则在全球范围内得到了认可。此外,全民教育不仅保护了弱势群体的权利,还为个人和社会带来显著的投资性回报。全民教育理念的构成基于以下原则:

1. 教育的影响力庞大而广泛,教育能提高工业生产力,促进环境保护,利于计划生育和儿童保育行为,保护弱势群体权利,增强民族融合。

2. 在社会发展过程中,亟须全民教育来构建社会责任的核心内容。

3. 教育能够应对社会挑战和经济、社会、教育政策结构的变革。

4. 为了满足全民教育对特定年龄的限制要求,需要根据不同的社会经济背景,做出制度、管理、性质和计划上的相应调整。

1.1 社会经济背景

以下是过去 20 年间,埃及的人口、社会经济发展情况以及未来展望。

埃及国土面积为 1 001 000 平方千米,是世界上人口密度最高的九个国家之一。

国家人口总数从 1981/1982 学年的 4 391.4 万人增长到 2000/2001 学年的 6 655.2 万人,人口以每年 2.57% 的增速在 20 年间增长了 51.60%。到 2015 年,国家人口总数约 9 244 万。

1996 年的人口普查显示,男性与女性占比分别为 51.2% 和 48.8%。其中,农村人口占 57.4%,城镇人口占 42.6%。然而在 1986 年,农村人口占 56%,城镇人口占 44%,由此反映出国家采取的综合农村发展计划取得了成效,减少了农村人口向城市地区的迁移。

男性、女性的平均寿命分别从 1981/1982 年的 58.1 岁、60.6 岁增长至 2000/2001 年的 67.1 岁、71.1 岁;1 岁以下儿童的死亡率从 1981/1982 年的 71‰下降至 1998 年的29.1‰,预计到 2021 年,儿童死亡率将继续下降,男童将低至 27.95‰,女童将低至 27.4‰。这表明,埃及的相关卫生政策正在为更多人提供健康的保障。

2000 年,国家劳动力数达到了 18 779 000 人,预计 2015 年增长至 26 244 000 人。埃及政府始终努力为失业人群创造就业机会。数据显示,失业率已经从 1994 年的 11.1% 下降到了 2000 年的 9%。

受教育程度低且只有中等教育水平的人更容易失业,大学毕业生的情况亦不容乐观。数据表明,国家层面需要增加对教育和培训系统的关注度,大力提高毕业生质量,提高毕业生在劳动力市场中的就业能力。

　　国家鼓励更多私营部门参与投资行为,私营部门的市场投资额占比已经由1982/1983 年度的 20％增长到 2000/2001 年度的 67％。私营部门在国民生产总值的占比已显著提升。

　　埃及与地区间、国际经济集团间的经济合作取得了巨大的进展,这些合作均产生了重大的影响,国家也做出了诸多努力以吸引更多直接或间接的外国投资。

　　通货膨胀率已经从 1991/1992 年度的 21％下降到 2000/2001 年度的 3％。

　　服务业和农业生产的活力显著提高,为了满足发展和出口需求,国家工业完成了扩张和现代化建设,信息技术服务方面也得到了更多关注。

　　互联网用户数从 1996/1997 年度的 45 000 人上升到 2000/2001 年度的750 000 人。此外,智能村和电子政府计划已实施,政府通过为民众提供综合电子服务来推广电子技术的使用。

　　2000/2001 年度的社会经济发展计划旨在消除开罗和亚历山大港的社会经济差异。该计划包括:将经济活动集中于开罗和亚历山大港;以农村发展为政策核心,消除城乡移民现象和城乡差距。

　　各经济指标都直接或间接地反映着埃及对全民教育时代到来的期待。例如,人口增长,尤其是处于第一阶段人口的增长(高出生率、高死亡率)扩大了教育需求。此外,经济上的变化,例如受教育人群失业率升高,政府重视私企发展,鼓励外商投资,都预示着国家亟须全新教育的出现。教育面临着目标、结构、内容和层次上的调整。

1.2　教育体系

　　教育受国家直接监管,具有满足社会基本文化需求,发展社会文明,促进民族团结和提升社会凝聚力的作用。教育部门负责大学前教育,高等教育部负责高等教育和大学教育。这两个部门与社会、个人和其他合作部门相互协作,共同建立和管理各个教育机构。除伊斯兰教育体系内的各直属、私立和国外教育机构之外,所有机构均在此模式下共同运行。表 1-2 展示的是埃及各阶段的教育体系。

表 1-2　　　　　　　　　　　　　埃及各阶段的教育体系

教育层次		阶段	各阶段时间(年)	年龄阶段(岁)	补　充
大学前教育	初等教育	小学前	2	4～5	这一阶段被纳入义务教育阶段
		小学	6	6～12	1999 年开始小学教育回归六年制
		中学预科	3	12～15	这一时期的教育以通识教育为主,小部分是职业预科学校和体育预科学校
	中等教育	普通中学(3 年)和中专(3 年或 5 年)	3 或 5	15～18 或15～20	体育中专和职业中专分为三种类型的工业职业技术教育:三年制教育、职业技术教育、五年制和农业教育;还有两种类型的商业教育:三年制和五年制教育
高等教育		大专	2	18～20	医学院校实行七年制,其中包括一年实习期
		大学或高等教育机构	4 或 5	18～22 或18～23	

无论是在大学前教育阶段,还是高等教育和大学教育阶段,教育都是免费的。政府和教育领域的决策者保证免费教育将继续作为一种社会福利。

在制订教育战略规划和提供教育机会公平方面,国家期望私人与合作部门能够实现联合,在公民社会中为教育领域做出更多贡献。但在提供教育入学机会方面,国家依然负有不可推卸的责任。

1981 年颁布的埃及《大学前教育法》第 139 号法令第二条指出:教育部门鼓励社会力量通过建立高等教育委员会参与到大学前教育(包括普通教育和职业技术教育)的规划。规划内容包括对各大学前教育部门、大学、爱资哈尔大学、文化部、规划部、财政部、生产和服务部、人力部和其他专业教育部门的计划制订和方案设计。教育并鼓励成立各子委员会以处理特定阶段或类型的大学前教育,规划制订方法与上述一致,政策、计划和方案均由大学最高委员会制订。

在埃及法律依据集权和分权原则的保障下,埃及教育事业的组织和管理有条不紊地开展。1981 年颁布的埃及《教育法》(第 139 号)明确了教育部门的规划、监管、评估、发展和供应各项职责;规定了教职员工应保证的教学效率并为之提供技术援助。同时,在结合地方条件和需要的基础上,各地方委员会负责执行最高委员会制定的各项教育政策,积极倡导个人在教育领域贡献力量并制订地方资金资助教育计划。

2　全民教育计划(2002—2015)

2.1　全民教育计划的实施现状

一、背景介绍及分析

20 世纪 90 年代以来,实现全民教育便成为整个国家的目标。以下结果表明,埃及已经在全民教育上取得了巨大进步,其中 2000—2007 年开展的精英教育和全民精英计划所取得的进步最明显。

1990 年 3 月乔木提恩会议举办后,"全民教育"取得长足进步,体现在以下方面:

1982 年到 2001 年,埃及教育机构的数目大幅增加。其中,1982 年到 1992 年增加 6 092 所,1992 年到 2001 年增加 11 228 所,增长数目是 1982 到 1992 年增长数目的近两倍。

大学前学生的总数从 1991/1992 学年的 12 110 846 人增长到 2000/2001 学年的 15 179 246 人,十年中增长了 25.30%。见表 1-3。

埃及的小学入学率已经从 1992/1993 学年的 75.12% 增长到 2000/2001 年度的 91.94%。如果算上爱资哈尔学校 7.72% 的入学率,国家总的小学入学率将达到 99.66%。

除此之外,城乡教育的差距大大缩小。与城市地区 7 618 828 的学生人数相比,农村地区的学生人数已经大幅增长至 7 560 418 人。城乡学生人数比为 50.2∶49.8。

在消除教育性别歧视上，埃及同样取得了显著成果。2000/2001 学年，接受大学前教育的女性人数为 7 192 051 人，男性人数为 7 987 195 人，占比分别为 47.4% 和 52.6%。但是，这种计算方法没有考虑到埃及本身的男女比例，如果把 1996 年的人口普查结果（男性占比 51.20%，女性占比 48.80%）考虑进去，会发现教育的性别歧视程度略微增加。但是我们坚信，两三年之内，埃及将实现大学前教育的性别平等。

表 1-3　　　　　　20 世纪最后十年埃及学生人数的增长情况

教育类别	1991/1992 学年	2000/2001 学年
学前（幼儿园）教育	232 051	383 616
小学教育	6 541 725	7 142 127
初级教育	21 732	55 826
初中教育（预科教育）	3 593 365	4 427 944
特殊教育	14 428	30 770
中等通识教育	572 026	1 087 503
中等职业技术教育	521 670	894 967
中等农业教育	132 787	203 433
中等商业教育	455 727	953 060
教师培训学校	25 335	—

小学教育的辍学率已经从 1991/1992—1992/1993 学年的 2.47% 降低到 1999/2000—2000/2001 学年的 0.87%，初中教育（预科教育）辍学率同时期从 6.86% 降低至 3.13%。

小学和预科的复读率均有所降低。小学的复读率从 1991/1992 学年的 7.10% 下降到 2000/2001 学年的 4.46%，预科的复读率同期从 11.30% 下降到了 9.46%。

从事大学前教育的教师规模大幅增长，从 1991/1992 学年的 568 818 人增长到 2000/2001 学年的 795 195 人。同时，教育部门提高了小学教师的准入标准——小学教师必须持有大学毕业证书。

教育部门希望通过提供国家培训，或为不同专业的教师设置内外部奖金的方式来提高教师的职业素养。

埃及北部的三个省份建立了社区学校。特别是奥斯特、索哈杰和基纳这些原本剥夺女性教育权利的地区，通过建立单性别或较小规模的学校，为女性提供了教育机会。

教育的课程和内容也有所更新，18 个新的理念被纳入学术范畴。例如：环境保护、人口增加、资源配置、尊重劳动、保护人权、妇女权利、儿童权利、全球化、宗教融合、公民和其他教育，等等。自 1994/1995 学年起，埃及在小学阶段引入了外语教学。通过规划和实现知识的统一以适应环境所需是埃及教育发展的必然趋势。

国家举办了四次以教育发展为主题的会议，分别是 1993 年 2 月举办的全国小学教育发展会议、1994 年 11 月举办的全国教育筹备发展会议、1996 年 11 月举办的全国教师预修培训会议、2000 年 4 月举办的全国优秀学生会议以及全国中学教育发展会议。

近年来,国家逐渐认识到中等教育在人类发展过程中的重要地位,逐渐在其中投入了更多关注。着手解决这一阶段的教育问题,探寻中等教育的现代化发展之路,是整个国家的奋斗目标。

1997 年初,埃及重点对课程和评价方法、教师预修培训、现代科技应用、组织管理模式的整体目标进行审视,为中等教育的发展和改革奠定了基础。

中等教育力求消除不同教育层次之间的差异,开放合作渠道以确保各教育层次间的良性互动。埃及政府以"为所有人提供中等教育"为目标,把中等教育纳入义务教育的范畴中。

教育技术的基础设施通过以下方式得到巩固和加强:

(1)完备学校所需的技术设备,实现校内计算机联网并设立相应的学校董事会。

(2)自 1998 年 11 月起为各类学校提供专门的教育电视频道,涉及小学、预科、中学等,包括扫盲、语言、职业技术教育和教师预备课程等。

(3)建立技术开发中心,研发教育软件并在学校推广。

(4)自 1996 年起,国家启动全国网络培训和远程教育的视频授课计划,计划现已覆盖全部省份的 37 个培训中心。

(5)建立苏珊·穆巴拉克科技探索中心,旨在通过现场实践来提升学生科学创造力。

(6)自 2000/2001 学年起,将计算机课程纳入各个阶段的教育课程。

二、挑战

尽管埃及在提供全民教育和提高教育质量方面取得了长足进步,但仍存在亟待提高之处。我们要努力与政府机关、公司企业、社会组织,乃至国际外援加强合作,实现埃及教育事业的共同治理。

总结埃及教育目前存在的问题和挑战,主要包括以下方面。

(一)经费问题

过去十几年间,教育经费虽然有多种来源渠道,教育支持资金和国际资助基金不断加入,但是主要来源依然是政府支出,并且资助金额在过去几年中稳步增长。

1.教育资金投入占全民生产总值比从 1990/1991 学年的 4.8% 增长至 1996/1997 学年的 5.50%。发达国家、中等发达国家、发展中国家的经济增长率分别为 5.40%、5.30% 和 3.10%,由此可见,埃及把教育放在了国家的优先地位。

2.按照国际标准计算,教育经费占政府总支出的比例由 1990/1991 学年的 10.20% 增长到 1998/1999 学年的 18%。

3.学前教育的预算从 2000/2001 学年到 2001/2002 学年增长了 9.13％,但教育的资金情况依旧不容乐观。解决遗留问题,改善学校建设,提高教育质量,开发教育科技,都需要更庞大的资金支持,而这早已超出政府支出的能力范围。

(二)收支失衡

尽管外部资金投入非常重要,但其规模的增长并不意味着效率和效益的增加。相比于教育投入资金相对国民生产总值(GNP)比例的简单增长,提高学生获得的资金比例才是关键。收支失衡的迹象如下:

教职工工资及津贴开支占 2000/2001 学年开支总额的 88.09％,而政府拨款只占当年总额的 11.91％。同时,从 2000/2001 学年到 2001/2002 学年的支出增幅达到了 9.88％,而相应拨款的增幅只有 3.85％,这是由以下原因造成的:

(1)教育部门的教职工数量因国家岗位扩招政策大量增加。数据表明,20 世纪的最后十年里,教职工的数量增加了一倍。

(2)教育部门为改善教师的经济状况,采取了一系列措施增加财政拨款和津贴。

(3)大学前教育的所有教职工中,非教师员工的比例为 40.6％。换言之,管理人员和行政岗位职员占据了很大一部分的教育经费,而且这还不能反映出学生在教育经费中所占据的实际份额。

(4)资源配置失衡。高等教育与大学前教育所享有的资金比例与两者所承担的社会责任比例不相符,基本的初等全民教育没有获得合适的资金比例来完成自己的教育目标。

(三)信息系统

在信息技术高速发展的时代背景下,埃及为实现信息技术的广泛应用做出了许多努力——为内阁建立信息中心和决策中心,打造成现代化信息部门,建立和激活电子政务计划等,然而仍然存在以下缺点:

1.信息所依据的数据不准确。

这主要表现在两个方面:

一些来自偏远地区和贫民区的父母没有孩子的出生记录。虽然这种现象较少,但是儿童的登记信息会出现缺失。

没有分类人群的详细人口数据。导致学校在根据地区人口信息制订服务扩张和增长的计划时造成错误。

2.缺少相关培训计划的资金,这些培训计划中尤为重要的是培训决策者使用各种数据系统。

(四)教育间接成本的增加

尽管国家为教育提供了大量而稳定的资金支持,但是教育的间接成本仍然不断增加。这是私人辅导班泛滥所导致的,普通家庭难以负担高昂的学费而导致孩子失学。此外,一些家庭困难的儿童需要外出打工养家,极其贫困的家庭不在少数。数据显示,小学教育的适龄人口中有 25％来自贫困家庭,中学教育的相应比例为 14％,高中教育的比例不超过 4%。1998 年一项关于埃及人口发展的研究表明,政府 40% 的教育开支都用于高收入家庭,而仅有 7% 用于低收入家庭。

造成私人辅导班泛滥的原因:

(1)目前的学习效果评估体系只依赖最终的成绩,并且高等教育招生只以学生成绩为根据。

(2)在升学考试中,特别是高考,学生都希望通过考取更高的分数获得更好的入学机会。

要引导社会逐渐建立起教育产出和劳动力市场需求的直接联系。虽然教育的价值远远大于满足劳动力市场的需求,但教育的目标就是让人融入社会。教育部门为实现这一目标付出了巨大努力并提出新的思路:通过建立教育和培训、理论和实践的联系对学校进行改革。

尽管如此,考虑到毕业生的就业率,不能完全将教育与工业生产相提并论。同时,大众化教育也可能导致辍学。

尽管非城市人口的数量远远高于城市人口数量,但来自农村和边缘地区的人受到的教育依然是低质量的。教育部门希望通过在乡村发展和推广教育技术,提升当地教师的专业能力来缩小城乡间的教育差距。如果差距不及时缩小,可能导致以下后果:

(1)农村的文盲率远高于城市。1996 年,不同年龄组中,有 17 646 025 人为文盲,其中城市人口为 5 308 958 人,占 30.08%,而农村人口达到 12 337 067 人,占据 69.92%。

(2)农村的贫困人口数量依然不断增加,且城乡间数量差距越来越大。1996 年,城乡贫困总人数达到 13 638 000 人。其中,农村的贫困人口为 7 817 000 人,占 57.30%,城市的贫困人口占 42.70%。

2.2 全民教育发展状况(截至 2015 年)

一、作为国家战略的全民教育

作为国家战略的全民教育是在以下埃及教育政策及立法框架下制定的:

1.1971 年,埃及《宪法》规定埃及的教育政策要以促进教育的各方面平等为出发点,包括入学机会平等,公民权利义务平等以及种族、肤色、信仰、语言的平等。

埃及《宪法》第十八条对全民教育进行了规定:"教育是由国家保障的公民权利,如今只有初等教育是义务教育,但国家将努力扩大义务教育的范围。"

埃及《宪法》第二十一条规定:"消除文盲不是个人、政府单方面的义务,而是国家的义务,必须要凝聚所有人的力量去实现。"

2.1981 年出台的《大学前教育法》第 139 号法令取消了以往所有与教育相关的法律,例如 1968 年关于公立教育的第 68 号法令、1969 年关于私立教育的第 16 号法令、1970 年关于职业技术教育的第 75 号法令。目前,仅有 1981 年出台的《大学前教育法》

规定了大学前教育的各项条例。《大学前教育法》的第一章制定了大学前教育的总体目标和一般法规,确定了培养学生的文化目标、学术标准和准备条件。它规定,教育是属于所有公民的一项基本权利,宗教是各个阶段教育的主要课程。教育部部长在与政府相关机构协商后获得了建立学校附属幼儿园的权利。此外,教育部门还成立了大学前教育的最高委员会。最后,该法律还列举了所有中央机构和政府建立和管理教育机构的职责。

《大学前教育法》的第二章的内容围绕基础教育展开。该法律强调初等和预备教育(初中教育)均属于义务教育,两者共同构成了基础教育。基础教育的目标有:开发学生的能力和素质,满足学生需要,为学生传递正确的价值观、知识、技术和专业技能。该法律列举了基础教育的各项目标,并详细说明学生入学前需遵循的考试制度和程序。

3.1999 年颁布的第 53 号法令旨在修正 1981 年第 139 号法令中的某些内容。它包括三条法令:第一条,以 1988 年的第 233 号法令取代 1981 年第 139 号法令中的第四和第十五条。第二条,将义务教育的时长规定为 9 年而非 8 年。其中,初等教育(小学阶段)为 6 年,初中教育为 3 年,埃及所有满 6 岁的儿童都享有义务教育的基本权利。该法令强制 1999/2000 学年所有小学 1 年级适龄儿童入学。第三条,规定相关的所有法律要在官方报纸上公布。

4.1991 年第 8 号法令共十七章,专为读写教育和成人教育颁布。该法令把消除文盲和成人教育纳入国家义务范畴,规定建立"扫盲与成人教育总局",阐明其职责和使命,明确可用于资助扫盲和投资成人教育工程的资源。

5.1996 年为保护儿童出台的第 12 号法令涵盖了儿童健康、社会及教育护理、儿童教育相关规定(特别是有身体障碍儿童的教育与康复等内容)。该法律将理想的儿童教育定义为科学教育、文化教育、心灵教育、个性教育、天赋教育、精神教育和体能教育。该法律明确指出,教育是所有儿童享有的权利。此外,学前教育机构作为教育系统的一部分,对促进学前阶段儿童的全面发展起到了重要作用。该法律令教育部门对幼儿园实行统一管理,负责幼儿园的发展规划、方案设计、技术使用和管理监督。

第六章内容围绕残疾儿童保护。第七十五到八十六条法令赋予了有身体障碍儿童平等地享有社会、健康、心理护理以及所有和康复相关的权利,并阐明了社会事务部在其中应发挥的作用。

第七章第八十七到九十三条法规内容围绕儿童文化,提及国家在满足和实现儿童文化需求方面应发挥的作用。

二、全民教育计划的目标

以下将评述涉及全民教育目标的国内和国际部门出台的正式文件。报告最后通过整合国家的各级目标提出了 2002—2015 年全民教育计划的目标。

1. 政治层面

2000 年 2 月 15 日,埃及总统发布了 2000—2010 年关于保护埃及儿童的第二个十

年声明,确立了十年内的教育目标,内容如下:

(1)重新执行关于发展教育课程的政策,彻底消除教育质量差距。

(2)提高包括6岁儿童在内的各年龄段入学率。

(3)根据潜力激发和天赋发展计划,为有天赋的儿童提供更多与科学、文学、文化和艺术接触的机会,促进其发展,增强其特长。

(4)竭尽全力实现全民卓越。

(5)逐步扩建幼儿园,增加其60%的容量,为4～6岁的适龄儿童提供免费义务教育。同时,努力为中学教育提供资源,将其纳入义务教育范畴。

(6)为有特殊需求的儿童提供正规或非正规的教育,并根据情况全部招收至康复中心。有特殊需求的儿童包括童工和残疾儿童。

(7)持续推广校内教育技术,加强学生对教育技术的使用,为学生提供所需知识以应对当下的全球人才竞争。

(8)总统在"21世纪埃及国家现代化规划"的讲话中对教育的发展做出如下指示:

①要根据本国国情制定发展战略。

②要视国际比较的情况制定发展战略。

③要尽早步入先进科技时代。

④要实现卓越教育与全民卓越。

⑤要实现教育质的飞越。

⑥要关注幼儿成长。

⑦要提高儿童的科学能力和科学技能。

⑧要走可持续的专业发展道路,提高教师和行政人员的技术水平和能力。

⑨要确保教育机构的纯净和持续发展以改善目前的教育环境。

2.战略层面

埃及的教育战略目标在埃及经济和社会发展规划(2002—2017年)中积淀而成,具体内容如下:

(1)要以人民团结、文化底蕴为根基,最终建成发达、有凝聚力和自信的社会。

(2)要捍卫社会正义。

(3)要提高个人生产力。

(4)要构建民主生活方式。

(5)唯有秉承科教兴国的文化理念才能在飞速革新的科技中获益。

(6)在开展社会活动时要保持环境意识。

(7)要巩固埃及在阿拉伯国家和国际中的地位。

在编制2002—2017年的发展计划纲要时,鉴于对教育结构的定性和定量评价,必须要考虑多个维度的问题,而"全民教育"恰好是这些维度的交叉点,具体包括:

①横向维度

一个完整的教育系统必须向所有人提供受教育机会，而不受家庭、社会、经济、户口、性别的限制，尽可能减少地区和性别带来的差异。

②纵向维度

中等教育完全有可能逐渐成为义务教育的一部分。在第七个发展规划结束时，将要把中学教育完全纳入义务教育，使义务教育的年限增加到 12 年。

③纵深维度

要在以下领域将"提高质量"摆在首位，即：综合知识、认识论系统的概念意识、思维开发、鼓励科学研究和科技学习。

着重加强对前沿教育科技和远程教育的应用，有助于提高受教育机会，实施成人教育工程并消除文盲。

教育系统的组成部分应遵循国际卓越原则，重点建设未来的组成部分，包括建立全面、可持续、累计评价的文化，以国际绩效和卓越评估标准评价教育系统、课程和学生，运用巨型计算机网络构建电子化政府，建立教育部门与学校的网络连接。

关于妇女和儿童的关爱规划收录在五年（2002—2007 年）社会经济发展规划中。将妇女和儿童放在优先地位，基于以下两方面原因：一方面，要打破男、女性别歧视和贫困的恶性循环；另一方面，要满足妇女和儿童的特殊需求，培养儿童以应对人类知识的飞速发展的局面。鉴于以上考量，教育部门与之相关政策法规如下。

（1）为实现全民教育，应侧重以下方面内容：

①截至 2005 年，让所有 6～15 岁的儿童入学，包括弱势群体中的适龄儿童，例如弱势儿童或有特殊需求的儿童。

②要为贫困儿童提供受教育机会。

③要严格遏制儿童辍学现象发生，着力解决弱势儿童问题。

（2）要消除处境困难的儿童文盲现象，这些儿童包括童工、流浪儿童和犯罪儿童。

（3）要关注幼儿年龄段，即 4～5 岁儿童的入学情况。2007 年全国要吸纳 40％ 的适龄儿童入学，到 2010 年，比例要达到 60％。

（4）2005 年前，要努力削弱教育性别歧视。到 2015 年，实现全部适龄女性入学。

（5）要努力提升教育质量。

（6）要扩建各类教育建筑。

3. 国际层面

1990 年 3 月，在泰国乔木提恩举行的会议概述了全民教育的目标、理念、执行和后续行动计划。2000 年 4 月，在塞内加尔达喀尔举行的国际教育论坛，对实现全民教育的目标做出了如下要求：

（1）扩大儿童早期阶段的教育规模，并为其提供更多关爱，特别是身处贫困和危险的儿童。

（2）截止到 2015 年，实现儿童接受充分、免费的义务教育的目标。重点关照女童、弱势儿童、贫困地区儿童、少数民族儿童和有特殊需求的儿童。

（4）满足所有儿童和成人的教育需求，为人们提供合适的教育计划和生活技能培训。

（5）截止到2015年，将文盲数量减半，着重削减妇女文盲数量，实现基础教育和成人继续教育的机会平等。

（6）截止到2015年，削弱小学和初中的入学性别歧视，实现入学完全平等。

（7）全方位提高教育质量，实现全民卓越。

比较埃及和国际会议对全民教育目标的不同阐释，可以得出以下结论：

第一，在以下方面，埃及和国际社会针对全民教育目标达成了一致

（1）确定了全民教育的目标群体

①发展早期幼儿教育。

②正规基础教育广泛招收学生，削弱歧视和差异，着重提高教育质量。

③为儿童和成人提供合适的教育机会。

④消除成人文盲的现象。

（2）实现教育系统质的飞越以实现全民卓越。

第二，埃及全民教育的目标特点

（1）制订了幼儿和学前课程的定量目标和时间计划（到2010年，实现全国60%的4～6岁儿童入学）。

（2）构建了义务教育阶段（包括幼儿园和中学阶段）的各组织机构。

（3）强调了"卓越教育"和全民卓越原则，并阐述两者的差异性决定因素（课程发展，高级教育技术，教师持续专业发展，开发和评估考试材料）。

（4）为有特殊天赋的儿童提供更多机会，而不仅仅关注有特殊需求、残疾或弱势儿童。

第三，国际全民教育的目标特点

（1）为成人扫盲工程建立了定量和定期要求，到2015年，具备识字能力的人口数量提高50%。

（2）更重视为学校以外的儿童和成人提供合适的教育机会，为其提供合适的教育方案，使其掌握必备的生活技能。

基于上述对全民教育目标的总结，可将埃及2002—2015年全民教育计划的目标按照性质分类划分如下：

（1）国家总体目标：卓越教育与全民卓越。

（2）战略目标

①继续为所有目标群体提供平等的教育机会，在人口增长的背景下，确保人民不受任何歧视地接受或继续接受教育。

②根据国际标准，提高各个阶段的教育质量，确保埃及学生能够在全球化时代背景下保持竞争力。

（3）各子目标

①数量方面：消除家乡、宗教、种族差异的影响，为 8～14 岁的失学适龄人群提供重新入学机会，教授各类生活技能。提供成年教育，使 15 岁以上的文盲减半，同时优先考虑青年、女性和贫困地区群体。

②质量方面：继续为上述人群开设各类专门课程，在课程中培养学生的国家忠诚度和民族意识，使其了解国际形势，掌握综合知识。此外，重点培养学生的研究能力并让其掌握先进科技。建立一套完整的教育评价系统，对教育的投入、过程、产出等组成部分进行评价。提高学校管理效率，持续提高教师专业能力。从各个方面改善学生的学习环境，例如降低课堂密度，减少校内轮班次数，优化生师比，促进民主教学和改善学校基本条件。增加教育经费，积极拓宽经费来源，合理调整支出配比。促进地方教育的自我管理和自我规划，鼓励社会力量参与教育事业的规划、资助、管理和跟进。

三、与幼儿教育和学前教育相关的全民教育目标

（一）现状

1. 儿童在第一阶段（0～4 岁），没有受教育的硬性规定，而学校大多数属于非政府组织或幼儿园，没有能反映此阶段情况的准确记录和数据，然而全部由女性员工构成的儿童日托中心却能提供有价值的信息。

2. 儿童在第二阶段（4～6 岁）的教育情况与第一阶段不同，处于此年龄段的儿童有机会进入育儿园学习。育儿园为两年制，是完整教育系统中的一部分。

3. 埃及官方对学前阶段的关注始于 1940 年教育部部长颁布的学前阶段组织教育计划。1951 年颁布的第 143 号法令，规定小学教育的总时长为 6 年，其中前两年为学前教育阶段。

4. 学前教育阶段重新采用了 1993 年 2 月全国小学教育发展会议的建议。其中第二条建议如下：

两年制的学前教育应纳入基本义务教育。如果因缺乏资源导致两年的学前教育无法实现，可以为部分农村、城市和沙漠地区的儿童提供为期一年的学前教育。

5. 根据这项建议，教育部门颁布法令，规定所有小学都要开设至少两个学前教育班。自此，学前教育适龄儿童入学数量不断增长。此前学前教育曾一度因很多家庭无法承担学费而无法扩大规模。

6. 随着国家为适龄儿童提供更多的教育机会，学前教育重新获得关注。各部门开始制定针对学前教育阶段的法律和法令，其中包括教育部于 1993 年颁布的第 84 号法令，该法令规定学前教育学校中的聘任制度；以及教育部于 1994 年颁布的关于学前教育制度的第 330 号法令，该法令已被 2000 年颁布的第 65 号法令替换。该法令强调这一阶段的教育区别于其他阶段，需要单独的组织形式和教室布局，禁止学生玩机械的游戏，强制学生参与写作和考试，并完成家庭作业。

7. 1996 年颁布的第 12 号《儿童法》第五十六条规定：学前教育学校只接收 4 岁以

下的儿童。第五十八条规定:学前教育学校由教育部门统一管理,教育部门将负责其发展规划、方案执行、行政管理和技术监督。该法规确立了学前教育的特点、组建形式和组织工作,但没有限定其规模和费用。

8.自1989年起,增设了许多师范大学用以培养学前教育教师,并在大学的教育学院开设学前教育学部。

9.为培训学前教育的教师,教育部门设立相应培训中心,配备了包括观察显示器在内的各类技术设备,旨在提高儿童教育质量。同时,教育部门在网上为学前教育教师和监管教师开设相关培训课程。相关数据见表1-4。

表1-4 学前教育相关数据

学前教育相关指标	公立机构	私立机构	合计
机构数量(间)	2 725	1 194	3 919
教室数量(间)	6 545	5 858	12 403
学生数量(人)	198 130	185 486	383 616
教室密度(人/间)	30.27	31.66	30.93
教师数量(人)	8 507	8 820	17 327
生师比	23.30	21.03	22.14

(二)挑战

1.打破地域、家庭经济条件的限制,招收4～6岁的适龄儿童入学需要很大的资金投入。2000年,处于这一年龄段的儿童共300万人,只有其中13.10％的儿童进入到学前教育机构。

2.政府对学前教育的关注度较低,学前教育在教育各阶段中的优先级较低,甚至位于扫盲教育和继续教育之后。

3.高昂的学前教育费用导致学前教育的入学率较低,其中私立和实验学校的学费最为昂贵。

4.多数人没有认识到学前教育的重要性,他们视学前教育是一种奢侈的而非必要的教育。

5.公众对学前教育的作用有普遍误解,多数人错误地认为学前教育严格遵循教育活动计划的安排。

(三)目标

为确定学前教育的目标,首先要验证以下假设:

1.政府方面较少关注儿童早期教育,认为此阶段教育应由家庭负责,这就导致学前教育较低的招生率。

2.人们对学前教育在培养儿童个性和心理方面的成长作用有误解。

在规划学前教育时,必须注意以下几点:

(1)科学家通常将天赋划分为多种类型,即通才、语言、数学、音乐、情感、实践等。

所有类型的天赋必须从幼儿期,而非 4 岁之后才开始培养。因此,我们需要为适龄儿童提供学前教育。

(2)学前教育能够让儿童在未来各阶段教育中收获更多成功,也能提高未来公民素养。学前教育作为儿童的基础教育非常重要,能够帮助尽早发掘儿童的天赋和才能。

(3)幼儿教育与人类的发展息息相关,能够促进教育改革,改善健康状况,消除贫困并实现社会平等。

(4)早期儿童教育的责任应由家庭、媒体和社会等共同承担。实现早期儿童教育不仅要建立学前教育机构,更要让大众参与到与之相关的教育决策当中。

(5)埃及的大多数父母也应当接受学前教育的相关培训,以便了解在子女的学前教育中应发挥何种作用。

综上所述,将学前教育的目标概述如下:

①总体目标:截止到 2020 年,将学前教育规划为免费基础教育的一部分。

②战略目标

1)以农村和贫困地区为重点,逐步建立更多免费的官方学前教育机构。此外,为私立学校提供更多经费增办学前教育。

2)教育部门将严格监督学校的学前教学质量,逐渐提高公立和私立学前教育机构的教育服务质量。

③子目标

数量方面

1)到 2003 年,强化覆盖整个国家的综合类学校的设立需要,同时强化这种需要在引导官方设立儿童教育优先权方面的重要作用。现有的和新建的免费公立教育机构要为学前教育留出足够空间,到 2010 年能吸纳全国 60% 的 4~6 岁适龄儿童,到 2015 年将该比例提升至 75%。

2)到 2010 年,实现学前教育阶段学习能力迟缓学生全部入学。

3)发动民间组织和私营部门投资幼儿教育并参与管理,着重满足落后地区的需要。

质量方面

1)要塑造学前阶段的教育特点,设计教育规划的每处细节,根据当地研究情况制定课程。

2)为学校提供各类设备、设施以满足各类儿童活动所需。

3)为有天赋的儿童提供适当的照顾并为其选择能尽其才的教育制度。同时,为有身体障碍儿童和身处风险之中的儿童提供丰富、安全、有利于健康的教育机会。

4)为参与学前教育的教师和行政人员制订专门的培训计划。

5)为贫困地区的儿童免费提供教材。

6)学前教育机构要为儿童准备膳食,在贫困地区免费提供。

7)要深化家长、媒体等对学前教育重要性的认识。

(四)具体计划

这一部分将总结该计划的关键数据并估算其成本。

1.表1-5所列为开罗人口中心编制的相关预期数据。

表 1-5   2010 年及 2015 年学前教育适龄儿童的预期数据

时　　间	2010 年	2015 年
4 岁儿童总数	1 672 000	1 720 000
5 岁儿童总数	1 652 000	1 702 000
4～5 岁儿童总数	3 324 000	3 422 000

2.表 1-6 所列为教育部信息和计算机总局制作的关于 2000/2001 学年和 2001/2002学年的学前教育数据。

表 1-6   2000—2002 年的埃及学前教育相关数据

学前教育各指标	2000/2001 学年	2001/2002 学年	增长幅度（%）	备　　注
学校总数（所）	3 919	4 312	10.03	尽管之前我们将 2000/2001 年度的数据作为基准,后面的计划将其改为使用 2001/2002 年度的数据
教室总数（间）	12 403	13 504	8.88	
登记的学生总数（人）	383 616	413 725	7.85	
教师总数（人）	17 327	17 551	1.29	
教室密度（人/间）	30.93	30.64	—	

3.1998 年出台的第 398 号法令规定,每个学前教育班级的合理平均人数为 36 人。

4.因为有助教的存在,教师总数过多。虽然招收助教合法,但目前因规模原因需谨慎招聘。

5.据估计,教育部门每年为每名学前教育阶段儿童支出 450 埃及镑,其中包括教师工资,而建立一间新教室只需花费大约 150 埃及镑。

综上所述,第一个计划的目标是在 2002/2003 学年到 2015/2016 学年,通过扩大学前教育的招生规模提高学生的注册比例。

第二个计划旨在增加有特殊需要儿童的教育机会,这些儿童包括天才儿童、有身体障碍儿童和其他弱势儿童(流落街头的儿童、流离失所的儿童和家庭经济收入处于贫困线以下的儿童)。

以下是关于有特殊需要儿童的相关统计数据。

(1)天才儿童所占的比例大约为 1%,这意味着埃及全国 4～6 岁的儿童中应该有 29 570个天才儿童。此外,还有一些儿童在某一方面具有专长及天赋,因此可以归为天才的儿童总数应该多于 29 570,他们需要特殊的培养方式来释放潜能。

(2)埃及 4～6 岁的有身体障碍儿童比例为 3.5%,需要为这些儿童提供专门的教育服务。

(3)在艰难情境下,弱势儿童的相关数据难以获取,但我们仍要在计划中确保为这些弱势儿童提供相应的教育服务,并把预算纳入第一个计划中。

第三个计划立足于改善学前机构的教育服务质量,它包含两个子计划:

(1)为了实现课程和教学的可持续发展,要根据世界教育变化的最新趋势修订课程和教学材料,预估费用约为 14 年 2 800 000 埃及镑,平均每年约为 200 000 埃及镑。

(2)组织媒体宣传活动,提高公众对幼儿保育重要性的认识,并组织家长参与教育培训计划,预估费用约为 14 年 7 000 000 埃及镑,即每年 500 000 埃及镑。

第四个计划旨在改善教育子系统(学前教育)的管理:

(1)教师、行政人员、学前教育督导和后续工作人员的专门培训计划费用估计为:

每年培训 6 000 名教师、500 名负责人和校长的费用为:

$$每人平均 250 埃及镑$$

年均费用:　　　6 500×250 埃及镑＝1 625 000 埃及镑

每年培训 300 名监督者或管理者,人均费用为 300 埃及镑

$$300×300 埃及镑＝90 000 埃及镑$$

年均费用:　　　1 625 000＋90 000＝1 715 000 埃及镑

14 年的计划费用总计:1 715 000×14＝24 010 000 埃及镑

(2)因学前教育的特殊性,我们设立独立的学前教育局,由专门领导负责,在现代化背景下提供各类教育培训。

由于目标群体数量众多而基础设施有限,计划的实施需要大量资金,具体情况见表1-7。

表 1-7　　　　全国教育计划中学前教育计划的各类费用　　　(单位:埃及镑)

各类计划	总开支	第五个五年 (2002—2007) 计划开支	第六个五年 (2007—2012) 计划开支	第七个五年 (2012—2016) 计划的前四年开支
计划一	8 448 210 200	3 402 814 000	3 186 880 200	1 858 516 000
计划二	计划开支包含在计划一之中			
计划三	2 800 000	1 000 000	1 000 000	800 000
计划四	24 010 000	8 575 000	857 500	6 860 000
总计	8 475 020 200	3 412 389 000	3 196 455 200	1 866 176 000

学前阶段的教育计划在第五个五年计划中就达到了 3 412 389 000 埃及镑,这是一个非常庞大的数字。为实现学前教育计划这一理想目标,我们不仅需要官方儿童保护机构提供经费,也需要让官方机构与私营机构、民间社会建立起合作伙伴的关系,以吸引更多外资和捐助机构的赞助。

四、通过制订全民教育的计划和目标发展正规基础教育

(一)现状

1.背景

(1)自 19 世纪初,埃及施行双轨制小学教育,一种是传统意义上的小学,属于

大众教育。另一种是穆罕默德·阿里当政时期建立的精英学校,属于精英教育,它提供了一个与传统教育相比更为复杂的教育。为实现传统教育的改革,埃及于1916年推出了4年制小学,同时,建立了一种以木材和金属加工为主要课程的4年制小学。

(2)1923年出台的第一部埃及《宪法》第十九条规定,6～12岁的儿童必须接受教育,教育部门也把7～13岁规定为义务教育的年龄段。双轨制教育仍在施行,为实现全民义务教育,埃及教育部门自1923年以来就一直在为实现全民小学教育而努力。

(3)1938年,教育部门首次尝试取消双轨制,并于1940/1941学年实现了两类小学教育课程的统一。此后,教育部门相继颁布各类法令以消除包括小学在内的义务教育阶段不同学校之间课程、学费和教学语言的差异,最终于1953年颁布第210号法令。

(4)随着1953年211号法令的出台,埃及的初中教育(预科教育)诞生。它涵盖了10岁之后为期4年的教育。最初,初中教育(预科教育)和小学教育皆划归为义务教育,但考虑到初中教育(预科教育)有完整3年的教育周期,1957年颁布的第55号法令将初中教育(预科教育)从义务教育中剥离,成为独立于6年小学教育的下一阶段教育。

(5)1981年颁布的第139号法令用于规范基础教育。它将义务教育规定为9年,包括6年的小学教育和3年的初中教育(预科教育)。

(6)1988年颁布的第233号法令将义务教育的时长减少为8年,其中小学教育5年,初中教育(预科教育)3年。

(7)为实现综合教育改革,1999年出台的第53号法令将义务教育重新规定为9年,并恢复6年制的小学教育,该法律于1999/2000年度开始实行并沿用至今。

总之,以上背景之所以能够代表埃及基础教育步入正轨前的初级阶段,主要有两个原因:

①长期以来,埃及致力于普及教育并实现第一阶段的义务教育。近些年,在有关方面的引领下取得成效。

②过去阶段中义务教育的低效主要由于资金缺乏和人们对教育的重视程度不足。埃及为克服这些困难,将教育放在国家战略的首要地位。近年来,有关方面宣布教育是国家战略,需要国内、国际的各类合作伙伴共同为教育事业提供所需的资金。

2. 近期相关数据

(1)据统计数据,公立小学2000/2001学年和2004/2005学年的毛入学率分别达到了98.30%和98.38%。在建设了爱资哈尔学校之后,小学的净入学率达到99.00%,这本身是一项伟大的成就。

(2)初中教育(预科教育)在上述两学年的毛入学率分别为99.20%和99.35%,如果算上爱资哈尔学校的话,毛入学率也达到86.00%。

(3)基础教育1～8年级的毛入学率在2000/2001学年为98.66%,2001/2002学年为98.75%,包括爱资哈尔学校在内的净入学率则达到了95.00%。

(4)埃及小学教育每间教室的平均人数为41人,初中教育的相应人数为44人,而理想人数为36人,生师比一直以来都较为理想。近几年来,教育体制改革取得的最大成果之一就是小学阶段和中学阶段的辍学率在 2001/2002 学年分别降低到了 0.61％ 和 2.34％，未达到毕业标准的学生比例也有所减小，具体数据见表 1-8。

表 1-8　　　　　　　　　　　　　影响教育质量的相关数据

学年	2000/2001		2001/2002	
教育阶段	小学教育	初中教育（预科教育）	小学教育	初中教育（预科教育）
教室密度（人/间）	41.00	43.90	40.90	43.50
生师比	22.26	21.20	22.50	21.38
辍学率(％)	0.87	3.13	0.61	2.34
未毕业率(％)	4.46	9.46	3.88	8.39

（5）近些年来，教育部门成功削减了其他类型小学的数量并实行全日制小学教育，旨在让学生有更多机会开展各种活动，发挥其天赋并培养其能力，这一改变将增加学生的学习时间。各类型学校数量见表 1-9。

表 1-9　　　　　　　2000/2001 学年至 2001/2002 学年各类型学校数量

学年	教育阶段	全日制学校（所）	夜校（所）	综合类学校（全日制＋夜校）	总计（所）
2000/2001	小学教育	13 220	1 734	592	15 546
	初中教育（预科教育）	5 825	1 163	784	7 772
2001/2002	小学教育	13 360	1 656	637	15 653
	初中教育（预科教育）	6 000	1 152	841	7 993

（6）为实现教育公平实施的行动成功降低了城乡差距和基础教育中的性别歧视，具体情况见表 1-10。

表 1-10　　　　　　　　基础教育按性别和城乡分类的统计数据

学年	2000/2001				2001/2002			
教育阶段	小学教育		初中教育（预科教育）		小学教育		初中教育（预科教育）	
	数量	占比(％)	数量	占比(％)	数量	占比(％)	数量	占比(％)
男生	3 774 009	52.84	2 346 666	53.00	3 758 391	52.63	2 318 243	52.77
女生	3 368 118	47.16	2 081 278	47.00	3 382 912	47.37	2 074 968	47.23
总计	7 142 127	100	4 427 944	100	7 141 303	100	4 393 211	100
城镇	2 833 831	39.68	2 004 420	45.27	2 824 974	39.56	1 954 901	44.50
乡村	4 308 296	60.32	2 423 524	54.73	4 316 329	60.44	2 438 310	55.50
总计	7 142 127	100	4 427 944	100	7 141 303	100	4 393 211	100

（7）埃及基础教育不仅在数量上有所成就，在质量上也有所提高，具体表现在以下方面：

①埃及将持续开设一系列课程，旨在培养能为社会做贡献并具有迎接未来挑战能力的人才。为实现这些目标，一些新的观念已经融入课程当中。例如，人权、法律意识、

权利和义务、女性权利和反对歧视女性、儿童权利和儿童劳动保护、国家统计和打击极端主义、公民教育、宽容、和平教育、全球化、生活技能、超额人口下的发展、合理消费、预防和治疗药物、环境保护、资源的有效利用、尊重工作和生产质量、分析毒品成瘾的原因和预防措施，以及提高旅游和交通安全意识。

②将计算机科学引入基础教育课程，并从小学四年级开始设置英语课程。

③提高教科书和书刊的数量和质量，统计信息见表1-11。

④持续对教育领域内的教师、检查人员以及管理人员进行培训。

⑤为基础教育学校建设实验室并提供计算机设备。

⑥指导教师在课堂中使用先进技术。

表 1-11　　　　基础教育各年级的教科书数量统计信息（2000/2001 学年）

教育阶段	年 级	教科书的数量（册/人）
小学教育	1 年级	16
	2 年级	16
	3 年级	16
	4 年级	24
	5 年级	26
初中教育	6 年级	48
	7 年级	48
	8 年级	43
总　计		237

（二）挑战

尽管近年来埃及教育体制改革取得了显著成就，但仍存在问题，尤其是基础教育中的问题阻碍了实现教育数量和质量同步提高的社会政治抱负，问题主要表现在以下方面：

1. 一些儿童仍然没能入学，下一阶段必须采取新的战略措施将这些儿童纳入学校教育。

2. 尽管在教育方面城乡差距和性别歧视已经缩小，但仍需努力。个别省份基础教育学校招收的男生比女生多30％。此外，一些人口密度过高的城镇或者十分古老的乡村人口流动到学校周边城市并形成新的社区。

3. 基础教育作为整个教育金字塔体系的根基，招生数量庞大。考虑到教育各阶段招生人数的权重，需要重新规划各阶段教育的专项拨款。

近年来，教师群体及教师教学质量问题受到了极大关注。

（三）目标

基于国家全民教育战略目标的正式基础教育实施的主要原则如下：

1. 实现国家教育战略目标的根本，即追求卓越教育和全民卓越。

2.民主应该在生活的各个领域内实现。

3.实现人的发展是国家发展体系中一项重要指标。

(1)总体目标

基础教育要为全民教育提供卓越的教育质量,不受性别、城乡、家庭收入、宗教信仰或是所属民族的限制,招收所有 6~15 岁的适龄者。

(2)战略目标

①努力通过提供基础教育消除各类差距,不断扩大义务教育规模。

②通过发展课程、教学方法、现代教育技术、评价和考试制度,不断提高基础教育的投入、进程和产出质量。

(3)子目标

①数量方面

1)2007 年在基础教育方面充分招生,提供更多的教育机会。

2)高效并公正地分配教育机会,消除不同人群入学率的差异,特别是性别歧视、城乡差异以及包含两者的交叉问题。

3)为有特殊需要的儿童提供教育机会,这些儿童包括天才儿童和有身体障碍儿童。

4)将小学教育和初中教育(预科教育)的教室密度分别从 41 人/间、44 人/间均降低到 36 人/间,力求消除个别学校的极端值。

5)实行全日制教学制度。

6)增加学校建筑的数量以实现上述目标。

②质量方面

1)持续完善课程设置,注重教学内容提升和形式转变,到 2005/2006 学年结束时在各方面达到国际标准。

2)提供新版教材,注重教材内容和形式的发展。

3)为职工提供在职培训,倡导教师在课堂教学中尝试新课程,应用新技术。

4)根据国际专家和本国学者的研究成果,采用新的教师激励制度。

5)构建并完善教育评价的方法和工具。

6)为学生增加各类资源供给(例如图书馆和互联网等)。

7)改进学校管理方式。

8)提高财政和人力资源的使用效率,增加资金的来源渠道。

9)将扁平化理念运用到教育系统管理中。

10)加强社会在教育规划、管理和评价中的作用。

(四)计划实施

1.计划一

由于小学教育学年制的改变带来学生人数的增加,需要不断增建学校以提供足够的教室数量。在过去十年中,新建学校 11 228 所,在扩建学校方面取得了巨大的成就

（相比一百多年前，学校的数量增加了一倍）。在扩建过程中，保证教室密度和生师比长期符合埃及的政策要求。

2.计划二

全面消除基础教育中的性别歧视。尽管该计划已经取得显著成绩，但是在一些农村和偏远地区这种现象仍然存在，因此，我们需要在给予妇女同等教育权利上做出努力，比如通过为她们提供适合的课程和教学环境，在小学教育和初中教育（预科教育）阶段全面招收女性学生。

3.计划三

提供充足数量的教室以改善教育环境（学习环境），该计划基于以下依据提出：

（1）学校建筑的规模要根据在校生人数而定，校园美化和充足的教学设备也非常必要，营造良好的教育氛围以实现卓越教育。如果校园内有面积、通风、照明等方面不符合规格的建筑，就必须拆除重建。新时期的投资目标是每年开设 7 000 个新的基础教学班级。

（2）教室密度会影响教学效果。高密度教室不仅不利于学生受到更多关注，也不利于管理。当前，小学教室的平均密度为 41 人/间，初中（预科）教室的平均密度为 44 人/间。如果按照现有统计每间教室减少 1 名学生，就有 220 474 名小学生和 104 412 名初中生（预科生）没有学习空间。增建教室需要大量的资金，目前的资金还不足以维持为时 14 年的计划。为此，该计划对目标进行适度调整：

①保证教室密度不再上升。

②尽量降低教室密度。

③优先改善教室密度过高的学校。

为实现以上目标，在计划实施期间，每年要筹集增设 1 000 个而非计划原订的 7 000 个基础教育教室所需的资金。

因为非全日制学校的教学建筑短缺，无法为师生提供良好的教学环境，所以对基础教育的学制改革是必要的。教育部门已经采取了许多措施减少非全日制学校的数量，但是在削减这类学校的同时也要为这些学校的师生兴建新的全日制学校。在此计划实施前，政府每年修建 500 个新的全日制学校教室。

4.计划四

通过建立新的学校和专门教室，为有特殊需要的学生提供同等的教育机会。截止到第三个五年计划，即 2017 年末，每年为这类学生修建 200 个新教室。

5.计划五

现代化的课程改革是实现教育服务质量提升的途径之一，可以把课程置于国际比较的视野中，在保留本国文化特殊性的基础上，用国际标准制订具有前瞻性的课程改革内容，该计划包括以下方面：

（1）向一些基础教育发达的国家学习，相关任务由国家的课程改革中心和教学材料中心共同承担。

（2）根据国际标准，为教育战略专家和课程改革专家开设最新的技术方法培训课程。

（3）通过培训，提供模式和案例来制订适合不同学龄阶段学生的课程。

本计划的费用包含于计划一费用之中。

6. 计划六：通过以下措施提高基础教育的管理效率

（1）培训教育和学校管理人员。

（2）推动并确保扁平化管理。

（3）为教师进行最新的教育技术培训，确保教育技术应用于课堂。

（4）开发教育评价工具和方法，增加教育评价人员的数量。

（5）合理支出，投资合适计划。

（6）在义务基础教育中融入更多科技元素。

本计划的费用包含于计划一费用之中。

7. 为实现基础教育全民教育的目标，必须始终遵循以下原则

（1）基础教育涉及的群体是儿童，因此要特别考虑到儿童的成长特点。基础教育作为教育体系的基础，影响着最终的人才培养。

（2）与其他教育阶段相比，基础教育必须享有整个教育系统中的优先权。

（3）基础教育的数据比其他阶段的教育更容易获取。

（4）要加强基础教育的基础设施建设。

五、针对失学儿童和青少年制订的全民教育计划和目标

（一）现状

1. 与之相关的两类主要群体：一类是错过了小学教育（小学教育的入学适龄是6～8岁）或是还未学会基本生存技能便辍学的儿童，尤其是流落街头的儿童和犯罪儿童；另一类是已经进入劳动力市场，却没有受过任何教育的青年人。

2. 所有不公平现象都包含于这两类群体中，例如性别歧视、城乡差异、贫富差距、身体疾病以及父母离异。

3. 这两类人群由于种种原因不能接受小学教育，又没能达到扫盲计划的法定年龄（15岁以上），因此始终处于社会底层。

4. 在很长一段时间里，只有一些非政府组织对这类儿童和青少年施以援手，但是它们帮扶的对象显然是非常有限的。

5. 政府对这两类人群采取的帮助措施非常有限。20世纪70年代初，教育部门为这类儿童和青少年设立了6年制小学培训中心，但是没有学生能够在培训后达到进入初中教育的标准。到20世纪70年代末，这类培训学校因教学不正规并且缺少学生而被取消。

6. 20世纪70年代中期，教育部门认识到这两类人群如果不接受教育的话会给国家带来更多危害，因此，自1975年开始，五年建造了5 000所专门学校，但是该计划并不太成功,最终也因为资金短缺和管理困难而搁浅。

7.20 世纪 80 年代中期,教育部门与财政部门、规划部门和社会事务部门重点合作,争取财政支持以推进由社会和非政府组织共同制订的计划。

8.自 1991 年乔木提恩会议结束后,国家着眼于改善并扩大这一群体(特别是妇女和农村地区的人群)的教育机会并将其列为国家的教育目标。

9.政府于 1993 年启动了两个平行计划。第一个是专门学校计划(2001/2002 学年共有 2 729 所学校参与该计划),计划在一所专门学校的总理事会的监督下进行。第二个是关于社区学校的计划(2001/2002 学年共有 201 所学校参与该计划),还建设了 38 所小型学校和 123 所专门学校,并计划建设 5 所小型国际学校。

上述学校都具有以下特点:

①建立在落后地区。

②大部分是为女生建立的学校。

③招收的学生处于 8～14 岁的年龄段。

④提供与正规学校同等的教育服务。

⑤可以与正式教育互通。

⑥允许学生跳级。

⑦地方社区参与学校建设并提供资助。

⑧提供高质量的教育服务。

⑨在兼顾理论教育的同时还重视职业技术教育等。

表 1-12 和表 1-13 统计了 2000/2001 学年和 2001/2002 学年专门学校和社区学校的有关数据。

表 1-12　　2000/2001 学年和 2001/2002 学年专门学校的有关数据

指　标	2000/2001 学年	2001/2002 学年	增长数量	增长幅度(%)
学校数量(所)	2 612	2 729	117	4.48
学生数量(人)	55 816	58 422	2 606	4.67
教师数量(人)	3 694	3 749	55	1.49

表 1-13　　2000/2001 学年和 2001/2002 学年社区学校的有关数据

指　标	2000/2001 学年	2001/2002 学年	增长数量	增长幅度(%)
学校数量(所)	202	202	—	—
学生数量(人)	6 000	7 525	1 525	25.42
教师数量(人)	460	460	—	—

2001/2002 学年结束时,共有 2 382 名学生从以上两类学校毕业。

(二)挑战

1.该群体的规模非常庞大。近几年统计数据显示,开罗人口中 8～14 岁的儿童总人数为 1 000 万,其中只有 870 万的儿童进入学校学习,有 130 万的儿童没机会接受教育。

2.缺失没接受教育的儿童和青少年的准确统计数据,8～14 岁也没有更详细的分类。此外,没有渠道得知儿童和青少年的失学和辍学原因。

3.8～14 岁未受教育群体在工作中的收入高于在学的学生。

4.低收入家庭(尤其是处于农村或边缘地区的家庭)因为难以承担大量的隐性教育费用而不得不令子女辍学。

5.一些地区的风俗和传统会为女性入学增添阻碍。

6.学校的周围环境和条件会影响招生数量,比如医疗水平落后、性别歧视严重、城乡差异大、基础设备缺失、饮水困难甚至是女卫生间缺乏等。

7.许多家庭因为居住区过度拥挤不得不居住在乡村和城镇的外部,由此形成乡间居民和城市外围居民两大类居民,他们无法享受充足的服务和设施。此外,居住在以上地区的适龄儿童较少,在这些地区建设学校收效甚微。

(三)目标

在制订针对该群体的教育目标时,需要综合考虑以下因素:

1.这一群体的大量适龄儿童和青少年已经参加工作。无论这些工作是否合法,都不能逼迫他们辞掉工作回到学校,因此应采取以下措施:

①计划必须有灵活的时间安排,能够让儿童或是青年人同时学习和工作。

②计划必须有明确的职业或技能教学内容,以便让参与学习的儿童和青少年能在市场上有更强的竞争力。

③该计划必须兼顾物质和精神上的回报。

2.该群体的父母或者雇主会因以下原因不允许该群体参与该教育计划:

①他们为家人增加了收入,为雇主带来了低成本收益。

②无论该群体充当了何种社会角色,都为社会带来了自由、责任和成熟的社会意识。

3.针对这类由儿童和青少年组成的群体,我们必须统筹和协调教育、宗教、社会、媒体、保障机构、社会组织等各界力量,才能有效地解决他们的教育问题。

因此,针对这一群体的教育计划设定目标如下:

1.总体目标

为了遵循伦理道德并实现国家的责任义务,正式或非正式的教育计划都要确保最大限度地招收适龄儿童或青少年。

2.战略目标

(1)为该群体提供一个能够兼顾各子群体特点的教育系统。

(2)在策划、执行以及监督该教育计划时,要鼓励社会组织与政府合作,让他们在该计划的各个阶段中发挥作用。

3.子目标

（1）数量方面

①有组织地列出学校系统外 8～14 岁的儿童和青少年人数，并将他们按活动类型和地点分类，以便后续教育机会的提供。这一目标在 2002/2003 年度计划的上半年实施。

②通过增设专门学校和社区学校，为处于这一年龄段内的所有儿童和青少年提供平等的教育机会。

③建立实用教育体系，招收重返校园的儿童和青少年。

④为青少年、有特殊需要的儿童，特别是女童提供适合的教育机会。

⑤通过国际合作和民间捐助等方式实现多方参与。

（2）质量方面

①继续课程开发，注重课程内容和质量，到 2005/2006 学年达到国际质量标准，实现全民卓越的目标。

②采用实用的教学方法，实现学校学习和生活技能的融合（联系社会实际和实用技能帮助学生在就业市场中保持竞争力）。

③为这一群体中愿意接受继续教育的学生提供奖励，让他们从教育中受益。

④提供必要的设备并提高工作质量，使学生能够在接受教育的过程中受益。

⑤借助媒体的力量鼓励这些人的家人支持他们接受教育。

⑥策划更多可持续的教育计划，创建全民接受教育和继续教育的学习氛围。

（四）计划实施

1.计划一

提高专门学校的招生规模。为适应基础教育规模的稳步增长，建立足够多的专门学校以消除教育机会不平等。

2.计划二

增设社区学校和小型学校。虽然这些学校数量目前只占基础教育机构总数的 0.3%，但是它们却提供高质量的教育。

（1）功能

①有助于消除性别歧视：这两类学校专注于为女性提供更多的教育机会。

②有助于消除城乡差异：这两类学校都建立在贫困落后地区。

（2）这两类学校为实现全民教育目标，积极与其他机构或部门合作，并接受国外捐助机构的财政支持，成为其他基础教育机构效仿对象。

（3）这两类学校鼓励社会参与学校管理。

截至 2015 年，没有关于该类型学校计划增加的统计数据。负责这两类学校的儿童基金会负责人指出：

（1）在下一个五年计划中将增设 100 所这两类新学校。

（2）未来几年内，该计划的重点是实现这两类学校与正规基础教育学校教学流程的统一。

（3）该计划在进行过程中除了开展了600次培训外，还强化了与基础教育培训教师在2002—2007五年计划期间的伙伴关系。

3. 计划三

通过增设学校数量和学校设施为8～14岁有特殊需要的儿童和青少年提供新的教育机会，确保到2015/2016学年实现全部入学。

4. 计划四

与经济计划和社会发展计划不同，我们要为身处困境的学生设计特殊的教育方案。此类学生包括：

（1）童工和已经工作的青少年。

统计资料显示，10～14岁的儿童和青少年中，童工比例达到了9.20%。尽管有些童工可能边上学边工作，但这种情况只占极少数。目前计划中包含针对这一年龄群体的实验计划，内容如下：

①根据"穆巴拉克-科尔"计划的要求（提供理论教育和职业技术教育培训），还要再建立50个新的培训和学习中心。

②根据各省需求，实现这些培训和学习中心的合理布局并专注8～14岁年龄段儿童和青少年的教育。每个培训和学习中心都包含三个教育阶段（与正式教育的制度相似）。

③允许学生跳级，以加快学习进程。

④除了普通的教学课程，在教学大纲内加入专业安全课程和工人教育课程（主要讲授与工人权利、义务和组织相关的内容）。

⑤让雇用这一年龄段工人的雇主加入培训和学习中心的课程，通过一些奖励办法确保他们能够参与。

⑥为培训和学习中心提供他们所需的所有技术设备。

⑦国家出资500万埃及镑用于建立这些培训和学习中心。这些资金可以根据培训和学习中心的地理位置和招生能力适当增加或减少。

⑧培训和学习中心由教育部门、人事部门、移民部门和各类产业部门构成。各类产业部门由农业、工业、电力、石油以及社会事务和媒体在内的多个部门构成。

（2）无家可归或街头流浪的儿童和青少年。

尽管没有关于街头流浪儿童规模和分布的可靠数据，但从伦理和道德角度，应当为他们提供合适的教育以满足他们个人层面和社会层面的生活需求。

基于以下措施，我们为街头流浪的儿童和青少年设计了一个旗舰计划：

①建立五个教育和指导中心以及五个职业培训中心。

②除了休闲设施和宗教活动场所外，每一个中心都需要为培训和学习人员提供三餐和宿舍。

③每个中心包含三个阶段,每个阶段包含三个等级,与基础教育的年级类似,但教授的内容不同。

④学生可以根据自身意愿选择跳级。

⑤在设置普通学校课程的基础上,这10个中心应增加宗教教育和社会研究课程的分量,尤其是职业技术教育和安全相关的课程内容。

⑥每个中心包括一个专业化程度较高的部门、一个专业部门、一个心理辅导部门和一个社会服务部门。

⑦将邀请社区领导和为中心建设做出贡献的人士来评估学生的学习情况。

⑧中心将负责为应届毕业生和毕业生提供就业机会。

⑨中心的就业指导部门为毕业生提供咨询和帮助。

除了民间社会和捐助机构的捐款外,还为每个中心提供1 000万埃及镑的资金。

5.计划五

计划五致力于提高这一年龄段内各教育系统的教育质量,该计划通过以下方式来实现。

(1)设计一套符合各类型学生需求的新型教学模式,最大限度地利用高科技产品;引入各类学习方法,了解这些方法并检验其是否适合这一年龄阶段的学生。以上目标需要在该计划的第一年内实现,总开支为200万埃及镑(为每一类身处困境的适龄者花费100万埃及镑)。

(2)不断完善各种教育系统的目标、方法和教材,保证设备更新,在计划实施前三年探寻出一套生产性学校的办学模式,并在五年内探寻出一套投资性学校的办学模式,最后在计划的完成阶段探寻出一套竞争性学校的办学模式。这就需要相关部门为学校提供相应的设备和技术工具,在2002/2003—2015/2016学年的计划实施阶段,总开支为25 848 550埃及镑。

关于女性专门学校的计划,其办学所需见表1-14。

表1-14　　　女性专门学校办学所需的设备或技术工具开支明细

设备或工具种类	数量(台)	单价(埃及镑)	总价(埃及镑)
冰箱	1 066	1 000	1 066 000
炉灶	1 066	800	852 800
缝纫机	1 066	650	692 900
织布机	530	25	13 250
电脑	3 286	3 000	9 858 000
磁带式录音机	3 286	4 000	13 144 000
投影仪	1 108	200	221 600
总　计	—	—	25 848 550

(3)媒体机构应当起到如下作用:

①激励儿童和青少年加入与之相应的教育系统。

②鼓励父母和儿童监护人把儿童送到学校。

③邀请投资者并鼓励他们让其员工加入相应的教育系统中。

④发动地方社区的力量,为当地教育事业提供优质的教育环境。

⑤为了实现以上目标,应当为媒体机构提供700万埃及镑的经费,即每年50万埃及镑。

6. 计划六

计划六致力于通过落实以下子计划目标来实现学校内部和外部的管理。

(1)按照计划,坚持每三年对专门学校和特殊需求学校中的教师、行政人员和检查人员进行培训。培训费用估计如下:

专门学校员工的培训费用:

单人成本250埃及镑×36 600人次＝9 150 000埃及镑

特殊学校员工的培训费用:

单人成本250埃及镑×50 000人次＝12 500 000埃及镑

其他特殊学校员工的培训费用:

单人成本250埃及镑×5 000人次＝1 250 000埃及镑

总计培训费用为22 900 000埃及镑

(2)考虑到计划的紧迫和敏感性,国家把权力下移至上述学校。

(3)与民间社会建立合作对学校进行共同管理,并使其跟进上述学校系统的进展情况。

由于8～14岁辍学儿童和青少年在之前很少受到社会关注,实现以上计划方案所需的开支很大,具体计划开支见表1-15。

表1-15　　　全民教育计划体系外8～14岁儿童和青少年的教育计划开支(单位:埃及镑)

各类计划	总开支	第五个五年计划 (2002—2007)	第六个五年计划 (2007—2012)	第七个五年计划的 前四年 (2012—2016)
计划一	33 480 000	22 680 000	6 360 000	4 440 000
计划二	经费由儿童基金会负责			
计划三	2 422 420 000	865 150 000	865 150 000	692 120 000
计划四(一类)	250 000 000	100 000 000	75 000 000	75 000 000
计划四(二类)	50 000 000	10 000 000	20 000 000	20 000 000
计划五(一类)	2 000 000	2 000 000		
计划五(二类)	25 848 550	24 251 425	724 075	873 050
计划六	22 900 000	8 900 000	7 000 000	7 000 000
总　计	2 806 648 550	1 032 981 425	974 234 075	799 433 050

值得注意的是,教育部门的五年(2002—2007年)计划投资计划没有向全民教育计划体系外的8～14岁儿童和青少年分配资金。

然而,这一群体是不容忽视的,国家(不仅仅是教育部门)必须提供资金来保证他们的教育,或者与开办学校的当地政府和国际捐助部门合作以保障资金充足。

六、成人扫盲和继续教育

(一)现状

1.自 20 世纪初,埃及一直致力于在官方和公共层面消除文盲。随着民族解放和反对帝国主义斗争的发展,埃及在扫盲运动上的斗志也愈加高昂。

2.自 20 世纪下半叶起,在联合国教科文组织所采用的基础教育框架下,埃及对扫盲愈加重视。

3.尽管埃及为扫盲做出了许多努力,但效果还不甚理想,全国的文盲率依然很高(1986 年的全国文盲率为 49.40%),性别歧视和城乡差异进一步加重了问题的严重性。

4.1990 年以前埃及开展扫盲活动面临的主要挑战如下:

①资金匮乏。

②高辍学率。

③教师数量和质量无法保证,教师缺乏持续有效的培训。

④文盲教育仍采用传统的教学方法。

⑤没有针对文盲教育的课程和教学材料。

5.1990 年是埃及开展文盲消除计划的重要节点。时任总统宣布在 1990—1999 年10 年间开展扫盲计划。以下为计划的主要内容:

(1)扫盲是国家的义务和责任,需要政府、各政党和社会各部门通力合作。

(2)扫盲主要涉及进行职业培训、产业培训和社会基本技能培训的教授。

6.1991 年,第 8 号法令出台,规定建立扫盲与成人教育总局。自此,该部门一直负责制订扫盲计划和方案,跟踪执行情况并协调相关部门。

7.自 1993 年起正式开启的埃及扫盲运动成功使 10 岁以上的 400 多万文盲从中受益(10 岁以上的文盲总数超过 900 万,受益人群超过 48.50%)。

8.扫盲计划在扫盲与成人教育总局的带领下成果显著,埃及的文盲率在 1966 年下降到 39.90%,在 2001 年下降到 31.90%。

9.除了文盲数量显著下降,埃及在如下方面也取得了进展:

(1)性别差异有所缩小,扫盲班的女性入学率占比达到 73%。

(2)目前已开设了 33 万个扫盲班,招收人数超过 66 万人,除了提供新的教材和新的课程如远程教育,还为需要特殊照顾的学生提供免费的教师和课程。

(3)共有 53 400 名扫盲教师接受培训。

(4)扫盲课程实现了现代化和教材的多元化。

(5)扫盲计划走向了集中管理。

10.在做出上述努力的同时,扫盲运动也积极活跃在以下方面:

(1)提供继续教育的机会,简化入学手续。

(2)提供电脑技术和英语学习的相关课程。

（3）为扫盲的后续阶段提供合适的阅读材料。

（4）建立100个图书馆，其中包括扫盲后续阶段的阅读材料。

（二）挑战

尽管扫盲运动在缩小性别差距、降低文盲率方面取得了一定进展，但仍然面临着诸多挑战。

1. 不同群体的文盲率差异较大。1996年，10岁以上人口文盲占比为38.60%，文盲的总人口占比为37.63%，其中女性占比为62.37%。城乡文盲率的差距也在扩大，城市文盲占总文盲人口的30.08%，而乡村文盲占69.92%。

2. 文盲人口的特征差异较大，缺少诸如年龄、性别、地位、职业、社会经济水平、住所等信息。

3. 一些文盲很难有机会接受扫盲教育，除此之外，有很高比例的学生因为家庭贫困、缺少学习时间、课堂内容乏味、缺少课程针对性等原因而中途辍学。同时，社会对成人扫盲班的开设并不抱有支持态度。

4. 由于缺少可持续的、有针对性的扫盲计划评估，无法确定扫盲计划的招生情况。缺少扫盲计划的反馈，不利于扫盲活动的开展。

5. 缺少相关法律规定国家部门对扫盲运动的协同合作，因此一些重要的国家部门没有参与扫盲运动。

（1）尽管埃及有超过15 000家学会（协会），但其中只有930家与识字相关。

（2）官方和民间机构既没有认识到扫盲活动的重要性，也没有有效参与其中。

6. 1991年出台的关于扫盲的第8号法令并没有得到严格执行。

（1）为扫盲和成人教育设置专项资金（第十二条条款）。

（2）对文盲采取消极激励的措施（第十三条条款）。

（3）尽管国家对扫盲很重视，但负责执行的公务员规模非常有限，只占公务员总数的4.80%。

（三）目标

1. 总体目标

大力开展扫盲活动，在2015/2016学年扫盲计划结束之前将15岁以上的文盲率减小一半，过程中优先考虑低龄、女性、农村和偏远地区以及城市贫困地区的群体。

2. 战略目标

（1）截止到2015年，将15岁以上人口的文盲率降低到15%，消除性别和城乡差异。

（2）完善扫盲计划的功能组成部分（社会和专业的），使学生能够为构建和谐社会做出贡献。

（3）提供宗教、社会、经济、文化、政治等不同方面的继续教育。

3.子目标

(1)数量方面

①减少大约 1 000 万的文盲数量(特别关注妇女,儿童,偏远、贫穷和乡村地区的文盲群体)。

②从扫盲计划执行的第二年(2003/2004 学年)起,提供大约 250 万个扫盲学习的机会,并招收潜在的辍学者。

③从扫盲计划执行的第二年起,为参与计划的文盲人口开设 333 108 个扫盲训练课程。

④在计划实施期间培训 89 225 名扫盲教师。

⑤在计划实施阶段开设 66 621 个职业培训中心,每个中心包含 5 个扫盲班级。

⑥为 66 621 名职业培训教师提供专门的培训,指导教师帮助成年文盲人口。

⑦为需要特殊照顾的文盲提供接受扫盲教育的机会,开设 9 338 个扫盲班并招收约 14 万名学生。

(2)质量方面

①扫盲计划需要走可持续发展的道路,根据以下方面确定扫盲人口的教育材料:

1)确定并分析文盲人口的教育需求,使文盲人口能够提高阅读水平。

2)改善不同领域文盲人口的宗教观念、社会态度和价值观。

3)紧跟国际形势的变化发展,特别是在技术和通信领域。

②为完成基本教育计划的人提供继续教育的机会。

③为新生提供更多的阅读材料。

④实现全民义务教育与非正式教育的融合。

⑤开展新的媒体宣传活动支持扫盲工作。

(四)计划实施

以下是一些重要数据,计划的规划和执行成本预算就是基于以下数据得到的。

(1)截至 2015 年,埃及 15～60 岁的文盲约为 2 000 万人,具体可划分为以下年龄阶段:

15～35 岁(接近 500 万人),36～60 岁(接近 1 300 万人),60 岁以上(接近 300 万人)。

(2)对 15～35 岁年龄段的人群开展义务扫盲,以期在 2002—2007 年减少该年龄段文盲人数的 50%,减少 36～60 岁文盲人数的 20%。

(3)36～60 岁的文盲是次要的被关注群体,第六个五年计划开展期间以消除该年龄段文盲人数的 60% 为目标。

(4)第七个五年计划的前四年旨在消除 36～60 岁剩余文盲人数的 20%,60 岁以上文盲暂不列入计划范围。

(5)确保为辍学者或文盲提供接受教育的机会,为基本方案中 25% 的目标群体实施补救方案。

(6)据扫盲和成人教育管理局估计,扫盲所需的人均成本费用为 180 埃及镑。其中 150 埃及镑涵盖了教室成本、教师培训成本、继续教育成本、阅读材料开发成本,剩余

30 埃及镑用于开设职业培训中心以及培训过程中的教学成本。

1. 计划一

(1)提供基础和补救教育让文盲具备阅读能力。

(2)在计划实施过程中,必须要考虑到以下因素:

①计划中 66.6% 的教育机会将专门提供给女性。

②计划中 70% 的教育机会将专门提供给农村、偏远地区和贫困地区。

2. 计划二

计划二旨在为 15 岁以上年龄段特殊人群提供识字机会,具体情况见表 1-16。

表 1-16　　　　　　　对特殊人群(15 岁以上年龄段)的国家扫盲计划

学年	学生数量(人)	教室数量(间)	成本(埃及镑)	备　注
2002/2003	10 000	667	3 000 000	
2003/2004	10 000	667	3 000 000	
2004/2005	10 000	667	3 000 000	
2005/2006	10 000	667	3 000 000	
2006/2007	10 000	667	3 000 000	
2007/2008	10 000	667	3 000 000	＊每间教室只安排 15 名学生是为了满足每个小组单独进行教学的全部需要,取决于特殊需要的程度。
2008/2009	10 000	667	3 000 000	
2009/2010	10 000	667	3 000 000	
2010/2011	10 000	667	3 000 000	＊有身体障碍人士文盲班的人均成本为 300 埃及镑,身体无障碍人士文盲班的人均成本为 150 埃及镑。
2011/2012	10 000	667	3 000 000	
2012/2013	10 000	667	3 000 000	
2013/2014	10 000	667	3 000 000	
2014/2015	10 000	667	3 000 000	
2015/2016	10 000	667	3 000 000	
总　计	140 000	667	42 000 000	

3. 计划三

计划三致力于提高扫盲计划的教育服务质量。在计划期内至少对课程和教育材料进行两次审查,2002/2003 学年的质量监控成本为 1 000 万埃及镑,2007/2008 学年的成本为 500 万埃及镑。

4. 计划四

计划四致力于提高平行教育、继续教育、专业教育、专业训练或自学教育等非正式教育的机会。计划期间将投资 14 000 万埃及镑。

5. 计划五

计划五致力于在计划期内为教师提供 91 000 个培训机会来指导他们的专业发展,该计划的实施费用为 900 万埃及镑。

6. 计划六

计划六致力于通过培训 66 000 多名专业培训人员来提高职业培训的收益,该计划的成本超过 3 300 万埃及镑。

7. 计划七

计划七致力于在计划期内实施长期媒体计划,力求最大限度地提高入学率,并消除扫盲班的辍学现象。

(1)以上计划的经费信息见表 1-17。

表 1-17 　　　　　　　扫盲和继续教育计划的经费明细 　　　　　(单位:埃及镑)

计划	总成本	第五个五年计划 (2002—2007)	第六个五年计划 (2007—2012)	第七个五年计划 的前四年 (2012—2016)
计划一	2 248 711 200	770 254 020	854 937 000	623 520 180
计划二	42 000 000	15 000 000	15 000 000	12 000 000
计划三	10 000 000	5 000 000	5 000 000	—
计划四	140 000 000	50 000 000	50 000 000	40 000 000
计划五	包含在计划一中			
计划六	包含在计划一中			
计划七	14 000 000	5 000 000	5 000 000	4 000 000
总　计	2 454 711 200	845 254 020	929 937 000	679 520 180

(2)第五个五年计划中识字计划的总成本为 845 254 020 埃及镑,然而教育部门能够拨出的资金仅占所需经费的 35.49%,因此需要采取以下措施:

①增加预算中扫盲计划的财政拨款。

②社会应承担更多的经济责任。

③做出更多努力以确保国际资金来源。

七、计划评估

(一)评估目标

评估投入和程序在计划总体目标和每个部门具体目标的实现程度,以便根据评估结果及时修正。

(二)评估原则

1. 按照国际标准进行日常和综合评估。

2. 在所有教育部门和所有教育机构中采用个人评估办法。

3. 支持有关国际机构来评估埃及教育机构的表现。

4. 扩大评估个人、评估机构等评估主体范围,将受教育者、教育受益者、教育局、教师、学校和公民社会等代表容纳进来。

(三)评估机制

1. 为保证评估的客观性,评估过程应注意以下几点:

(1)内部评估

①教师、学校管理人员和学生的自我评价。

②负责执行计划的职员长效评估(事前、事中和事后评估)。

(2)外部国家评估

①中央检查事务部实施的评估方案。

②国家考试和教育评价中心实施的计划、评价和方案。

③教育部门对研究机构或中心进行的评价。

④民间社会代表如家长委员会、协会和当地社区的评估。

(3)国际外部评估

邀请有关国际机构在计划目标的框架内评估教育机构的表现。

2.成立常设委员会对以往的评估结果进行审核,提出修改意见和改革措施,如有必要可以重新考虑计划本身。

3.教育部门在与大学前教育最高委员会协商后,采取必要改革措施以实现计划目标。

4.教育评估作为一个单独的计划,总成本为 14 000 万埃及镑,平均每年成本为 1 000 万埃及镑。

3　总　结

3.1　各项计划的目标

一、全民教育

(一)总体目标

实现卓越教育和全民卓越。

(二)战略目标

1.在考虑到庞大人口数量的同时,要公平地向所有目标群体提供平等的学习机会,确保他们在正式或非正式的教育机构中入学。

2.根据全球化的标准,要着重提高学习服务质量,确保国家在全球化时代的竞争力。

二、学前教育

(一)总体目标

到 2020 年底将学前阶段纳入义务免费基础教育阶段。

(二)战略目标

1.逐步扩大学前教育服务的覆盖面积,优先发展农村和城市贫困地区,同时对学前阶段的私立学校增加财政投入支持。

2.在教育部门的监督下,提高正规学前教育机构的教育服务质量,并确保其提供的教育与儿童保育的最新理念相一致。

三、正规的基础教育(6～15岁)

(一)总体目标

实现6～15岁适龄群体的全民教育,不论其性别、居住地、社会经济地位、种族或是宗教背景。

(二)战略目标

1.继续致力于在正规基础教育中为目标群体提供教育机会,消除性别和地区差距,扩大义务教育的覆盖面积。

2.在教育的投入、过程和产出以及课程开发方面实现质的飞跃;最大限度地利用现代教育技术并采用最新的考试和评价制度。

四、失学儿童和青少年(8～14岁)

(一)总体目标

在正式教育和非正式教育中最大限度地招收学生。

(二)战略目标

1.为该年龄段学生提供适合其性格、符合其需要的教育机会。

2.主张政府与社会共同参与方案的规划、执行以及后续实施。

五、成人教育与继续教育

(一)总体目标

提供高数量、高质量的教育机会。截止到2016年,降低50%的成人(15岁及以上)文盲率,同时优先为青年群体、女性以及农村和贫穷城市地区的居民提供教育机会。

(二)战略目标

1.截至2015年底,降低15%的成人文盲率,消除性别和地区差距。

2.帮助文盲提高阅读能力、个人能力(社会交际和职业特长),让他们能够参与到公共活动中。

3.根据个人自身的兴趣、需要和能力,为这一群体提供可供选择的教育机会和不同层次的继续教育,使他们都能受益。

3.2 计划实施、费用和财务总结

一、幼儿和学前教育

1.提高入学率。

2.为有特殊需要的儿童提供合适的教育机会。

3.提高学前教育的服务质量。

4.提高学前教育的管理水平。

二、正式的基础教育

1.增加校舍数量以确保充分招生(需考虑到人口增加,以及小学恢复6年制)。

2.消除基础教育招生中的性别歧视。

3.增加教室数量以改善学习环境。

4.为有特殊需要的群体提供充足的教育机会。

5.改革课程发展相关政策。

6.加强义务基础教育的实效性。

三、失学儿童和青少年

1.增加专门学校的招生规模。

2.增加社区基地和小型学校的数量。

3.为有特殊需要的儿童和青少年(8～14岁)提供新的教育机会。

4.为身处困境的儿童和青少年提供教育机会。

5.提高教育的服务质量。

6.提高教育机构管理的内外部效率。

四、成人教育与继续教育

1.增加和扩充基本的教育机会以消除文盲。

2.为有特殊需要的群体提供扫盲机会。

3.提高扫盲教育的服务质量。

4.为相关群体提供各种非正式教育的机会。

5.帮助教师做好准备并为其做好职业发展规划。

6.提高职业培训的收益。

7.在计划实施期间开展各类媒体宣传活动。

五、评估

1.计划的实施成本自2002/2003学年到2015/2016学年即14年间超过了1 170亿埃及镑。

2.虽然财政的主要来源是政府,但仍需在以下方面做出改善:

(1)鼓励社会力量为政府开展教育计划做出贡献。

(2)重新审视教育相关部门的理念和政策,尽量降低成本(例如,减少图书中教科书的数量等)。

(3)加强信息公开的准确性,鼓励各捐助机构参与教育的资助工作。

2015 年埃及全民教育回顾

引　言

埃及教育部门致力于为公民提供接受优质教育的机会，以此作为公民的基本权利，这源于社区参与的权力下放管理体制。在一个民主、公正、平等的新时代，教育部更致力于为民众创造一个知识型社会。

在非传统的学校环境中以学生为中心提供优质教育服务，在使用信息通信技术工具的学校中，为学生提供自主学习的环境并且使其提高创造性思维能力以及生活技能。具有高度专业精神、专业知识、教育领导能力和计划能力的杰出教师正在成为教育变革和发展的推动者。以学生为中心的计划和课程，反映了当地社区民众的需求和期望，同时也是增强科学和创造性思维、解决实际问题、获得终身学习能力、提升公民意识的反映。教育过程包含学校课程、教科书、学校管理和教育系统。提高全民参与的教育质量。以权力下放为核心建立信息透明、有效问责和领导负责的卓越教育管理方式。

因此，教育部门的宗旨与支持埃及社会发展的使命都是为所有公民寻求教育机会，以提升他们的能力、发展他们的工作技能，同时促进社会发展和国际竞争。

1　埃及教育政策目标

一、为所有人提供公平的教育机会

（1）为学前教育提供更多教育支持。

（2）为女性提供更多教育机会。

（3）提升学生读写能力。

（4）关注儿童的特殊需求。

（5）为儿童提供教育和投资。

二、提升教育质量

（1）进行学校资格认证。

（2）利用技术促进教育进步。

（3）提高人类能力。

（4）发展自主学习课程。

（5）追求卓越，建立杰出学者中心。

三、完善教育系统

(1)建立信息系统、监测和评价系统,提供决策支持。

(2)完善校本管理。

(3)建立责任分配制度。

(4)埃及着力提高初等教育入学率,以满足社会需求。

(5)加强和重视教学环境。

(6)使所有国家政治机构和非政府组织(NGO)参与进来,实现全民参与的目标。

(7)提供财政支持,适当地使用这些财政资金,同时寻求新的资金来源。

(8)制定全民参与战略作为国家教育战略组成部分。

(9)受益于现代远程教育技术和教学方法。

(10)在教育和其他非正式教育课程的不同周期和阶段之间建立新的桥梁和渠道。

(11)开发潜能,提高效率,促进人力资源专业发展。

(12)为各阶段学生提供必要生活技能学习。

四、解读全民参与政策的三种视角

1. 横向维度

无论学生家庭背景、社会经济地位、性别或户口所在地、身体健康状况如何,政策都应为所有学生提供平等的受教育机会,以缩小区域和性别差距。

2. 纵向维度

全民参与旨在增加学前教育和初等教育的教育年限,提供免费教育以应对中等教育和高等教育,有助于培养一支训练有素的高质量人才队伍。

3. 纵深维度

提升学生思维和科研能力以及使用技术的能力。

五、埃及全民教育政策的目标

(1)扩大和完善综合性的幼儿护理和教育,尤其是弱势儿童。

(2)确保到 2015 年,使所有儿童,尤其是女童、家庭经济困难儿童和少数民族儿童都能够接受并完成免费优质的初等教育。

(3)通过接受适当的学习和生活技能课程,确保所有年轻人和成年人的学习需要得到满足。

(4)到 2015 年,使成人识字率提高 50%,女性可以平等地获得成人基础教育和继续教育。

(5)消除初等教育和中等教育中的性别差异,在 2015 年实现教育的性别平等,重点是确保女性充分平等地接受优质初等和中等教育。

(6)全面提高教育质量,挖掘潜能,使全民都能获得公认的学习课程,尤其是识字、算术和基本生活技能方面的课程内容。

六、教育部门制定了一系列有助于实现上述目标的战略

（1）逐步扩大免费正规学前教育规模，对私人幼儿园提供财政支持。

（2）提高学前教育服务质量，教育部门直接监督幼儿园实践科目，以确保高质量的服务适应国际趋势。

（3）努力在基础教育方面提供教育机会，消除国家和地区两极差距，2014年埃及《宪法》规定将义务教育年限延长至12年。

（4）在基础教育的投入、过程和产出上实现与国际接轨。

根据学生特征提供相适应的学习课程，强调社区和政府的合作关系在计划、实施和后续针对儿童实施方案等各个阶段中的作用。

提高公民识字水平，使公民具有专业知识和文化素养，有效融入社会，成为一个合格公民。

该规定以文盲人群为出发点，为各阶段人群提供终身受教育的机会，确保所有人获得的教育培训与他们的能力相适应。这些策略主要包括：

1. 学前教育

（1）扩大招生规模。

（2）提高幼儿园的教育质量。

（3）加强幼儿园教育管理。

（4）为有特殊需要的幼儿园儿童提供相应的教育机会。

2. 基础教育

（1）适当扩建学校教室，以适应人口增长背景下适龄儿童的需求。

（2）缩小基础教育的性别和区域差距。

（3）改善学习环境。

（4）提高基础教育教学管理效率。

（5）为特殊儿童群体提供入学教育机会。

3. 失学儿童和青少年

（1）增设小学、社区学校、小型学校和女子学校。

（2）创新教育模式，为困难儿童提供教育机会。

（3）提高本年龄段儿童和青少年的教育服务质量。

（4）提高教育管理的外部效率。

4. 扫盲教育和继续教育

（1）提供更多识字机会。

（2）改善扫盲计划的教育服务水平。

（3）提供各种非正式教育的机会。

（4）为有特殊需要的学生提供更多的识字机会。

（5）开展各类职业培训并开设各类生活技能课程。

(6)招聘教师并为他们提供长期的专业培训。

(7)发挥媒体作用,积极宣传。

2 国家教育战略计划的主要原则(2014—2030)

一、有效性

(1)增加教室数量以适应义务教育需求。

(2)维护教育机会的区域公平。

(3)与当地社区合作建立学校,为校外儿童提供教育机会。

(4)在社区教育领域招募大量的管理者、监督员和其他行政人员。

(5)与青年体育部合作,充分利用其场所开展各类教育活动。

(6)与其他部委、社团和资助机构合作,弥补学校基础设施资金不足。

二、质量

(1)修缮学校建筑:确保学校建筑和设施资源达到国家标准水平。

(2)学校环境:提高各年级学生在校生活质量。

(3)开设新课程,使学生能够创造性地思考和独立研究,将信息通信技术和学校课程相结合,提高学生的分析能力。

(4)学习国际科学、数学和外语课程。

(5)增设识字课程、阿拉伯语教学课程。

(6)提高教师、管理者和管理人员的工作效率,通过信息通信技术方式设计课程促进学生主动学习,并对学生进行综合评价。

(7)致力于降低休学率和辍学率。

三、管理

1. 立法

(1)重新审视法律法规是否与学前的改革进程相适应。

(2)从改革的可持续性出发,重构政策法规。

2. 计划与财政

(1)提高中央和地方各级规划、评估和监测的质量和效率。

(2)采用平均支出政策并监测公共支出。

(3)最大限度增加财政来源,建立公用事业部门和技工学校来扩大收入来源。

3. 评估与跟进

(1)采用全面持续的评价。

(2)根据数据来追踪教师的表现和发展。

(3)根据国家质量标准对学校绩效进行监测。

(4)坚持校本管理的原则。

（5）通过全民参与治理,使所有利益相关者参与到学校的决策过程。

（6）拓展信息技术在规划、监测、评价和决策中的应用。

四、负责实施全民教育计划的机构

埃及政府以教育部门为代表,在政府官员和非政府组织的协助下,致力于实施全民教育计划。教育部门与本地公司和国际公司合作,致力于为贫困人口提供教育机会。

第十九条规定,每个公民都有受教育的权利。教育的目的是保持埃及特色,维护国家认同感,根植科学思维方法,培养人才,促进创新,树立公民性、宽容性和非歧视性的价值观念。国家应当遵守教育课程与方法的教育目标,并按照国际标准提供教育机会。

同时第十九条指出,学前教育和初等教育是义务性的。国家依法规定教育机构在各个教育阶段为学生提供免费教育。国家应当将相当于国民生产总值 4％ 以上的政府支出投入教育方面,并按国际标准逐步提高。由于教育部门的月支出占据了大约 90％ 的预算,所以即使教育部门预算已经持续增加到了 620 亿埃及镑,预算仍然不能满足教育质量的要求。教育部门正在努力寻找其他合适的资源来发展教育,保证教育质量。国家应监督教育开展情况,确保所有公立学校和私立学校都遵守其教育政策。

第二十条规定,根据国际质量标准和劳动力市场需求,国家鼓励和发展职业技术教育和职业培训。

第二十一条规定了大学、科学或语言学学校在实施计划过程中应承担的职责。

第二十二条规定,教职工是教育的主体。国家应当保障教师学术能力和专业技能的发展,关心教师经济和道德权利,以保证教育质量,实现教育目标。

第二十三条规定了科学研究的权限和激励方式。

第二十四条规定,阿拉伯语、宗教教育和国家历史发展的各阶段内容,作为公立和私立学校学前教育的核心科目。

第二十五条规定,国家制订综合计划,消除各年龄段公民的文盲现象。国家应在一定时间内,在民间社会组织的参与下,制定实施机制。

埃及《宪法》指出,教育的重要性在日益增强,解决教育存在的问题,增加更多资源去发展教育。埃及《宪法》没有忽视文盲问题。埃及《宪法》认识到教育是国家安全的体现,它像水和空气一样是人们享有的一项基本权利,教育是国家进步和繁荣的前提,需要所有利益相关者尽一切努力将这些条款落实到实际行动和立法当中,以维护国家安全,提升全民归属感。

该规定增加了与儿童有关的条款。例如,第八十条规定,每个儿童都有权在儿童中心接受早期教育,直到 6 岁。禁止雇用接受初等教育之前的童工。

第八十一条规定,国家应当保障有身体障碍人士的受教育权,努力为他们提供就业机会,使公共设施及其周围环境适应他们的特殊需要。国家还应按照平等、正义和公平的原则保障其行使和其他公民一样的政治权利。

第八十二条规定,国家应当保证对青少年的关注,应努力发掘他们的潜能,培养他们的文化、科学、心理、身体素质和创造力，鼓励他们参与团体和志愿活动等公共活动。

3 EFA 计划一

（拓展与改进：为贫困和弱势儿童提供全方位的照顾和教育。）

一、现状与挑战

童年是人类生活中最重要的阶段。它是发展能力、培养天赋和创造未来发展趋势的阶段。它是确定人格发展、道德和人际关系特征的主要阶段。因此，这一阶段是儿童教育和预测未来生活的主要阶段。4～6 岁对于人格、健康、教育和能力的养成至关重要。学前教育阶段对接下来各个阶段的教育具有重要影响。

国家会优先考虑对儿童的投资。儿童是埃及主要人口类别。因此，他们的福利反映了未来的国家福利。儿童塑造了埃及未来发展进步的前景。没有投资教育是一个巨大的损失。今天的穷儿童是明天的穷父母，这就容易产生贫穷的循环效应，导致国家发展速度下降。

学前教育专业课程对儿童会产生不同的影响。学前教育意味着对埃及的良好投资，有助于增加教育产出，如学业成就，减少辍学率和失学率。学前教育有两种形式：幼儿园和学前班。大约 50％的学前班受到教育部门的监督，其余的都在非政府组织、宗教学校和商人的监督之下运行。幼儿园应关注 4 岁以下的儿童，但由于学前班数量的不足，仍然有 40％的 4～6 岁学生没有进入学前班。大约 1/3 的幼儿园受到社会团结部的监督，其余的则由非政府组织或私营部门监督。

学前班的教育目标与整体教育目标不可分割。教育的目的是培养建设祖国的优秀公民。强调学前班的重要性反映了社会意识和社会文化。今天的儿童是明天的青年和领袖。儿童教育和对未来的期待是当前科技进步所带来的文化发展。社会发展依赖于培养儿童的计划、法律和机构，因为儿童的未来就是国家的未来。

埃及第一所幼儿园成立于 1918 年，这标志着埃及政府开始对幼儿园予以重视。到了现代，1977 年颁布的 50 号法令是以社会事务部组织的幼儿园发挥作用为前提制定的，教育部 1988 年颁布的法令是以在公立学校当中建立幼儿园为前提制定的，规定了幼儿园的建筑风格以及工作人员的任职标准。随后 2000 年颁布的部长级 65 号法令，包括课外活动、幼儿园组织工作，禁止排课，禁止强迫儿童写作、做测验或做家庭作业。

最高儿童生育委员会 1989 年颁布的 54 号法令强调了儿童的重要地位。

保护妇女儿童的法令强调在儿童保护和发展方面的支出是国家的最佳投资。埃及儿童保护预防慢性病文件于 1989 年发布。这份文件强调在今后的计划中优先考虑儿童，减少妇幼死亡率，为儿童创造更好的生活，为所有儿童提供初等教育，减少文盲率，提供共享的文化环境。此外，学校应为残疾儿童提供健康和精神护理，建造运动场和其他基础设施来提高儿童的创造性。

1989 年在开罗和亚历山大设立了两所培养幼儿园教师的大学学院，开设新院系来为幼儿园培养女教师。20 世纪 90 年代初,教育部门强调在幼儿园设置多个教室的重要性。1993 年的初等教育课程发展会议建议将幼儿园阶段教育两年或缩减至一年纳入初等教育。

1996 年为发展幼儿园的最高委员会的教育政策开展了调查和研究,明确了如下问题:

(1)从整体上管理幼儿园,培养每位儿童成才。

(2)根据儿童需要来决定教育设施的建设。

(3)在所有的水平和领域范围内制订培训计划。

(4)在幼儿园的领域内开展会议和研讨会,并进行研究。

(5)找到最好的扩展幼儿园教育设施的方式以接纳所有儿童。

为实现埃及儿童法律内容的全面性,1996 年颁布了第 12 号关于儿童教育的法令。它的执行条例由总理颁布,该法涉及主体为社会关注下的幼儿园、社会事务部监督的幼儿园以及进行儿童教育的幼儿园,这被认为是一种在学前阶段实现儿童全面发展的有效教育体系。在 2000 年初又颁布了关心与保护埃及儿童的第二份文件。第二份文件作为埃及在教育、卫生、文化和社会发展计划的一部分,应该充分地用于为儿童争取利益的方面。第三份文件的准备工作始于 2011 年 1 月,但当时的社会形势影响了其正常进行。

二、埃及关于《儿童权利公约》的立场

埃及一直积极支持国际公约和关注儿童权利的倡议,并以埃及名义和伊斯兰教义来颁布当地法律和法令使其合法化。例如,联合国大会在 1989 年 11 月 20 日颁布的《儿童权利公约》,埃及在 1990 年 5 月 24 日签署;埃及在 2002 年 6 月 13 日签署了 2000 年 4 月 26 日由国际劳工组织在日内瓦颁布的《关于参与军事冲突的儿童权利公约的可选议定书》。埃及在 1999 年 2 月 21 日签署《关于禁止最恶劣形式雇用童工的 182 条协议》,并立即采取措施处理这些问题。埃及在 2001 年 5 月 9 日签署了由非洲联盟于 1990 年 7 月 7 日在亚的斯亚贝巴颁布的《儿童权利与福利宪章》,于 1994 年 1 月 11 日签署了由阿拉伯联盟在 4 月 12 日颁布的《阿拉伯儿童权利宪章》。

三、儿童在埃及《宪法》中的重要地位

埃及对儿童的法律保护源于 1971 年颁布的埃及《宪法》,第九条规定家庭是社会的主要基础,它的主要组成部分是宗教、道德、国家。埃及政府试图维护埃及家庭的本质和传统观念。第十条规定,政府有义务保护妇女和儿童,为青少年发掘潜能提供保障。第十九条规定政府有义务支持和保护妇幼保健事业。2014 年埃及《宪法》第八十条规定,18 岁以下的人属于儿童。儿童有权拥有姓名和证件。应该给儿童提供免费的预防接种、健康、家庭或替代护理、基本营养、安全住房、宗教教育、情感和认知发展的条件。

政府有义务制定儿童法帮助有身体障碍儿童康复,促进儿童融入社会,保护儿童免受各种形式的暴力和虐待。6 岁之前,儿童都有权接受早期教育。不允许雇用在接受

基础教育的童工。儿童不应从事危险工作。

政府有义务确立被害人子女和证人的司法制度。未经法律允许,儿童不得被刑事审讯或逮捕,儿童有权获得法律援助。

第八十一条规定:政府有义务保障残疾人和弱势群体的健康、经济、教育等权利。他们有权获得就业机会,行使政治权利,得到公平的受教育机会。

第八十二条规定:政府应发掘青少年的潜能,培养他们的文化、科学、心理、身体和创造力,鼓励他们参与群体性和志愿性工作。

四、埃及学前教育机构的办学目标

1.通过个人和团体教育活动来提高儿童的语言、数字、艺术、技能以及思维水平。

2.满足这一阶段儿童的发展需要,使儿童能够获得自我认知,帮助儿童建立起健全的人格,使其懂得如何与他人交流。

3.在初等教育阶段,让儿童适应学校生活并与教师和同学建立人际关系,开展符合儿童兴趣和发展的教育活动,为儿童在学校的基本生活做好准备。

4.检查儿童学前班使用的所有设施。

5.促进儿童、家庭和社会交流合作。

6.关注有特殊需要的儿童,发展他们的技能,引导他们去学校学习。

7.通过运动训练培养儿童运动能力。

8.除了跑步、跳跃和攀爬外,还通过发现周围的事物来获得良好的神经心理联系,进而发展儿童的感知能力。

9.防止儿童因不正确的运动习惯造成身体伤害。

10.培养儿童使用简单工具的能力。

11.让儿童获得创造性设计的机会。

12.帮助儿童学习控制声音,合理地组织语言以加强表达能力。

13.为儿童准备各类书籍来提高儿童阅读技能。

14.提高儿童的写作能力。

15.通过参观和旅行帮助儿童适应社会环境。

16.帮助儿童通过与同伴的合作和交流,参与小组工作来了解其期望的社会角色。

17.尊重儿童的个性与人格,倾听他们的问题。

18.关注儿童健康,庆祝儿童节和国家的其他节日,在学前班提供团结友爱的氛围。

19.开展参观博物馆等爱国教育活动,培养儿童的国家归属感以及政治信念。

20.博物馆教育活动有助于儿童了解历史,促进代际交流。

21.开展科技活动激发儿童探索周边环境的探索精神。

22.给儿童传授栽培、园艺和圈养知识,使儿童掌握动物和植物的生物学知识技能。

23.帮助儿童掌握如天气、温度等与气候有关的知识。

24.鼓励儿童通过味觉、触觉和视觉进行创造,以培养儿童的科学兴趣。

为了实现以上目标,使儿童获得全方位高质量教育,教育部门采取了以下措施:

1.提供教育所需的建筑设施

(1)学前教育需要足量的教室来支持教育活动。

(2)扩大特殊教育学校的规模,以接纳具有特殊需要的儿童。

2.保证高质量的教育

应不断完善针对儿童开设的课程和科目,不断进行教师教育培训、职前培训和在职培训,提高幼师的教学水平,同时派遣幼师前往国外进行最新的培训。学校开展节日庆祝活动有利于加强儿童和工作人员的情感交流。组织社会参与教育活动,有助于培养儿童的创造力。

3.关注有特殊需要的儿童

(1)教育部门非常关注有特殊需要的儿童,提供公平政策帮助他们克服障碍:

①为了让听说障碍儿童融入同龄人之中,教育部门鼓励他们参与教育活动。

②为有特殊需要的儿童提供更多的学校和教室等设施。

③为及时发现残疾等情况,对所有的入学儿童进行全面体检。

(2)教育部门在科学规划上为儿童提供全面的医疗保险,以保证儿童的健康。

卫生服务包括:

①入学前的全面体检。

②接种疫苗。

③提高儿童健康意识。

④着重提高儿童对于个人卫生和环境污染的认识。

4.改善教育环境

教育部门主要在儿童与环境的良性关系方面强调了环境对于儿童生活的重要性,强调要充分利用环境,通过儿童艺术节来体现大自然的魅力,通过保护环境来表达对环境的热爱。此外,开展儿童环境比赛,为教师开设有关环境观念和环境教育的培训课程也十分重要。

五、埃及学前教育发展的规模

表 2-1　　　　　2012/2013 学年学前教育入学率(按性别划分)

学前教育指标	男	女	总　数
入学人数(人)	232 064	213 654	445 718
适龄儿童数(人)	910 756	963 844	1 874 600
入学率(%)	25.48	22.17	23.78
在校生规模(人)	505 362	466 716	972 078
百分比(%)	52	48	100

由表 2-1 可知,2012/2013 学年学前教育的新生入学人数为 445 718 人,占适龄儿童总数的 23.78%。

然而,埃及学前教育的入学率尚未达到国际标准。联合国教科文组织的报告显示,2004 年世界各地的平均入学率是 48.6％,发展中国家的平均入学率是 35％,发达国家的平均入学率是 100％。

表 2-2　　　　　　　　　　2000—2013 年学前教育机构的入学情况

指　标		2000/2001 学年		2006/2007 学年		2012/2013 学年	
		数量	占比(%)	数量	占比(%)	数量	占比(%)
公立学校	学校	2 735	69.5	5 259	78.6	7 446	80.9
	教室	6 545	52.8	12 898	67.4	20 149	70.6
	学生	198 130	51.6	407 409	70.3	725 835	74.7
私立学校	学校	1 194	31.5	1 429	21.4	1 763	19.1
	教室	5 858	47.2	6 233	32.6	8 374	29.4
	学生	185 486	48.4	173 480	29.7	246 243	25.3
总　数	学校	3 919	100	6 688	100	9 209	100
	教室	12 403	100	19 131	100	28 523	100
	学生	383 616	100	579 889	100	972 078	100

表 2-2 数据显示:

2000/2001—2012/2013 学年公立和私立学校的学生总数稳步增长。

公立学校入学率稳步增长,而同期私立学校入学率有所下降,这表明政府更关注儿童进入公立学校后接受教育的情况。

由于学生数量增多,学前教育教师的数量也需要增加。

教师是教育过程的中坚力量。由于学前教育适龄儿童的入学率在稳步增长,因此就需要更多符合条件的教师在学前教育机构教学。为此,教育部单独设立了处理学前教育事务的部门,并在开罗和亚历山大市单独成立了招聘大量学前教育教师的部门,以增加教师数量。

表 2-3　　　　　　　　2000—2013 年学前教育教师人数的数量变化

指　标	2000/2001 学年		2006/2007 学年		2012/2013 学年	
	数量	占比(%)	数量	占比(%)	数量	占比(%)
女教师	17 179	99.1	23 146	99	34 419	99.4
男教师	148	0.9	224	1	220	0.6
总数	17 327	100	23 370	100	34 639	100
具有教育学历	11 209	64.7	17 397	74.4	27 957	80.7
不具有教育学历	6 118	35.3	5 973	25.6	6 682	19.3
总数	17 327	100	23 370	100	34 639	100
公立学校	11 209	64.7	13 550	58	23 945	69.1
私立学校	6 118	35.3	9 820	42	10 694	30.9
总数	17 327	100	23 370	100	34 639	100

表 2-3 数据显示：

2000—2013 年学前教育女教师人数稳步增长，女教师数量约占男女教师总数的 99％。

由于政府旨在让更多女性担任学前教育教师，因此 2012/2013 学年男性教师比例仅为 0.6％。

公立学校的女性教师占 69.1％，私立学校的女性教师占 30.9％。

教育部门优先聘用获得教育本科文凭或教育学院毕业的女教师，2012/2013 学年上述女教师占比 80.7％。

为提高教师技能，教育部门和教育学院为学前教育教师提供有关的课程和培训。

教育部门为学前教育女教师的专业发展建立了 3 个训练基地，一个在吉萨的穆巴拉克教育城，一个在纳斯尔城，第三个在塞得港。

2013 年全国约 50％的女教师接受过培训，具体情况见表 2-4。

学校和教育董事会都会为教师提供培训。

表 2-4　　　　　　参加教师培训的女教师数量及比例

指　标	数量	所占百分比(%)
2008—2013 年女教师	约 1 700	约 50

六、学前教育相关计划的支出

2007—2013 年财政部对于学前教育的财政支出占国内生产总值（GDP）的 3％，大约占财政总支出的 9％，其中公立大学教育支出占比 70％。

2005/2006 学年学前教育中的儿童教育支出约占教育总产值的 1.78％。在 2011/2012 学年学前教育中的儿童教育支出约占教育总产值的 3.5％，但这种支出比例是不符合要求的。

学前教育儿童每年人均花费为 2 803 埃及镑（约 400 美元）。教育部门正在努力从私营组织和民间社会机构筹集更多资金。

七、计划存在的问题

1. 需要更多资金来提高入学率，争取在 2017 年底达到 60％的入学率。国家将建立约 10 093 个教室，并聘任 20 000 名以上的资质女教师。

2. 随着农村、沙漠和贫困地区人口的逐渐减少，国家越发意识到学前教育的重要性。

3. 由于社会对学前教育的资助较少，使得学前教育的学费提高，导致招生规模无法扩大。

4. 教育部门划拨给学前教育的财政资金较少。

5. 由于城市、农村和贫困地区的社会经济发展条件差异，导致各地区的学前教育入学率存在差异。

6. 在学前教育中平均每个班级有 34.11 名学生，教育部门正在努力降低班级平均人数。

7.埃及儿童平均接受学前教育的时长是0.3年,教育部门正试图向拉丁美洲看齐,将这一时长提升至1.6年。

8.目前的建筑设施无法满足学前教育的需要,也不符合学前教育要达到的标准。

9.学前教育的女教师数量不足,质量不高。

八、面临的机遇

1.提高政府、教育部门、家长对学前教育的关注。通过增加学前教育教师数量来发展学前教育,使学前教育的入学率达到初等教育水平。

2.教育部门将结合国际标准、本地文化和宗教信仰,开设合适的学前教育课程。

3.教育部门将聘任两万名学前教育女教师以缩小部分地区的师生差距,保证20:1的生师比例。

4.为所有学前教育教师提供培训课程,以提高其能力和素质。

5.为所有非教育专业毕业的学前教育教师提供培训课程。

九、面临的挑战

1.由于政府不能对学前教育提供长久的财政支持,因此需要建立更多私立学前教育机构。

2.许多处于农村和贫困地区的学前教育适龄儿童很难获得教育机会。

3.学前教育的资金不足以聘任足够的教师。

十、采取的措施

1.提升学前教育入学率。

2.政府应加强对学前教育机构的监督以保证教育质量。

3.教育部门需制定明确的发展规划,到2017年学前教育入学率达到60%。

十一、未来的目标

1.由于学前教育的重要性,所以将学前教育纳入正规的教育系统中。

2.国家层面正在着手统计学前教育的相关数据,如学前教育适龄儿童人数以及正在接受学前教育的人数。大力发展农村、偏远地区和弱势地区的学前教育。

3.依据国家相关标准,儿童的生理、心理和社会需求实施学前教育计划。

4.充分发挥家庭在学前教育过程中的重要作用。

5.为不同特长的儿童制定适宜的学前教育评估机制以准确评价学前教育质量。

6.力争缩小城乡差距,首先要使贫困儿童和弱势群体中的儿童接受学前教育。

7.支持并鼓励私营企业和社会机构投资建立学前教育机构,教育部门为学前教育机构聘任合格教师并对这些学前教育机构进行监督。

8.每年为学前教育适龄儿童提供财政拨款的8%来建造学校设施。计划建立3 800所学前教育机构和教室以确保儿童有足够的教育活动场地。

9.为学前教育教师和小学教师安排统一的教育培训,为其提供上岗培训以及小学1～3年级课程的培训。

10.提高学前教育教师的社会地位,以此吸引更多高素质的教师。

11.通过其他非政府渠道来提高教师的合法收入。

12.儿童在接受教育和培训时必须有家长参与。

13.鼓励学前教育教师积极参加社会活动,促进家校合作。

14.学前教育的教职工应接受培训,关注儿童成长,培养儿童的各项技能。

15.大众媒体和非政府组织应了解家庭对儿童进入学前教育机构学习的看法。

16.为贫困儿童提供帮助以保证他们同样能够接受学前教育,并为贫困儿童提供与其他儿童一样的膳食。

17.增加学前教育教室的数量。

18.聘请高水平教育专家来指导、监督学前教育教师和教职工的工作。

19.禁止在学前教育过程中进行超前教育。

20.学前教育机构应配备最新的技术设备(计算机、电视机、高架投影仪)。

21.最新的技术设备有助于开拓儿童思维,帮助儿童处理认知难题。

22.在学前教育机构中建立适合儿童学习的科技俱乐部。

23.学前教育机构应设有高科技训练中心。

24.在专业教育中设置学前教育课程。

25.在学前教育机构配备专业医生定期为儿童体检。

26.建立更多的学前教育机构并培养合格教师。

27.保证教学用具和儿童玩具的数量。

28.教师应熟练操作各类教育辅助用具。

29.对教学过程进行录音录像。

30.充分发掘儿童天赋。

31.对学前教育机构、机构有关工作人员的能力、资金来源等方面进行重审,以确保素质教育质量。

十二、课程设计

1.提高教育质量。

2.制定符合儿童需要和国家标准的课程。

3.开设提高幼师技能的相关课程。

4.开设关注儿童身体健康的课程。

十三、提高学前教育的质量

1.执行符合国家学前教育机构标准的程序。

2.推进教育部门对学前教育机构实施的改革。

3.实现教育、社会、技术的全面同步创新。

十四、建立相关数据库

1.建立关于学前教育机构的信息库,如各类学校的数量及占比。

2.建立关于学前教育教师的信息库,如学前教育教师的数量。

十五、早期儿童计划

1.埃及教育部门与国际机构共同合作实施这一计划。该计划的目的是在政府计划下提高 4～6 岁儿童的入学率,特别是提高贫困和弱势地区的入学率,从而加强素质教育。该计划在 18 个省区的 152 个贫困地区实施。

2.教育部门要求各省级政府在每个村庄提供一个幼儿园的基本活动场地。教育部门将为这所学校在村里指派教师,同时由教育建筑管理局在每所新学校内修建两个教室。

十六、农村儿童综合性保障计划

最高儿童生育委员会提出了一项旨在保障儿童健康、教育、社会文化服务和设施标准的计划。社区应与理事会合作为儿童提供服务。

(一)计划实施的程序

1.首先对这些地方的情况进行实地考察。

2.收集所选地区的儿童和妇女的相关数据。

3.针对不同的服务和设施,制订执行计划。

(二)教育关怀

1.政府有义务让所有 8～14 岁的儿童接受初等教育,使该阶段儿童辍学率为零。改善各个教育阶段的发展情况,重视儿童营养,修缮教育建筑并配备相应的教育设施。

2.在国家儿童生育委员会的技术支持以及一批志愿者的帮助下,该项计划得到了成功实施。

(三)建立儿童早教示范中心

在埃及和阿拉伯地区以及其他发展中国家培养超过 630 名培训师及在幼儿护理和发展领域的学术教师。

(四)开展国际培训指导

2009 年,联合国教科文组织在开罗提出了一项计划,由埃及组织开展对非洲南部 9 个国家的学前教育培训指导。

4 EFA 计划二

(确保到 2015 年之前,所有儿童都能够接受免费优质的初等教育。)

2000 年举办的塞内加尔—达喀尔世界教育论坛提出了六个目标,其中第二个目标明确了国家提供免费优质初等教育的重要性,同时禁止教育中出现性别歧视。初等教育的普及历经十年。《世界人权宣言》规定初等教育是免费的义务教育。然而,世界上许多条约和宣言的重点都在数量而不是质量。尽管在教育的各个阶段都取得了持续进步,但仍然有大量的儿童没有上学或较早辍学。接受初等教育的主体不仅限于公立学校的适龄儿童,完成初等教育是达喀尔普及初等教育目标的第一步(2000 年)。更重要的是要在此过程中维护教育公平。已有研究表明贫困家庭子女受教育比例小于富裕家庭子女受教育比例。此外,贫困家庭子女的教育质量较差。

尽管埃及是发展中国家,资源匮乏,但国家始终重视通过参与和签订国际条约来提高教育水平,尤其是关系到教育公平问题。

采取的措施具体如下:

2014 年埃及《宪法》强调了赋予公民接受义务教育的必要性,特别是赋予公民接受初等教育的权利。1988 年《教育法》第二百三十三条修正了 1981 年《教育法》第一百三十九条,规定在公立学校获得免费教育是公民的基本权利,学生无须支付教育服务费用。根据 1981 年《教育法》第一百三十九条规定,埃及教育部负有规划、监测、评估、开发和提供资源的职责。各地方根据地方实际情况负责政策的执行,同时鼓励财政部对教育事业进行资金支持。

埃及教育目标是实现"卓越教育和全民精英化",进而实现在"保护埃及儿童的第二个十年宣言"文件中设定的目标。国家致力于提高适龄儿童初等教育的入学率,完善课程系统和人才培养方案,不断发掘儿童潜能,培养儿童天赋,利用科学技术为处境困难的残疾人、童工和失学儿童提供教育机会。

根据联合国教科文组织的模式,埃及制订了 2002/2003—2015/2016 学年全民教育计划,包括两个战略目标:

1. 不歧视目标群体,为其提供平等的受教育机会。

2. 根据全面质量标准,保证所有教育阶段的教育质量,根据国际标准帮助学生提高竞争能力。

在此之后,埃及制订了大学前教育改革的 2007/2008—2011/2012 学年国家战略计划,包括了十二个计划,任何人都能够通过与区域和国际机构组织广泛的合作来履行其义务。

根据 1981 年《教育法》第一百三十九条规定,埃及的义务教育年限为 9 年,包括 6 年初等教育和 3 年学前教育。1988 年《教育法》第二百三十三条修正了该强制性规定,使义务教育年限缩短为 8 年,初等教育年限为 5 年。1999 年《教育法》第二十三条规定,恢复 6 年义务教育,初等教育之后是中等教育,包括普通教育和职业技术教育。

埃及的公立学校、私立学校、国际学校以及爱资哈尔学校,除了在进行宗教教育时可以使用不同的教学大纲,其他所有的课程都应执行统一标准。

据最新统计,2012/2013 学年,学前教育的在校生规模为 18 298 786 人。同年爱资哈尔受教育的学生人数为 2 045 034 人。在爱资哈尔学院的小学学生占了同年入学

1 175 183人数的一半。以下数据可体现教育的类型和质量,如失学率、辍学率、学校覆盖率、生师比、教室密度等指标。

2007/2008—2011/2012学年国家计划中的初等教育改革纲领指出,教育部与发展合作伙伴实现的总体目标是:

普及全民初等教育,保证为公民提供平等优质的教育机会,培养埃及儿童识字、数学和科学方面的基本技能,培养埃及儿童的创造力和认知能力,使他们实现自身的价值。包括以下几项措施:

6～14岁的儿童入学率接近国际水平。

提高社会技能和生活实践能力,提供健康的饮食系统和卫生环境,从而提高初等教育中的学校生活质量。

初等教育课程的设置相对灵活,鼓励自主学习,减少2011/2012学年初等教育教科书数量的20%,此外全体在职教师均需参与新课程的培训。

通过对初等教育阶段学生进行全面评价实现教学方法现代化,对2008/2009学年度初等教育阶段10%的入学学生进行标准化的全国考试。

从2007/2008学年开始为学习有困难的学生提供额外帮助。

根据各省教师分布情况解决教师数量不足和分布不均的问题,通过对教育行政管理人员进行重新考核,使所有教师在各个阶段都能完成要求的课时,改善高密度的教室学习环境。

教师和家长理事会提供支持,积极发挥社会的作用,发展与教育部门、非政府组织的合作伙伴关系,提高社区对初等教育改革问题的认识。

一、数量维度

(一)学校、教室和学生人数

见表2-5,学校和教室数量增长情况是根据学校所处位置和学生分布数量进行相应分配的。

表 2-5　　　　　2001—2013年学校、教室和学生人数的变化情况

比较方面	2001/2002 学年			2006/2007 学年			2012/2013 学年		
	学校	教室(间)	学生(人)	学校	教室(间)	学生(人)	学校	教室(间)	学生(人)
公立	14 359	158 410	6 570 380	15 047	185 538	8 160 236	15 587	200 340	8 959 343
私立	1 294	16 041	570 923	1 490	21 694	722 561	1 812	26 813	873 173
乡村	10 599	—	4 316 329	11 209	126 053	5 281 906	10 810	127 970	5 480 092
城市	5 054	—	2 824 974	5 355	81 179	3 600 891	6 589	99 183	4 352 424
总　数	15 653	1 744 451	7 141 303	16 537	207 232	8 882 797	17 399	227 153	9 832 516

这些数据表明:

根据法案和埃及《宪法》文本为实现教育权利提供保障,即使私立学校的教育方式

也较为合理,但由于学生更关注获得平等教育的机会,大多数学生仍然选择在公立学校就读,上表数据显示公立学校的学生人数正在增加。

私立学校学生入学人数的增加为公立学校和私立学校之间的合作关系提供了良好的基础。2001—2006 年小学数量增加了 4.21%,在同一时期新的教室数量增加了 16.4%。2006—2012 年,小学数量增加了 5.2%,教室数量增加了 9.6%。

关于学生的城乡分布,大多数小学都在农村,这与人口分布相关。除了公立学校外,私立学校在城市地区数量也大幅增加。

(二)全日制学校数量

不同国家学生的在校时长不同。有协议阐述了延长学生在校内学习时长的重要性。据悉韩国学生要到日落时才放学。

由于学生的在校时长对学生获得相关实践活动机会、发展学生能力和满足学生兴趣等方面非常重要,教育部门正致力于增加全日制学校的数量。目前已有许多学校兼顾了全日制学校和夜校两种办学模式。

表 2-6　　　　2000—2013 年学校(公立和私立)的数量变化　　　　(单位:间)

学年	全日制学校数量	非夜校数量	夜校数量	双模式学校数量	总数
2000/2001	5 484	6 473	1 732	589	14 278
2006/2007	6 360	6 955	1 206	553	15 047
2012/2013	6 545	9 005	864	985	17 399
增长率(%)	19.30	39.11	−50.10	67.21	21.90

见表 2-6,随着全日制学校数量的增加,夜校的数量在减少。2000—2013 年,下午 2 点半之前放学的全日制学校数量增加了 19.30%,非夜校数量增加了 39.11%。这些学校的优点之一是不耽误学生做家务的时间。由于女性夜校生在返校期间容易受到骚扰和挑衅,夜校的数量已经减少了过半,夜校女生的数量也有所减少。

(三)入学率

教育部门为 6 岁以下儿童提供教育机会,提高了男女净入学率和总体入学率。见表 2-7。

表 2-7　　　　小学新生入学率变化(2006/2007—2012/2013 学年)

学年	1 年级学生数量(人)	6 岁人口数(人)	入学率(%)	6 岁的小学 1 年级学生数量	净入学率(%)
2006/2007	1 502 855	1 624 176	92.50	1 357 360	83.60
2012/2013	167 976	1 873 445	89.70	1 594 433	85.10

表 2-7 显示,净入学率的增长速度较慢,由于 2011 年 1 月埃及经历了经济危机,导致总入学率从 2006/2007 学年的 92.50% 下降到 2012/2013 学年的 89.70%。净入学率是衡量国家教育制度状况的有效指标,如果净入学率接近 100% 就表明该教育制度

是合理的。

表 2-8、表 2-9 反映了学校类型以及学校的城乡分布情况。

表 2-8　　公立与私立小学新生人数差异（2001/2007—2012/2013 学年）

学年	2001/2002	2008/2009	2012/2013
公立学校	1 269 795	1 388 239	1 502 838
私立学校	124 553	139 908	163 240

表 2-9　　城市与乡村小学新生人数差异（2008/2009—2012/2013 学年）

学年	2008/2009	2012/2013
乡村	907 389	925 321
城市	620 758	740 757

受教育权是每个公民的基本权利，大多数学生读于公立学校。此外，农村地区新生比例高于城市，这也符合埃及当前的人口分布情况。

(四)净入学率和总入学率

统计数据表明小学教育的净入学率和总入学率以及女生的入学率在上升，社区学校、农村和贫困地区学校在其中发挥了重要作用。见表 2-10。

表 2-10　　小学入学率的变化（2007/2008—2012/2013）

学年	6～14 岁 1 年级学生数	6～11 岁 1 年级学生数	6 岁人口数	净入学率(%)	总入学率(%)
2007/2008	9 051 032	8 219 003	9 504 742	86.5	95.2
2012/2013	9 832 516	9 464 440	10 143 694	93.3	96.9

其中，净入学率＝6～11 岁 1 年级学生数/6 岁总人口数；

总入学率＝6～14 岁小学生总人数/6 岁总人口数。

(五)增加女性受教育机会

对于女性教育的关注反映了女性在人类发展中的作用，一方面表达了她们获得平等教育权利的诉求，另一方面是埃及《宪法》赋予她们享有和男性一样的受教育机会。表 2-11 体现的是政府在实现入学机会性别平等方面取得的成果。

表 2-11　　女性在 2000/2001—2012/2013 学年的入学率

学年	城市女性入学率(%)	农村女性入学率(%)	总入学率(%)
2000/2001	48.20	46.47	47.16
2006/2007	48.49	46.15	48.27
2012/2013	48.38	48.16	48.26

与表 2-11 数据相关的信息：

(1)虽然女性入学率还不够理想，但是在一些地区，如红海、西奈半岛南部、卡鲁比亚和莫瑙亚等地区，女性入学率已经显著提高。

(2)数据显示，城市地区学校的女性入学率较高于农村地区学校的女性入学率。这可能是由于农村地区的贫困家庭较多，或是由于传统习俗、上学距离、女性安全等因素制约了女性学生正常入学。为此，国家正着力为女性提供安全的、交通便利的教育机会，如在农村地区建设社区学校。

(3)埃及自1993年开始出现了小型学校(通常只有一间教室)，2000年，教育部门通过立法的形式给予了这类学校办学的合法性。这类小型学校主要招收女性学生，除了教授文化课，还会训练学生们的生活技能，例如缝纫技术。截至2015年，这类小型学校的数量已达到了3 299所。

(4)埃及于2000年开始出现女子友好学校。2003年，在联合国儿童基金会组织的主持下，正式启动了增设女子友好学校的计划并向埃及赞助了1 356万美元，埃及政府也出资1.57亿埃及镑用于该计划。女子友好学校对学生完全免费，学生甚至不需要支付文具费用。为了进一步促进女性入学，学校也为偏远地区的女生提供免费的餐饮和往返交通工具。

(5)政府提出了一项关于提高女性教育机会的倡议，于2000年开始，同时在8个地区推进，该倡议提出的目标是：

①缩小目标地区之间的教育质量差距。

②提高目标地区的女性入学率。

③各地区要加强与教育部门的合作，致力于提高女子友好学校的数量。

④提高教师主动学习技术的能力。

(6)截至2012年末，该计划已经取得了如下成果：

①依照计划内容，截至2012年共需增设1 047所女子友好学校，而实际上共建成了1 167所女子友好学校，超额完成任务。

②2012年，上述8个地区共有女性适龄学生31 410人，其中29 006名学生进入学校学习，入学率达到了92.3%。

③成功培训了2 400名在目标地区工作的教师。

④成功培训了153名在目标地区工作的导师。

⑤2009－2011年，目标地区中共有7 783名学生完成了小学学业。

(7)自1992年初开始在上埃及地区出现的社区学校，是由埃及教育部与联合国儿童基金会合作建立的，并按照3∶7的男女生招生比设置招生计划，共有社区学校339所。

(8)小型学校由教育部门、社会组织和国际组织合作建立，截至目前共计46所。

(9)在农村地区设立学校要充分考虑到当地的需求，同时消除入学的性别歧视。

(10)撒哈拉以南地区的学校是按照"全民教育"原则建立的。教育部门考虑到学校建筑应该与沙漠的自然条件和气候相适应。这些学校设置了许多排气口提供冷气,还有光出口可以提供光能与清洁的太阳能。

(11)教育部门建立了 34 所特殊的学校,专门为流浪街头的儿童以及那些由于经济、社会、家庭原因而无法上学的孩子而准备。

研究表明,被称为"失学儿童"的学生大多来自非常贫困的家庭,或是因父母死亡、离异、失散、身体有障碍等原因失去父母照顾的孤儿。起初这些儿童当中男性居多,但近年来女性的人数也在增加。

这群儿童引起了埃及政府、捐助机构和社区的关注。教育部门为此在开罗、亚历山大等 10 个地区的小学、小型学校和职业技术学校中额外修建了 154 间教室,共招收了 300 名这类失学儿童。

这些特殊的学校和教室具备以下特点:

①在贫困地区建立。

②这些学校的学生大部分都是女生。

③学生主体的年龄是 8～14 岁。

④参与当地社区的建立和发展。

⑤关注职业培训。

⑥在学校和主流教育之间建立沟通渠道。

⑦开展加速计划,缩短学生的学年期限。

表 2-12 显示了各类型社区教育学校、教室、学生和教师的数量情况。

表 2-12　　　　2012/2013 学年社区教育学校、教室、学生和教师人数

数量情况	学校(间)	教室(间)	男(人)	女(人)	总数(人)	教师(人)	非教师(人)
城市	641	641	4 790	1 902	15 692	1 109	492
乡村	3 973	3 973	12 522	7 272	84 594	7 148	3 128
总计	4 614	4 614	17 312	82 974	100 286	8 257	3 620

与表 2-12 相关的信息:

(1)学校数量和教室数量相同,是因为每个学校只有一个教室。由于上埃及和三角洲农村地区需要这种类型的学校,农村学校数量比城市学校数量增加了 6 倍。

(2)接受社区教育的女生数量是男生的近 5 倍,因为这些学校大多是专门为女性建立的。

(3)每个教室安排 2 名女教师。

(六)关注有特殊需要儿童的教育

埃及《宪法》赋予了有特殊需要儿童接受教育的权利,因此需要不断发展和完善特殊学校建设。2014 年埃及《宪法》第八十一条规定,国家应保障特殊需要儿童的健康、经济、社会、文化、娱乐、体育、教育等方面的权利,为他们提供就业机会,提高工作待遇,促进公共事业及其周边环境发展,使其能够行使政治权利,并与其他公民一样享有平等

的权利。

教育部门在特殊需要教育领域采取了以下措施：

(1)建立专门的学校。

(2)培养专门进行特殊教育的资质教师。

(3)提供帮助有身体障碍学生学习的技术等。

学校计划在 2011/2012 学年为 152 000 名有身体障碍的学生建立 5 040 间具有合适的技术设施的学校，只有 2 776 名学生被 452 所学校接收。这些学校均是公立学校，主要帮助身体有障碍、学习困难、学习速度慢、有视力和听力障碍等方面的学生。特殊教育学校和教室数量都在增加，政府鼓励家长把有身体障碍的儿童送入这类学校，而不是送入一些只有少数家长才能负担得起的高成本私立学校。

尽管特殊教育学校和教室的数量在不断增加，但是表 2-13 显示，城市中的特殊学校学生较多，而农村地区特殊学校的人数较少，这主要是由于城市中工作的家长更奔波，让子女进入学校学习一定程度上可以缓解其压力，而农村地区的家庭由于观念落后、交通不安全等因素，不愿意把子女送到学校。具体见表 2-13。

表 2-13 2006/2007 及 2012/2013 年特殊教育学校及其教室、学生的数量变化

学年	城　　市						乡　　村					
	学校（间）	教室（间）	男（人）	女（人）	总数（人）	教师（人）	学校（间）	教室（间）	男（人）	女（人）	总数（人）	教师（人）
2006/2007	653	3 410	20 574	12 267	32 841	—	155	612	2 827	1 402	4 229	—
2012/2013	720	3 819	20 236	12 236	32 472	8 484	167	681	2 969	1 436	4 405	1 111

所有特殊教育学校都配备了计算机实验室、音乐室、聋哑人的符号字典以及可以连接学校网络的互联网。每所学校都有一间用来做手势语的教室、一个家庭接待室、一个健身房，根据场地空间条件有些学校还有厨房和餐厅。

除此之外，还设计了一些新课程，配备如符号词典、特殊的盲人大字体印刷教科书、智力受损者专用课本、为聋人学校修订的教科书等公共教育教材。后续还会对听觉受损的学生进行计算机技能培训。

教育部门和通信信息技术部门通过合作，在开罗和吉萨省的 4 所学校试点，配备了 10 台电脑、2 台盲文打印机、若干聋人学校互动板、电脑和空调等设备。

将数学和计算机课程内容刻录到光盘中，便可在学校通过播放光盘进行授课。

在联合国儿童基金会的资助下，在吉萨、阿斯图特、开罗、索哈格、梅诺菲亚等地的学校提供教室资源，培训教师及社会和心理工作者。

此外，特殊教育教师面临的挑战是多种多样的，他们根据学生残疾类型、学校的性质和使用的策略来发挥多重作用。因此，教师在这一领域需要特殊培训，以获得必要的工作能力，提高他们的工作效率和工作质量。表 2-14 显示特殊教育教师人数的数量变化。

表 2-14	2003—2013 年特殊教育教师的数量变化		（单位：人）
学年	2003/2004	2006/2007	2012/2013
教师人数	7 904	8 447	9 595

如表 2-14 所列，从事特殊教育的教师人数在不断增加，十年间增加了 21.4%。

根据计划要求，要在埃及指定的 14 个培训中心对特殊教育教师进行现场或网络视频培训。

此外，还有一些组织参与到了关于特殊教育教师的培训计划中来，这些组织包括公司、基金会、学会等。

（七）影响教育质量的 6 个指标

全民教育表明有 6 个指标对学生的学习成果有较大影响。资源投入主要体现在生师比例、教师教育、教师经验、教师工资、学生支出和学校公用事业改革等方面。其中，毕业率和复读率是反映教育质量的两个重要指标，表 2-15 统计了 2012/2013 学年各年级毕业人数和复读人数。

表 2-15　　　　　2012/2013 学年各年级毕业人数和复读人数　　　（单位：人）

年　级	毕业人数			复读人数		
	男	女	总数	男	女	总数
1 年级	855 425	810 653	1 666 078	—	—	—
2 年级	825 819	785 138	1 610 957	2 205	1 949	4 154
3 年级	865 857	804 101	1 669 958	22 619	13 314	35 933
4 年级	848 048	782 689	1 630 737	52 385	26 767	79 152
5 年级	837 666	778 258	1 515 924	47 054	25 089	72 143
6 年级	854 798	784 064	1 638 862	83 752	46 094	129 846
总　数	5 087 613	4 744 903	9 832 516	208 015	113 213	321 228

据统计，高年级的毕业率高于低年级，这是因为 4 年级以前的结业考试是由学校自行组织的，难度较高，而 6 年级考试则为全国性考试。此外，女生的毕业率也整体高于男生。表 2-16 统计了不同性别、地区的小学生毕业升学率。

表 2-16　　2011/2012—2012/2013 学年不同性别、地区小学生的毕业升学率　（单位：%）

地　区	男	女	平均
乡　村	80.45	89.21	84.60
城　市	90.56	94.61	92.50

如表 2-16 所列，女生的升学率高于男生，这是由于多数男生，尤其是那些身处农村或贫困地区的男生，他们除了上学还需要务工赚钱，因此一定程度上会耽误学业。表 2-17 统计了历年小学生毕业率。

表 2-17　　2000/2001—2011/2012 年度不同性别、学校类型的小学生毕业率（单位：%）

学年	公立学校			私立学校			总　体		
	男	女	平均	男	女	平均	男	女	平均
2000/2001	83.10	89.90	85.90	98.70	99.30	99.00	84.10	90.00	86.80
2006/2007	88.20	93.10	90.50	99.20	99.60	99.40	89.00	93.60	91.20
2011/2012	87.00	92.00	89.50	99.00	99.40	99.20	88.00	92.60	90.20

　　据表 2-17 所列，2006/2007 学年的毕业率比 2000/2001 学年的要高，这可能归咎于发生在 2011 年的"1.25 革命"，它造成了社会动乱，对教育也有一定的影响。

　　如表 2-18 所列，2001/2002 学年以来，教室密度总体呈增大趋势，而生师比总体呈下降趋势。私立小学的教室密度在减小，说明私立小学的教学空间相对充足，而公立小学的教室密度在增加，说明仍需要增设公立小学的班级数量。

表 2-18　　2001/2002—2012/2013 年度公立与私立小学的教室密度及生师比

学年	教室密度（人/间）			生师比		
	公立小学	私立小学	总体	公立小学	私立小学	总体
2001/2002	41.48	35.59	40.94	—	—	—
2007/2008	44.00	33.00	43.00	28.21	20.51	27.37
2012/2013	44.72	32.57	43.29	25.15	25.32	25.23

二、质量维度

　　教育部门重新确定了初等教育的优先地位，保证了初等教育支出在教育支出中的首要位置，因为这一阶段是个人生活和终生学习的基础阶段。要发展和应用高新技术来提高初等教育的教学质量，学校要积极与社会合作，努力提高教师的专业水平、改善学生的膳食。

（一）提高教师专业水平

　　研究表明，教育质量主要由三个因素决定，分别是教师的专业水平、教师的培训体系完整度以及对学生学习成果的考察。在提升教师专业水平方面，埃及制订了相应的计划并进行了专项拨款。计划强调要关注教师的职业发展规划，所有的改革措施都要紧紧围绕教师的发展。计划除了提出要关注和提升教师的专业水平，也提出要增加教师的数量，教师数量变化如表 2-19 所列。

表 2-19　　　　　　　2002/2003—2012/2013 年度教师人数变化　　　　　　（单位：人）

教育阶段	2002/2003 学年	2006/2007 学年	2012/2013 学年
初等教育	322 961	331 806	390 749
学前教育	210 871	197 587	240 393
特殊教育	7 842	8 447	9 595
社区教育	3 537	3 655	8 257

教师的专业培训旨在提高教师的知识和技能水平，同时帮助他们树立正确的价值观。据统计，2005/2006学年所有的初等教育教师中，有超过95％的教师通过了培训。教师培训主要有实地培训、远程培训、国内合作培训和国际合作培训四种形式。

1. 实地培训

政府认证了14个官方培训中心，教师可以在中心实地进行培训。此外，政府还专门为学前教育培训建立了三个中心。

2. 远程培训

为了有效增加资质教师的数量，教育部门合理开发远程培训模式，从1996年便开始以视频授课的方式进行培训。截至2008年，已建成63个远程培训中心，可同时容纳8000名教师参与培训。

3. 国内合作培训

国内合作培训主要针对特殊教育教师，每年有250名相关教师参与培训，以加强他们在听觉、视觉、心理层面与学生的互动能力。

4. 国际合作培训

开展国际合作培训的形式是把国内的教师送到发达国家中进行培训。2007年有209位教师参与了此项培训，培训周期为3至6个月，培训结束后会被授予合作单位的培训证明。在出国接受培训前，这些教师需要提前学习英语并通过相应考试。

该项培训计划设置的目的是：

（1）让经过国际培训的教师在回到埃及后向其他教师传递学习经验。

（2）通过在发达国家接受培训以提高使用信息技术、现代教学方法、科学管理的能力。

（3）促进埃及教育机构与发达国家相关机构的合作与联系。

(二)改善学校的膳食质量

为了改善学校的膳食质量，教育部门一方面提高了自身的经费投入，一方面积极与地方政府、社会机构和私营企业合作以筹集更多的资金，从而能够为学生提供营养丰富的三餐。膳食计划提出的目标包括：

（1）提高学生身体素质，避免营养不良。

（2）营养丰富的膳食能够让家长放心让孩子去上学，从而降低休学率和辍学率。

为学生提供膳食的立法可以追溯到1942年。此后，国家营养研究所发布了许多研究报告，在这些建议下，在2007年埃及政府决定免费对农村、贫困地区和一些落后地区的学生提供膳食。表2-20统计了历年膳食计划的财政支出和受益的学生人数。

表 2-20 　　　　膳食计划的历年财政支出及受益的学生人数

学年	财政支出（埃及镑）	学生人数
2001/2002	293 499 000	9 083 448
2002/2003	333 319 000	9 527 413
2003/2004	353 400 000	10 102 597
2004/2005	353 600 000	11 210 358
2005/2006	354 200 000	11 999 544
2006/2007	354 700 000	10 912 387
2011/2012	395 935 000	6 974 130
2012/2013	792 000 000	10 775 591

如表 2-20 所列，过去十几年间膳食计划的财政支出始终在增加，2012/2013 学年的支出甚至达到了前一学年的 2 倍。但是由于学校在储存食物的过程中成本有浮动，因此受益的学生数也一直在变化。对于不同的教育阶段，膳食的规格不同，但受益学生的占比都很高，见表 2-21。

表 2-21 　　　　　　　　膳食计划的受益学生数

教育阶段或类型	在校生规模（人）	受益学生数（人）	学生占比（%）
学前教育机构	725 835	725 835	100
初等教育机构	8 959 343	7 497 923	83.7
特殊教育学校	37 030	37 030	100
单间教室学校	100 286	95 709	95.4

（三）加强社会组织在教育中的作用

加强社会组织在教育中的作用，是政府分权的表现，具体表现为教育部门和各级政府赋予地方社会组织、私立学校更大的权力参与整个教育过程。社会组织发展教育主要包括以下三种形式：

1. 提供学习支持

例如在社区开展扫盲计划，建立图书馆、赞助学校以维护设备，进行土地捐赠建设学校等方式，以提高教育质量并降低辍学率。

2. 提供教育支持

例如在学校开办讲座、举办会议、组织竞赛，为有特殊教育需要的学生提供帮助等等。

3. 促进学校与家庭合作

例如对家长开展培训，帮助他们了解教育的重要性；对教师培训，鼓励教师加强与学生家长的沟通；通过实施膳食计划让家长放心把孩子送到学校去。

表 2-22 统计了 1998—2013 年，各类社会组织发起的项目数量以及受益人数。

表 2-22　　　　1998—2013 年社会组织发起的项目数量以及受益人数

参与形式	参与的社会组织数量	发起的项目数量	受益学生人数	受益学校数量	受益教师与家长人数	其他计划的受益人数
提供学习支持	447	494	2 257 033	534	3 600	5 320
提供教育支持	264	527	513 693	777	1 570	2 600
促进学校与家庭合作	286	541	654 020	154	1 050	2 095
总数	997	1 562	3 424 746	1 465	6 220	10 015

(四)教育活动相关协定

近年来,埃及教育部与其他各部委,以及与其他国家签署了许多关于教育的相关协定,主要包括:

1.1997 年与德国签署沿用至今的合作协议。通过这个协议,一些学生每年夏天都可以去德国访问。

2.与中国政府合作,建立一所埃及友好学校和一所农村地区的学校。

3.与古巴共同开展扫盲计划。

4.与文化部合作,让学生在文化场所的实践活动中获益。

5.参加国际比赛。

教育部门通过签署协议,让更多的学生能够参与到当地和国际竞赛中,以下是近年来在埃及教育部推动下埃及参与的各类比赛情况:

(1)参与的比赛

①2006/2007 学年阿拉伯语辩论赛、演讲比赛和朗诵比赛。

②2007/2008 学年儿童国际制图写作大赛。

③2007 年 2 月 14 日国际学生绘画创造力竞赛。

④埃及伊斯兰研究所举办的年度"全民供水"创意大赛。

⑤2010 年 2 月 28 日,捷克共和国举办的第三十八届儿童国际绘画竞赛。

⑥2011 年,孟加拉国妇女儿童事务部主办的国际儿童双年绘画竞赛。

(2)参与的奖励评选

①参与了联合国教科文组织的关于提高教师绩效表现的哈姆丹·本·拉什奖评选。

②2011 年参与了由卡塔尔组织的教育创意奖评选。

③2010年参与了由埃及伊斯兰文化研究院组织的和平与合作奖评选。

④参加了由阿拉伯秘书处组织的教育研究奖评选。

⑤参加了由巴林组织的教育信息技术奖评选。

（3）参与的庆祝活动

①2007年参与了"世界零饥饿"庆典，参与了设计艺术邮票活动。

②2013年参与了以"终身学习"为主题的"世界和平日"庆典。

（五）出国留学奖学金

埃及每年会派出一批有杰出天赋的学生到海外学习以接受先进的教育，同时给予部分留学生奖学金，如表2-23所示。

表 2-23　　　　　　2005—2009年留学奖学金发放情况

年度	留学奖学金
2005	15个学生在美国大学获得开罗协会设立的奖学金，5个学生获得马迪现代学院奖学金，45个学生获得文化交流协会提供的留学美国的奖学金。
2006	15个学生在美国大学获得开罗协会设立的奖学金，5个学生获得马迪现代学院奖学金。
2007	20个学生在美国大学获得开罗协会设立的奖学金，5个学生获得马迪现代学院奖学金，40个学生获得文化交流协会提供的留学奖学金。
2008	15个学生在美国大学获得开罗协会设立的奖学金，5个学生获得马迪现代学院奖学金，53个学生获得文化交流协会提供的留学奖学金。
2009	20个学生在美国大学获得开罗协会设立的奖学金。

表2-24统计了2000—2013年到各个国家留学的学生累计数量。

表 2-24　　　2000—2013年到各个国家留学的学生累计数量

目的地国家	留学生数量（人）
美国	123
澳大利亚	120
德国	118
意大利	80
法国	58
日本	47
西班牙	14
中国	10
印度	6
加拿大	2

尽管有一些学生获得了出国留学的机会，但是这些学生仍占少数，我们需要努力提高埃及国内的教育质量，具体表现在以下层面。

一是在教师层面，要努力提高教师的社会和经济地位，增加资质教师的数量并适当增加他们的授课时间。同时，要削减教师队伍中行政岗教师数量以减少政府的开支压力,还要增加对学校设备的投资,优化政府在教育方面的资金使用结构。

二是在技术层面,要在教育过程中积极引入信息技术、数字技术和多媒体技术,从而以学生为中心,让学生获得自主学习的能力。自 2000/2001 学年起,计算机课程已经成为各教育阶段的必修课程。

在地方层面,要依据 2006 年提出的埃及教育发展倡议,通过学校与地方企业合作开展培训项目从而提高学生的学习能力和教师的教学能力。这项倡议在学校和学前教育机构都有实施,其中有 15 995 名教师和学生参与了英特尔项目、16 196 名教师和学生参与了微软项目、4 508 名教师和学生参与了技术研发中心项目。

三、面临的挑战

众所周知,埃及经济资源稀缺,尽管人口多但人力资源投入不足,城乡资源分布不均。有些专业的教师职业素质很差,体育教育、音乐教育、艺术教育等科目教师数量明显不足。

受传统的初等教育教学和评价方式的影响,学生需要学习的章节越来越多。据统计,2000 年每位学生需要学习的各科累计章节共 96 章,而 2005 年每位学生却要学习 229 章。此外,接受课外辅导的现象也越来越普遍,这给很多贫困家庭带来了巨大的经济负担。同时,课外辅导的现象也反映了教师没有在学校中尽到职责。为此,教育部门将会对这一现象加强监管。

当前,埃及的教师队伍中,行政岗教师的比例过高。根据世界银行 2005/2006 学年的数据统计,埃及学校中行政岗与教学岗教师的人数比例是 1∶1.26。而同年其他国家的平均比例是 1∶6.2。根据埃及 2012/2013 年的统计数据显示,初等教育机构中行政岗教师数量为 209 241 名,教学岗教师的数量为 390 749 名,两者的比例为 1∶1.87,仍有很大的改善空间。

埃及教育还存在很多辍学的情况,如表 2-25 所示。此外,埃及确立了从以下四个指标考察教育整体的发展健康情况:

(1)初等教育的净入学率。

(2)成人识字率。

(3)教育的性别差距。

(4)初等教育毕业生的升学率。

表 2-25　　　　2000/2001—2012/2013 学年初等教育的入学率和辍学率

学年	男性学生			女性学生			合计		
	入学人数	辍学人数	辍学率(%)	入学人数	辍学人数	辍学率(%)	入学人数	辍学人数	辍学率(%)
2000/2001	3 774 009	41 739	1.11	3 368 118	20 460	0.61	7 142 127	62 199	0.87
2003/2004	3 760 893	21 110	0.56	3 453 933	14 017	0.41	7 214 826	35 127	0.49
2006/2007	4 594 994	83 122	1.81	4 287 803	52 642	1.23	8 882 797	135 764	1.53
2012/2013	5 087 613	—	—	4 744 903	—	—	9 832 516	—	—

见表 2-25 所列,由于教室数量的增加,2006/2007 学年比 2003/2004 学年的学生人数多,但辍学率较高,其中男性辍学率为 1.81%,女性为 1.23%,总辍学率为 1.53%。

国家教育研究中心与发展研究调查中心指出学生辍学最重要的原因如下:

(1)学校没有进行教育活动的场所。

(2)辍学的学生希望能尽快谋生。

(3)辍学的学生在上学期间吃不饱。

在课堂上,因为学生数量太多使得有天赋的学生和成绩差的学生不能分别接受合适的教育。

2011 年儿童和青少年调查报告表明,贫困家庭学生辍学率达到 23.40%,而富有家庭是 9.2%。辍学率最高的是较贫穷的群体。特别是在小学教育阶段,6% 的贫困学生辍学,0.3% 的富人学生辍学。

一般来说,对任何教育阶段而言,评价教育体制是否成功的关键在于辍学率和升学率的高低。埃及在此基础上对小学六年级学生增加了一项考试,专门考察学生的认知能力,例如记忆力、解决问题的能力,以及创造性思维的能力。

近年来私立学校的影响力越来越大,但是由于一些家庭收入较低,因此私立学校在贫困地区的发展并不顺利。此外,辍学率依然较高,亚历山大教育局做出了成功的示范,为 700 名家庭贫困的学生每人资助 1 000 埃及镑,帮助他们重新回到了学校。此外,亚历山大教育局还为家长举办过多次教育相关的宣传活动,并与联合国儿童基金会合作,记录学生的学习过程。

1. 关于教育投入

尽管政府的教育投入始终在增加,并且用这些资金改善了辍学现象,维修和扩建了学校,促进了信息技术在教育领域的应用,但是这些投入的金额是巨大的,也是政府难以独立承担的。2005/2006 学年的数据显示,政府关于初等教育的支出为 79.69 亿埃及镑,占所有类型教育支出的 46.50%,从生均教育支出的数据来看,2005/2006 学年为 986 埃及镑/人,而 2012/2013 学年则达到了 2 454 埃及镑/人,增幅为 149%。此外,教育部门 2013/2014 学年的总预算为 620 亿埃及镑,比 2012/2013 学年的预算高出了 100 多亿埃及镑。根据 2014 年颁布的埃及《宪法》,埃及要与国际要求逐步一致,使教育支出不低于国民生产总值的 4%。

2. 其他挑战

(1)在上埃及的很多地区,学校和家庭之间的距离很远,往返学校的行程存在安全隐患。

(2)偏远地区的入学率偏低,造成学校例如教室、实验设备等很多资源利用不充分。

(3)由于贫困家庭和父母离异的情况很多,很多孩子在青少年时期便开始打工。根据 2008 年人口普查数据显示，埃及贫困地区有 15% 的初等教育适龄人口处于失学状态。

（4）当前，还没有出台禁止使用童工的相关法律规定，并且也没有关于辍学打工的相关数据统计，因此很难在全国范围内制订有效的解决方案。

（5）1992 年地震破坏了很多学校建筑，继续修缮这些建筑是国家的当务之急。根据报告显示，地震后，有超过 1 000 所学校由于建筑遭到破坏无法投入使用。为此，教育部门在 1992 年制订了在五年内修缮并建造共计 7 500 所学校的计划。埃及始终致力于增加学校数量，自 1992 年起到 2006 年，共修建了 14 000 所符合国家建筑标准的学校，其中很多学校甚至达到了国际建筑标准。

尽管国家修建了许多学校，但仍存在以下问题：

①缺少对学校建筑的维护。

②当前的学校数量仍难以匹配学生数量。

③校园的使用效率不高。

④在修建学校的过程中，教室的装修成本也很高，大大增加了成本。

3. 挑战带来的机遇

在国内和国际层面开展一些开创性计划，主要包括：

①教育部门发起的关于提高小学 1～2 年级教育质量的计划。计划内容包括改进学习策略，提供更多的教学设施，开展对教师和校长的培训，该计划由世界银行和欧盟资助。

②由加拿大国际发展部与埃及教育部联合发起的对初等教育的资助计划，用以支持埃及 90 所学校的改革。

③开始于 2001/2002 学年的电信学习计划，旨在建立高质量的教育网站以提供教育相关的图片、映像、直播和交流平台。

④自 2006 年起在军事部的帮助下，为一些没有通电的学校提供独立供电的实验室、技术设备及电脑等。

⑤与国内其他部委合作，例如全国妇幼委员会、组织部、后勤部，共同为教育的发展提供帮助。

⑥对教师的培训和认证过程加以规范。

⑦在教育和管理、集权与分权之间建立一种平衡关系，给予当地政府和各级学校以更多权力从而促进教育的活力。各级教育单位应努力提升自我决策的能力，提交清晰的预算报告，增加管理的效率。

⑧为有天赋的学生建立了特殊学校，发掘有潜力的学生，同时保障所有人接受教育的权利。

5 EFA 计划三

（目标三：为青年和成年人提供他们所需的教育内容）

教育部门试图保证学生能够在教育课程中提升能力，在不同的教育阶段增加教育机会，使学生获得有用的知识、生活技能。培养读写能力，赋予不同人群受教育的权利，使他们能够通过获得平等的教育机会从而过上更好的生活。

2014 年埃及《宪法》将第二阶段（15～17 岁）的教育也纳入义务教育当中。因此，第二阶段教育分为初等教育和职业技术教育两类。

表 2-26 展示了 15～24 岁青少年的识字率。是否识字的标准是他们是否能够进行阅读、书写和理解与日常生活相关的文本。依据数据显示，2010 年男性的识字率比女性高出了 7％；2015 年平均识字率相比 2010 年提高了 4％，并且男女差距也有所减小。

表 2-26　　　　　15～24 岁青少年识字率

指　标	2010 年识字率（％）	2015 年识字率（％）
平均	88	92
男	91	94
女	84	90

一、扫盲计划

由于对学生发音和书写要求较低，2009 年起教育部门便开展了扫盲计划。该计划包括小学 1～3 年级学生的扫盲计划，还包括提高 3～4 年级学生读写能力的计划，接受职业技术教育的学生也会参与到计划中。

该计划旨在培养学生的基本语言技能，讲授阿拉伯语的发音、语法和词汇。阿拉伯语教学采用两种方法：一种是声音感知法，即让学生先学习字母、发音和语法，然后构成单词和句子；另一种方法是通过分析句式进行学习。

尽管在 1 年级选择最佳的教学内容是极其重要的，但是由于教师不愿意在一年级中任教，财政部为这些教师提供了财政资助，支持这个项目的财政和预算，有助于为 3 年级以下学生提供基本的学习条件。这个项目已经得到了家长们的认同，有助于提高识字率，培养学生流利的读写能力，教师在课堂上也会变得更加积极主动，从而吸引学生入学。

专业师范学院培养了许多资质教师，并为教师开展了许多培训项目。埃及培训人员统计情况表明：从 2009 年 9 月到 2013 年 9 月有 83 000 名教师、290 名高级督察、4 500 名检查官，616 名校长或副校长、班主任以及 3 190 名其他相关人员接受培训。培训的课程由 17 000 名经验丰富的教师讲授，已有 1 250 名教师得到了学院认证，计划到 2013 年共有超过 1 万名教师得到认证。此外，国家考试中心也需要这些资质教师帮助修订教科书，在试卷中增加双语翻译以及与阿拉伯语国家进行交流。

埃及依据 2006 年的教育发展水平对人口素质进行了评估,见表 2-27 所列。

表 2-27 　　　　　　　　　2006 年埃及人口素质评估

教育情况	男		女		合　计	
	人数	占比(%)	人数	占比(%)	人数	占比(%)
具备识字能力	6 549 518	22.80	10 473 999	37.10	17 023 517	30.10
具备读写能力	3 932 148	13.70	2 938 932	10.60	6 871 080	12.10
初等教育毕业	6 109 773	21.20	5 045 050	18.20	11 154 823	19.70
中等教育毕业	8 263 098	28.30	6 553 468	23.20	14 816 566	25.90
高级教育毕业	828 095	2.80	626 070	2.30	1 454 165	2.60
大学教育毕业	3 165 673	10.90	2 205 791	7.90	5 371 464	9.40
高等教育毕业	93 765	0.30	46 503	0.20	140 268	0.25

二、职业技术培训与教育

由于职业教育招生人数增多,教育部门正努力培养相关教师并提供相应的教育设施。教育部门大力发展职业技术教育的目标主要包括:

(1)加强就业培训。

(2)提高职业技术教育专业化,增加学生受教育机会。

(3)为中等教育毕业生提供补充课程,为就业做好准备。

(4)为职业技术教育提供合适的设备和技术支持。

(5)将职业技术教育与社会上的其他服务和生产机构相联系以培养学生。

(6)按照最新的要求提供课程,跟上劳动力市场和当地环境的现实需要,同时实施一个新的综合评估系统。

(7)依据教育与经济的发展情况更新立法,开拓可持续项目市场。

(8)与企业和商家合作发展职业技术教育,以适应当前和未来国际竞争所面临的巨大挑战,为雇主提供劳动力市场需要的技术型毕业生。

(9)在各级职业技术教育管理中实行问责制。

表 2-28 　　　　　　　　　埃及职业技术学校的在校生人数

学年	2000/2001		2006/2007		2012/2013		备　注
类型	学校	学生	学校	学生	学校	学生	
预科学校	266	157 446	281	114 350	269	125 094	教育部门旨在减少此类学校
工业中学	792	933 875	874	910 383	947	856 123	增加了19.57%的学校数量(较 2000/2001 学年)
农业中学	169	225 311	174	185 499	188	179 013	增加了11.24%的学校数量(较 2000/2001 学年)
商业中学	921	990 222	753	697 727	794	651 220	一些商学院被改造成寄宿学校
穆巴拉克-科尔学校	35	6 000	44	16 000	48	20 660	它们被纳入双重教育培训中

见表 2-28 所列，尽管职业技术教育学校有所增加，但是 2000/2001—2012/2013 学年，职业技术教育的在校生人数在减少。此外，普通中等教育的招生数量也在增加。表 2-29 反映了普通中等教育入学率的性别差异。

表 2-29 　　　　　　　　　普通中等教育入学率的性别差异

职业技术教育	净入学率(%)			总入学率(%)		
	男	女	平均	男	女	平均
工业技术教育	18.60	12.30	15.50	23.10	13.70	18.50
农业技术教育	4.70	1.30	3.10	6.10	1.50	3.90
商业技术教育	8.50	15.20	11.70	10.70	17.70	14.10
普通中等教育	24.80	31.20	27.90	26.90	33.40	30

根据其他的统计数据显示，接受职业技术教育的人数始终在增加，这主要得益于女性接受职业技术教育人数的增加。据统计，女性接受普通职业技术教育和商业技术教育的人数甚至比男性还多，而接受工业技术教育和农业技术教育的女性人数则少于男性。见表 2-30、2-31、2-32。

表 2-30 　　　　　　2011/2012 学年工业方向中等职业技术教育毕业率

三年制 93.7%				五年制 98.15%			
男		女		男		女	
数量(人)	占比(%)	数量(人)	占比(%)	数量(人)	占比(%)	数量(人)	占比(%)
180 189	90	98 601	97.40	1 379	97.30	192	99.00

表 2-31 　　　　　　2011/2012 学年农业方向中等职业技术教育毕业率

三年制 91.95%				五年制 92.3%			
男		女		男		女	
数量	占比(%)	数量	占比(%)	数量	占比(%)	数量	占比(%)
44 559	87.70	10 563	96.20	33	84.60	6	100

表 2-32 　　　　　　2011/2012 学年商业方向中等职业技术教育毕业率

三年制 85.7%				五年制 95.85%			
男		女		男		女	
数量	占比(%)	数量	占比(%)	数量	占比(%)	数量	占比(%)
68 357	81.20	115 125	90.20	962	95.20	411	96.50

此外，由于私立职业技术教育学校的学费高昂，因此公立学校的学生数远高于私立学校；同样是由于经济原因，城市学校的学生数也远高于农村学校的学生数，见表 2-33 所列。

表 2-33			2012/2013 年职业技术教育学校的分类型学生数			（单位：人）	
职业技术 教育类型	男	女	公立学校	私立学校	城市	乡村	合计
工业技术教育	550 101	306 025	853 111	3 015	695 088	161 038	856 126
农业技术教育	145 779	33 234	179 013	—	137 600	41 413	179 013
商业技术教育	255 627	396 093	537 425	114 295	473 535	178 185	651 720
总 数	951 507	735 352	1 569 549	117 310	1 306 223	380 636	1 686 859

据统计，职业技术教育总入学率超过了 66％，普通中等教育的总入学率也达到了 45％。此外，教育部门还建立了一些高级职业技术学校，城市职业技术教育学生的总人数增长率比农村增长率提高了 77.44％。

在两种中等教育中，中等教育的总入学率超过了 66％，而通识中等教育的总入学率达到了 45％。教育部门建立了许多高级职业技术学校，例如：

（1）维修技术学校

这所学校共开设了 11 门专业课，科学地培养学生的维修技术水平。学校设有 20 个操作间和实验室，1 个可容纳 800 名学生的露天剧场，此外还有学生宿舍、操场、植物园等设施供学生使用。

（2）职业预科学校

这类学校主要招收没有通过初等教育毕业考试的学生，在中等教育阶段辍学的学生，以及对维修技术感兴趣的学生。尽管政府并不支持预科学校的发展并提出了缩减 50％预科学校数量的目标，但是近年来只有 5 所预科学校被取缔。依据 2011/2012 学年的数据，全国共有预科学校 296 所，2 568 间教室。

（3）私立职业技术学校

2008—2013 年，职业技术学校中的私立学校数量占比从 11.5％提高到了 13.4％。政府非常支持私立学校的发展，但是私立学校在农村地区的发展很受局限。相比于公立学校，私立学校的教室密度较低，而城市地区的私立学校教室密度又远低于农村地区的私立学校教室密度。

（4）爱资哈尔学校

爱资哈尔学校是埃及的宗教学校，以《古兰经》为主要教材，主要招收 12 岁以上，学习过《古兰经》并接受过初等教育或其他类型职业技术教育的学生。

总体来说，埃及政府在近二十年来始终致力于为所有 4～7 岁的学生提供平等的教育机会。学校数量有了大幅增长。同时，埃及计划 2015 年实现所有 6～14 岁的儿童和青少年都能接受教育的目标，但是受制于财政拨款不足的限制，目前还很难实现。各教育阶段升学率见表 2-34。

表 2-34		各教育阶段的升学率		（单位：％）
初等教育到预科教育的升学率	预科教育到中等教育的升学率	预科教育到工业技术教育的升学率	预科教育到农业技术教育的升学率	预科教育到商业技术教育的升学率
88.90	37.17	19.68	4.63	16.39

三、入学机会

十几年来,学前教育的总入学率有所提高。具体而言,2006/2007 学年的总入学率为 98.40%,2010/2011 学年下降到了 96.90%,而 2011/2012 学年则达到了 102.50%。见表 2-35 所列,2006/2007—2011/2012 学年学前教育的总入学率在增长。

表 2-35   2006/2007—2011/2012 学年学前教育的总入学率变化

学年	2006/2007	2007/2008	2008/2009	2009/2010	2010/2011	2011/2012
总入学率(%)	98.40	96.30	95.20	92.50	96.90	102.50

表 2-36 列出了 2005/2006 学年与 2011/2012 学年高等教育机构的招生人数。

表 2-36   2005/2006 学年与 2011/2012 学年高等教育各类型机构的招生人数

机构类型		2005/2006 学年	2011/2012 学年
公立高校数量(所)		17	23
学生数量(人)	合计	1 880 460	1 627 339
	男	981 302	836 211
	女	899 158	791 128
私立高校数量(所)		8	19
学生数量(人)	合计	83 108	86 784
	男	52 127	51 923
	女	30 981	34 861
公立高职学校数量(所)		7	8
学生数量(人)	合计	145 620	79 580
	男	77 266	45 981
	女	68 354	33 599
私立高职学校数量(所)		10	11
学生数量(人)	合计	19 633	7 957
	男	6 086	3 634
	女	13 547	4 323
其他高等教育机构数量(所)		13	13
学生数量(人)	合计	371 814	332 874
	男	232 003	239 416
	女	139 811	93 458

四、职业技术教育的相关计划和倡议

1. 穆巴拉克-科尔职业技术教育项目

该项目在埃及教育部和工业部的推动下,每年夏天都会派出一些学生前往德国学习。

2. 在职职业技术培训体系

在职职业技术培训的对象是那些刚加入工作岗位的新人,该培训体系具备以下特点:

（1）在培训过程中指导学生使用先进的生产技术手段，以适应劳动力市场的要求。

（2）该培训体系是由政府、企业等组织共同资助产生的。

（3）只有获得初等教育学历的人才可以报名。

（4）只有那些在工作中表现突出的新人才可以报名。

（5）相关教育机构应当与学生家长签订协议，明确培训过程中的权利和责任。

（6）在保证理论学习的前提下，还要进行为期 2 天的理论研究以及 4 天的工程实践。

（7）每一个项目的培训时长为一年。

（8）学生在该类教育体系中的学习时长不得超过 3 年。完成学业后，学校应为学生颁发学习证明。

3. 与其他部门合作发展职业技术教育

（1）与信息部合作，开展电子技术培训。

（2）与石油部合作，培养合格的石油技术工人。

（3）与梅瑟-阿尔基尔公司签订协议，旨在提高学生的专业水平，并帮助他们学习如何管理小型施工项目。

（4）与苏伊士运河大学工程学院签订合作协议，在大学的帮助下培训教师和管理人员。

（5）与人力资源部合作，在各领域专家的指导下制定关于各类施工技术的考核标准。

（6）与电力和能源部门合作，培养以下领域的合格技术工人：电气测控，动力学，电能，运输线路维护，变电所维修、保护和通信维护，配电网和电网运行与维护。

（7）与国家通信部门合作，培训以下领域的技术工人：手机通信、网络通信、电力通信、空调、计算机。

（8）与工业部门合作，在以下领域培养合格的技术工人：锻件和热处理、液压、运输配送、印刷、胶印、石油化工、塑料、纺织机械、制衣、电子和机械自动控制、织造机械、染色、印花和纺织品加工。

（9）与文化部合作，开展对工人的建筑艺术培训。

（10）与军队合作，培养以下领域的在职技术工人：机械操作、工业涂装、冷却和空调、金属加工和焊接、家具木工、机械维修、电子计算器、工业化学、电力、设备电气安装。

（11）与卫生部门合作，培养安装假肢的技术工人。

（12）与政府印刷办公室合作，在照片收集、机械摄影、平版印刷、胶印、黏合等领域培养技术工人。

（13）与高坝湖发展部门合作，培养渔业相关的技术工人。

（14）与社会中的企业和组织开展广泛合作。

4. 职业技术教育改革计划一

该计划的目标是以劳动力市场的需求为导向，改革职业技术教育的课程、培训形式和教育质量。为此,教育部鼓励职业技术学校与各工程项目的管理单位加强联系,并建立合作委员会,确保学校的培养目标与劳动力市场的需求保持一致。

5. 职业技术教育改革计划二

该计划由埃及教育部门和欧盟合作推出,旨在对各类工程项目进行精细化分类以方便教学。例如,可以把纺织工程划分为缝纫、熨烫、裁剪、包装等更为细致的工作,并分别展开教学。

要合理安排职业技术教育的阶段性目标。例如,一个职业如果包含五项具体工作内容,就可以把其中的两项内容安排在第一学年进行学习,其他的三项安排在第二及第三学年进行学习。每一个学年结束时都要对学生的学业掌握情况进行考核,只有通过了全部的考核才能获得毕业证书以及职业资格认证书。这一模式已经在15个省的41个学校中得到应用。

此外,地方政府要与地方企业建立委员会以促进合作,委员会由地方政府领导,同时要保证政府与企业的委员会成员数量一致。

6. 职业技术教育投资者的办学经验

埃及职业技术教育的发展过程中,企业和商人所代表的投资者有很多办学经验,例如:

(1)阿拉伯承包公司的经验

自2008年以来,阿拉伯承包公司与教育部门合作开展了一系列培训计划,公司通过在其车间培养特定的学生,既满足了公司对人才的需求,也一定程度上解决了社会中的失业问题。在培训过程中,董事会对学生的学习过程进行记录,同时又参与到了教育部门对学生学习成果的评估工作中,从而更为有效地筛选人才为公司所用。阿拉伯承包公司会依据合同提供部分教育和培训经费,同时为学生提供学习所需的设备。对于特别优秀的学生还会额外提供奖学金。此外,教育部门和阿拉伯承包公司还会成立工作组,负责更新和审核课程内容。

(2)埃及水处理有限公司的经验

埃及水处理有限公司与教育机构之间进行合作开展培训,教学内容包含了学校的理论科目和公司的专业科目。该项培训的时间是暑期和每周六。项目组会通过面试选拔学生参与培训,为学生提供所需的书籍、实验设备和奖学金,还会负责教师的工资发放。值得注意的是,如果公司需要讲授文化课外的专业课程,需要经教育部门批准。

(3)奎斯纳工业区的经验

奎斯纳工业区与教育机构之间的合作是为了通过各项培训计划直接为奎斯纳工业区输送人才。该工业区同样以需求为导向制定培训项目和培训内容。

奎斯纳工业区主导的培训计划时长为6周,此外还有一个半月的时间要在工业区内进行实习。该项目面向全国招生,工业区会对所有考生进行笔试和面试,并依据考生成绩决定是否录取以及划分专业。

工业区负责全额的培训经费并提供免费的教科书。

（4）亚美利加纳集团的经验

亚美利加纳是一个餐饮业集团，与教育部门合作共同培养餐饮、酒店方面的人才。集团负责制定学生的入学标准、选拔机制、培训课程等，还为学生提供实习场所、专业培训教师。集团为每位学生提供培训奖金，根据学生在集团的表现，例如团队协作能力、沟通能力给出考核结果，从中选出合适的毕业生进入集团工作。此外，集团也会资助表现优异的学生进入高等学校深造。

（5）阿拉法有限公司的经验

阿拉法有限公司与教育部门通过在职培训的方式开展合作。学生既要在学校进行理论学习，也要在公司进行实践培训。

阿拉法公司负责支付学生在学校学习的费用、在企业接受培训的费用、教师工资、学生奖学金等。所有通过考核的毕业生都可以直接进入公司工作，学生也可以选择到大学深造，获得大学文凭后可以在公司谋得职位更高的工作岗位。

五、社区教育相关计划

社区教育是指教育机构通过与社区合作开展各类教育互动的形式。这些活动主要由社会组织和地方政府资助，以改善对弱势群体的教育。所有人都有权利接受高质量的初等教育，社区中的弱势群体可以去公立学校完成初等教育。

1. 组建单间教室学校

单间教室存在的目的是要减少女性文盲的数量，要求入学年龄为 14 岁，单间教室的课堂仅限于女性教师授课。

2. 组建混合年级班

混合年级班主要为女性学生设置，教师可以在同一时间为不同年级的学生教授多门课程。

3. 社区教育活动的开展原则

教育是政府、社会共同的责任，社会的各个阶层都应当支持教育的发展。以下是开展社区教育活动需要遵循的原则。

（1）以学生为中心。

（2）将教育与社会紧密相连。

（3）大力发展农村以及贫困地区的教育。

（4）开发适合女性学习的课程和教育内容。

（5）通过采用最新的方法和形式教授教育部规定的课程。

（6）与教育部和联合国儿童基金会等国际组织合作。

（7）以学生为中心，帮助学生能够根据自身能力独立完成课程学习。

4. 社区教育的预期学习成果

开展社区教育的目的是让学生了解知识，掌握生活技能，特别是那些与当地社会发展紧密相连的知识和技能。

此外,开展社区教育可以帮助学生形成良好的行为习惯,让女性掌握生活技能,发掘女性的潜力,提高其工作能力。预期的具体成果如下:

①掌握基本的阅读、写作和数学能力。

②掌握基本的沟通能力。

③具备基本的生活技能。

④提高其规划未来的能力。

⑤提高其思维能力。

5.社区教育的教学环境

(1)构建以学生为中心的教学环境,强调学生的自主学习与合作学习。

(2)构建类型多样的课堂,强调课程的灵活性、差异性和综合性。

(3)鼓励学生利用多媒体工具等主动学习,增加对学习的兴趣。

(4)关注学生的心理活动,鼓励学生的批判性思维和创造性思维。

(5)培养学生基本的生活技能和人际交往能力。

(6)合理安排学习时间,提高学习效率。

(7)尊重学生的个性发展。

(8)促进社会广泛参与学校的教育过程。

6.社区教育的类型

(1)社区学校

社区学校的教育工作主要包括以下方面的内容:

①提高教育质量。通过提供高水平课程活动和利用当地社区教育,使学生具有基本的知识和技能。

②促进学生发展。为学生提供知识,帮助他们发展才能、必备技能,并保持健康等。

③关注学生家庭。通过家庭服务中心帮助父母制订儿童发展规划。

④促进家庭与社区合作。通过家庭成员和社区居民积极参与教育计划的设计和制订,从而监督并支持各类教育活动,将家庭与社会紧密相连。

(2)单间教室学校

单间教室学校是一种社区教育形式,旨在为未受过初等教育或中途辍学的女性提供教育机会。单间教室学校的特点如下:

学习的时间是6年,但可根据学生的学习能力适当缩短时间。教学过程中,学校每周为学生提供与地方产业相关的职业培训内容。学校规定,每位学生在前三年至少要完成总学习目标的44%,后三年至少完成38%。单间教室学校致力于增加女性的知识和技能,帮助她们缩小与男性之间的差距,获得社会的尊重,并帮助她们获得工作机会以及收入来源。

（3）女子友好学校

女子友好学校是另一种社区学校，旨在为女性提供更多接受教育的机会。教学理念是以学生为中心，注重学习方法和学习过程，让学生有选择课程的权利。女子友好学校的建校选址标准包括：

①应设在人口不少于 1 500 人的村庄。

②拥有相对僻静的环境。

③通电。

④学校周边有卫浴。

⑤有超过 110 平方米的建筑面积。

⑥校舍应确保通风和采光。

⑦距离其他小学的距离在两千米以上。

⑧不得建立在适龄人口（6～14 岁女性）少于 25 人的村庄中心。

（4）对家庭困难儿童提供帮助的学校

这类学校主要招收那些 9～14 岁，辍学打工，或是没有固定居所流落街头的儿童，这一群体实际上确实需要对其特别关注。这类学校在办学形式、课程设置、上课时间、教学方式等方面都有其特殊性。

这类学校的教学时间是不固定的，会充分考虑到每一批学生的时间安排。教师除了要与学生共同商议教学的时间，还要与学生讨论教学形式、课程内容等。

教师需要根据学生的学习经历将其划分以便分类教学。第一类是没有过上学经历的学生；第二类是毕业后没有升学需求的学生；第三类是有明确学习目标的学生，例如学习木工、纺织、汽车制造、装潢等技术。

学校需要配备电脑、屏幕等教学辅助工具，政府和社会还会为这些学校捐赠衣服和体育用品，世界粮食组织还会为学生提供膳食。

（5）小型学校

小型学校由教育部门下属的部门开发，通过社区合作建立。例如，在"关爱"机构和当地社区发展协会及教育部门的协助下，开罗、索哈格、法尤姆三省的小学达到了46 所。扩展与非政府组织合作模式，授权学校接受所有群体，包括女童，尤其是在义务教育年龄阶段未上学的女童。由董事会提供小型学校的选址地点，教育部门为学校提供可能的代替地点以防止任何阻碍学校正常运行的情况发生。国际组织中的相关部门支付工资，学校进行自我管理，来实现高质量的教育。2011 年 1 月，《埃及青少年最终调查报告》指出，只有 30％的青少年接受过义务教育。所以要扩大青少年的受教育机会，以实现机会平等。

五、基础教育相关计划

（1）铺设宽带计划

该计划由通信部发起，目标是广泛地在埃及的学校安装宽带。

（2）提升竞争力计划

该计划由美国国际开发署发起，旨在帮助埃及学生提高使用信息技术的能力。

（3）智能学校计划

该计划由通信部和联合国开发计划署共同发起，目的是整合学校的通信技术资源，提高学生和教师使用信息技术的能力和创新能力。转变学校的角色，将其发展为社区教育的中心，将学校、企业、社区紧密联系起来。

（4）合作学院计划

该计划由通信部和美国甲骨文公司发起，旨在培养学生设计并使用数据库，学习编程设计，以提高他们未来在人力市场中的竞争力。

（5）内帕德学校计划

该计划由非洲发展新伙伴关系组织、美国甲骨文公司和惠普公司共同发起，推出该计划的目的包括：

①将世界领先的通信技术融入教学。

②增加教育机会，让学生参与知识创新的研究。

③帮助学生了解预防艾滋病、疟疾、肺结核等常见疾病和营养不良的最新预防手段，传播健康意识。

（6）合作思考计划

该计划由通信部和甲骨文公司发起，旨在搭建学生和教师之间的网络交流社区，帮助学生参与到集体学习和研究中。该计划包括以下内容：

①要与100所埃及学校合作，并在这些学校实施合作思考计划。

②帮助埃及学校开展教育改革计划。

③分享教育管理的经验。

④实施网络教学。

⑤在学校搭建信息技术框架。

⑥开展未来教育计划。

⑦运用视频和动画技术开发教育软件。

⑧搭建全国网络培训框架，帮助学校更新网络设备。

六、普通中等教育相关计划

1. 大学前教育

依据《埃及教育倡议》，旨在使学生、教师、校长和其他管理人员能够在大学前教育中运用教育技术，提高其处理信息技术的能力，通过培训领导者和管理者改变管理方式，完善信息技术组件的基础设施并开发电子科学的学习内容。

2. 建立董事会

2008年，为了提升建筑行业的技能水平，国家建立了建筑和施工发展技能水平委员会，该委员会将技能水平划分为五个等级，前三个等级是普通工人、技术工人和执行主管,第四和第五个等级属于高等级,到目前为止还没有启用。

3.职业技术教育学院

(1)基础系统:在高等教育部门的监督下,国家技术教育委员会与私营部门进行合作。

(2)目标:培养职业教育领域的技术人员。

(3)时间计划:学习时间为两年。

(4)研究体系:在每个学期为培训过程分配 4~5 周的时间,除了在暑假期间分配 6~8 周的时间外,每两年还有专门用于夏季培训的研究项目。

(5)资格:技术教育文凭。

4.生产效率管理局

(1)基础系统:在高产量机构与客户之间,根据技术要求为技术人员提供专业化所需的协议。

(2)目标:根据工厂的年度需求准备技术人员,培训计划要根据需求每年更新一次。

(3)时间计划:培训计划的期限为三年。

(4)资格:学徒证书相当于技术教育文凭(通过技能培训可以获得证书,每年有 10~12 名学生毕业)。

七、教育部门实施的关于普及生活技能的计划

1.普及计划

(1)目标群体:9~25 岁的女性。

(2)该计划包含有教育经历的学生,也包含文盲。

(3)主要增加年轻女性的性别意识、基本生活技能、生殖健康意识。

(4)该方案包括提高女性认识的主题:青春期、计划生育、性疾病传播、孕产、婚姻、儿童受教育权、公共卫生、急救知识、营养、女性的权利和义务等。

本课程的教学人员是至少具有中学文凭,年龄在 25~35 岁的当地人。他们应该充分了解家庭,有识字经验,有能力招收 25~30 位女性学习者。

2.继续教育计划

从 2001 年起"阳光计划"为青年失业者和弱势群体提供为期 18 个月的培训,支持他们获得工作技能,毕业生被授予认证资格。还有解决歧视的第二次机会计划,自 2001 年以来,埃及的"阳光计划"就是增加年轻女性受教育机会的一个积极范例,它为埃及的年轻女性提供了第二次学习机会,该计划通过与父母、男性和社区领袖合作,让女性在进入工作方面有更大的自由。92%的参与者已经通过了政府的识字检查,其中 69%完成该项目的参与者重新接受正式教育。

3.新愿景计划

该计划的目标是在三个基本方面提高男性的性别意识、基本生活技能、生殖健康意识。

目标群体：12～20 岁正在接受教育或已经辍学的农村和城市男性公民。

该计划通过以下主题提高男性认识：急救知识、未来规划、法律和公民权利、社区工作、营养、生活技能和生殖健康、婚姻、身体健康和人际关系、价值观、人类情感、自我意识、沟通、公共卫生、人权和家庭等。在这个项目中的教学人员是 22～35 岁至少具有中学学历的当地人，必须已经完成军事服务或者免除了这项服务，非常了解家庭，在提高认识和识字方面具有经验。

4. 与世界卫生组织宣传部合作的健康计划

计划目标主要包括：

(1)通过学校的电子学习，提升 12～18 岁学生的健康意识。

(2)发展技术技能，提高学校及社区的健康意识。

(3)达成学校与家庭之间的沟通合作。

5. 与美国微软公司合作的培训计划

其目标主要包括：

(1)在工程系统和应用开发方面进行为期 6 个月的培训。

(2)训练教师使用信息技术来进行教学并掌握制作教育软件的最新方法。

(3)培养在不同信息技术领域的干部。

教育部门致力于为学习者提供一个良好的学习环境，为他们提供所需的营养膳食和医疗保健，鼓励他们有效参与和最大限度地利用它们。教育部门非常重视学校营养膳食，一直关注在农村和沙漠地区以及贫困地区的各类学校。教育部门提供膳食费用，农业部门则提供建筑、机械设备、包装运输等费用。膳食计划每周提供 5 天膳食，持续100 天，每天有 200 万名学生从中受益。表 2-37 列出了膳食计划的受益人数及占比。

表 2-37　　　　　15～24 岁各类教育在校生中膳食计划受益人数及占比

学校类型	在校生规模(人)	受益人数(人)	占比(%)
预科学校	3 858 897	1 953 204	50.62
单教室学校	100 286	95 709	95.44
技术教育学校	1 569 549	479 310	30.54
中等普通教育	7 096	7 096	100.00
中等教育	1 226 639	52 979	4.32
职业教育学校	140 729	45 443	32.29
总　计	6 903 196	2 633 741	38.15

八、职业技术教育支出

2012/2013 学年大学前教育公共总支出的 11.40% 用于职业技术教育，高于2007/2008 学年。如图 2-1 所示，在 2005/2006 学年，在学生职业技术教育方面的支出达到了 1 395 万埃及镑，2011/2012 学年为 2 013 万埃及镑，2012/2013 学年为 4 341 万埃及镑，是 2005/2006 学年的 3 倍多。

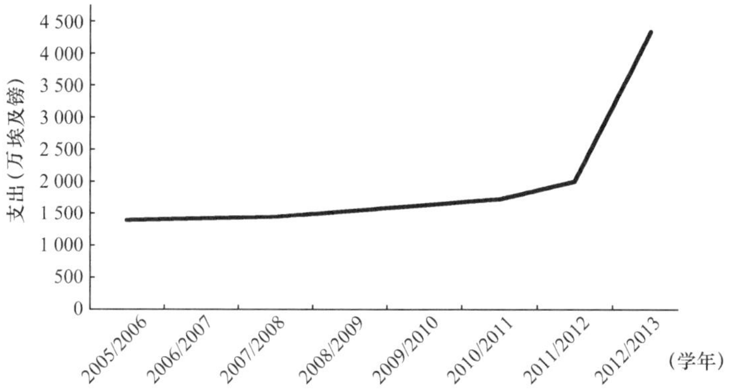

图 2-1　2005/2006—2012/2013 学年职业技术教育支出的变化曲线

九、挑战

教育成果与劳动力市场需求之间没有平衡。由于劳动力市场中就业类型的稳定性,在 1998—2006 年,教育产出在持续下降,原因是教育系统入学率没有持续增长。学习者缺乏劳动力市场发展需求所需的知识和技能。在学习生涯中,低质量教学和学习使得近三分之二的大学生选择了人文专业,因为小学、预科甚至中学很少提供科学、工程、物理和其他科学学科的学习路径。根据国际劳工组织 2006 年进行的调查,雇主认为,年轻工人没有学习能力,缺乏实践培训。表 2-38 列出了毕业生的能力评估结果,根据专业水平结果显示,他们的技能水平较低,只有约 18% 的毕业生具有非常好的技术技能,约 31% 的人技能较弱,而应用学校所学知识的能力水平反映出约 22% 的人具有很好的应用能力,约 41% 的人不能使用。根据 2005 年"从学校步入社会"的研究,毕业生的能力评估见表 2-38。

表 2-38　毕业生的能力评估——根据 2005 年"从学校步入社会"的研究结果

能力水平评价占比(%)	优秀	普通	较差
必备的技术能力	18.20	50.50	31.30
学校培训的操作能力	10.10	52.40	37.50
沟通技巧	38.60	49.40	12.00
写作能力	39.20	41.00	19.80
应用学校所学知识的能力	22.40	37.00	40.60
承诺和守纪	62.90	28.90	8.20

6　EFA 计划四

(到 2015 年将成人识字率提高 50%,所有成年人尤其是妇女将获得平等的接受基础教育和继续教育的机会。)

2000 年 4 月,于塞内加尔举办的世界教育论坛发布了《达喀尔行动框架》,这一框架为制订埃及全面教育的目标提供了指示。为了实现全民教育目标,埃及制定了该项战略,使所有合作伙伴都参与其中以共同实现这一目标。成人教育机构负责埃及的成人扫盲工作,主要负责规划、跟进、实施和协调扫盲计划。尽管国家努力解决文盲问题,但最终回报仍低于理想水平。我们必须认识到应该通过持续评估来努力实现全民教育目标。因此成人教育机构收集了数据和信息,介绍现状和成就,指出未能实现计划目标的困难,计划实施面临的挑战以及实现目标的未来愿景。

一、现状

自 2000 年以来,埃及的识字率一直低于理想值,国家要实现成人识字的目标仍面临许多挑战。表 2-39 列出了 2000—2012 年分性别文盲人数及其占总人口的百分比。

表 2-39　　　　　2000—2012 年分性别文盲人数及人口占比

年份	男性的文盲占比	女性的文盲占比	文盲总人数占人口比	文盲总人数
2000	22.91%	44.75%	33.46%	17 200 000
2006	17.00%	40.60%	29.33%	16 800 000
2012	15.20%	29.30%	22.10%	14 490 000

根据表 2-39 数据,虽然文盲率在 2000—2012 年有所下降,但下降速度非常缓慢。在 2000—2006 年期间下降了 4.13%,在 2006—2012 年下降了 7.23%。2000—2012 年,文盲率总计减少了 11.36%。埃及每年人口增长约 190 万,但是每年埃及文盲人数没有减少同样的数量。2000 年的文盲人数为 1 720 万,2006 年为 1 680 万,2012 年是 1 449 万,12 年内只有 289 万文盲通过学习成为非文盲,净减少 271 万。

与 2015 年的目标相比,非文盲率增长速度过于缓慢。必须考虑到退学、未入学或休学等情况,这会使每年增加更多的文盲。值得注意的是,女性文盲率约为男性的两倍。正如官方统计数据所示,埃及各省的女性文盲率高于男性,农村的文盲率普遍高于城市地区,而上埃及的文盲率则高于其他省份。表 2-40 显示了 2000—2013 年扫盲班的入学人数和通过学习的毕业人数。

表 2-40　　　　2000—2013 年扫盲班的入学人数及毕业生数(人)

学年	扫盲班入学人数	毕业生数	毕业人数占比(%)
2000/2001	663 388	236 342	35.63
2005/2006	1 082 829	448 293	41.40
2012/2013	707 866	233 931	33.05

据表 2-40 所列,扫盲班的毕业人数占比很小,说明教育资源浪费严重,阻碍了社会的发展。

1.扫盲计划取得的成果

为了鼓励完成基础教育的文盲继续接受教育,教育部门将预科教育入学年龄提高到 18 岁,中学教育年龄提高到 20 岁。2000/2001 学年入读预科和接受中等教育的学生人数为 18 714 人,2005/2006 学年为 15 358 人。埃及成人教育机构正在开设消除文盲的预科班,并准备了以下科目:阿拉伯语、数学、科学、社会研究、英语、计算机的教学材料,这些科目适合他们继续在预科学校学习。

2. 培训成人教育教师的成果

教师在教育过程中占据重要地位,但没有培训成人教育教师的高等学院,因此迫切需要培养成人教育教师的学校。此外,大部分教师具有中等学历,为了对成人文盲进行更好的教育,国家需要向成人教育教师提供各种教育培训,在开始工作之前,教师应运用积极有效的教育方法,与学生进行良好沟通。教师要注重课堂管理与监督,发扬学生优点,改掉学生缺点。教育部门的教育检查员也会对学生进行持续监测和培训,以提高他们的学习效果,从而促进培训计划的开展。

3. 教职工培训的发展

AEA 通过教科文组织的认证机制,在塞尔斯·阿莱扬区域成人教育中心实施计划,为培训成人教育领域的专业教师做好准备。到目前为止,已培训了 231 名专业培训师和 154 名助理培训员。

4. AEA 及分支机构的人力资源开发

对开发人力资源的兴趣被认为是在不同机构发展业绩的有效工具。政府专门培训中心提出了各种培训方案,以满足工作人员的需求,并在提高业绩水平之外实现预期目标。因此,重点是衡量工作人员返回工作岗位后,接受的行政培训对工作培训产生的影响。

5. 媒体宣传的成果

为了与目标文盲群体进行沟通,AEA 启动了媒体车队,通过在不同省份的车队为公民提供健康、文化和艺术服务,提高文盲对教育重要性的认识。AEA 正在为扫盲计划的学生组织娱乐之旅,以激励他们继续学习扫盲课程。

6. 成人识字课程的成果

根据不同的环境,教师可以采用多样化的教育课程和教具。"我学习,所以我开悟"是 1996 年使用的第一个课程,还有其他一些将健康、环境与面向女性扫盲相结合的课程,如:在上埃及使用的"系统方法"课程。

7. 支持成人扫盲计划社区团体的成果

AEA 与民间社会组织、私营部门、非政府组织、社区等合作,以满足文盲的教育需求。除了实现成人扫盲的目标,也为当地社区实现长远发展目标奠定基础。

8. 扫盲计划实施的成功案例

"无文盲村庄"倡议。包括埃及成人教育机构与埃及村发展局之间的伙伴关系协议,以便在明亚省和布海拉省的村庄实施该倡议。该实验将在其他省份推广。在 AEA 和民间社会组织之间的协调下,启动组建董事会,以解决文盲问题并跟进扫盲计划的实施。根据扫盲方案中村庄信息中心青年工作者的能力,启动倡议,使九个省扫盲方案中村庄新闻中心的工作人员参与进来。该项目使 2008/2009 学年 3.3 万人顺利完成学业。在国际农业发展基金的支持下,在 2013 年 9 月 30 日启动了针对年轻农民和妇女学习农业和农村生计的知识和技能项目。

全国成人教育运动。2011 年 9 月,据报道文盲人数超过 1 700 万,面对国家出现越来越多的文盲的问题,联合国教科文组织开罗和贝鲁特办事处及有关合作伙伴共同启动了埃及全国扫盲运动和埃及文艺复兴活动。联合国教科文组织发起了这项运动,作为致力于促进扫盲和终身学习不可分割的一部分。该运动旨在调动资源和建立伙伴关系,以实现全民教育目标:到 2015 年将成人文盲率降低 50%。该运动将延长至 2020 年,以达到国际上可接受的低于 10% 的文盲率。许多协会和慈善组织以及国际和地区捐助者都参与了这项运动。

成人教育的实践课程。该课程基于多方努力得以开设。该计划还为学生提供农业指导和环境意识服务,以发展他们的生活技能,促进新农业技术的传播和应用以及农村的发展。

该计划于 2003/2004 学年在法尤姆省启动,与农业局、荷兰发展项目组织和法尤姆省各村的社区发展协会合作。该实验在 2005/2006 学年在各省得到了推广,成功地提高了学生的学习动机,并降低了辍学率,其中出勤率达到 80%。目前有 10 个省在实施该计划,未来希望能在全国范围内的其他地区进行推广。

埃及成人教育机构鼓励建立家庭课程,特别是在农村地区,鼓励女大学毕业生在家中开设课程,以消除女性文盲。埃及成人教育机构根据女性学习者数量提供所需的教育工具和手段。家庭教育是消灭农村地区女性文盲现象的最合适手段之一,也是鼓励农村妇女接受教育的最便捷方式。

大学生参与扫盲计划的倡议。根据教科文组织"UNLED"项目的成功,国家计划让大学生参与到扫盲计划当中。该项目首先在埃及大学进行,并取得了积极成果。联合国教科文组织签署了与扎卡齐克大学合作的议定书,规定获得基础教育的学生将教育他所居住的村庄或地区的 5 名文盲。这包括在《成人教育》条款列出的要求,如果每个文盲都顺利完成学业,每个大学生将获得 5 美分和 50 埃及镑。赫尔万和明亚大学在扫盲计划的贡献方面处于前列。赫尔万大学有 3 000 名曾是文盲的学生顺利毕业,埃及其他大学大约 23 000 名曾是文盲的学生顺利毕业。

二、成人教育发展的最新趋势

1. 信息和通信技术的使用

随着计算机使用的普及,埃及开始实施一项先进的计划,在扫盲和成人教育领域采用对年轻人具有吸引力的杰出技术。扫盲方案完全由电子媒体开发,该方案成功地吸引了学生,减少了作弊的比例,同时提高了学生的成绩。在取得该成就的基础上决定通过在国家建立的 2000 个俱乐部来使用计算机并为所有公民提供此类技术服务。

2. 每周开展的扫盲活动日

这是重要的教育活动之一,有助于提高学生的能力,帮助他们提高成绩,培养积极的态度和价值观。2007/2008—2008/2009 学年 AEA 开展的扫盲活动,是成人教育管理部门所开展的符合主流趋势的活动。

扫盲活动包括:学生选择的娱乐活动和艺术及体育比赛。辍学率在 Al-Beheira 地区为 25%,在 Beni Suef 地区为 5%。因此,在 2008/2009 学年 AEA 的工作人员数量可以满足 50 个班级的需求。辍学率的下降和成绩的提高,证明扫盲活动在 2007/2008 学年取得了成功。这将激励工作人员在 AEA 的分支机构继续进行经验分享,鼓励更多的大学生参与到扫盲计划当中。

3. 识字班向成人俱乐部的转变

这一倡议侧重于研究结果和学生民意调查,以应对成人教育计划所面临的挑战,旨在将单一的识字班转变为综合性的成人文盲学习场所,并获得政府和非政府组织提供的所有服务。除了体育、社会和文化活动之外,还涉及多种多样与生活和工作技能有关的课程,同时要兼顾对女学员的保护和对学员子女的照顾。

4. 相关服务和活动

(1)健康服务,如现场检查和健康教育。

(2)农业推广服务以及实践和理论教育。

(3)退伍军人服务以及实践和理论教育。

(4)教育和指导方面的宗教培养服务。

(5)为每位成功的学生提供 200 英镑的奖金。

(6)卫生单位为所有扫盲学生提供免费检查和治疗。

(7)为每个学生提供国家认证编号。

(8)对城市和村庄的负责人进行扫盲评估。

(9)了解有子女的女学员的比例,并为其教育子女提供帮助。

(10)退伍军人计划:免费教育、指导和治疗。

(11)宗教计划。

(12)社会计划。

(13)体育项目:相关的体育活动和实地考察。

(14)农业计划:开展农业教育以及提供农药、化肥。

5. 附属活动

(1)为学员签发健康卡和退伍军人卡。

(2)促进协会的贷款,并及时提供援助慢性病的费用。

(3)以半价进行外科手术。

(4)组织体育比赛。

(5)组织学员在城市内外进行实地考察。

(6)允许埃及电视台播放有关教育和旅行的节目。

三、与其他国家和国际机构的合作计划

2006 年出台的教科文组织计划是联合国教科文组织在成人教育和非正式教育中

加强国家能力建设和创造性发展的项目计划。

1. 计划目标

（1）制定成人教育和非正式教育领域的政策。

（2）规划、实施和管理教育计划。

（3）借鉴领先的国内和国际经验。

2. 计划实施方法

（1）除了设立指导该项目的委员会外，还计划在联合国教科文组织贝鲁特和开罗的办事处等机构的参与下进行规划。

（2）各级工作：国家—国家政府部门—各省政府。

（3）通过建立工作组来实施项目活动，重点关注产出过程。

（4）保证规划和评估项目活动的有效性和可持续性。

（5）与在扫盲和成人教育领域工作的国际机构建立伙伴关系。

四、扫盲计划实施的困难

（1）文盲不愿意参加扫盲班，因为其中大部分是贫困人口，并且是小时工。

（2）文盲使用多媒体困难。

（3）缺乏统计埃及文盲情况的数据库。

（4）识字教师能力差。

（5）所有部委、政府和私营部门都没有参与执行扫盲计划。

（6）扫盲计划的预算在减少。

（7）扫盲班辍学率约为 30％，这意味着浪费资源和时间。

五、扫盲计划面临的挑战和机遇

1. 文盲人数增加

2. 基础教育的高辍学率，加剧扫盲难度

3. 埃及的贫困状况

埃及的贫困人口增加到约 25％，研究证实了贫困与文盲之间的关系，大多数穷人都是文盲。贫困集中在上埃及，上埃及农村地区的贫困人口比例为 51.4％，上埃及城市的贫困人口比例为 29.5％，下埃及农村地区的贫困人口比例为 17％，而上埃及的贫困人口比例为 10.30％。

4. 男女之间的性别差距

女性文盲率为 29.30％，男性为 15.20％，女性文盲率约为男性文盲率的两倍。研究证实，女性被剥夺受教育权可能是因为当地人有不喜欢女性接受教育的习俗和观念，或者是因为上埃及和下埃及的乡村学校不足，从而导致有 80.40％ 的女性没有接受过教育。

5. 缺少有效机制

需要建立有透明度和信心的有效机制，与民间社会组织建立有效的伙伴关系，根据社会、文化、经济来设计、制订、实施、跟进和评估地方所有教育计划。

6.需要整合资源,迎接挑战

确保为所有人提供充足、公平和可持续的教育资源,确保提供免费和高质量的基础教育,以防止任何儿童因贫困而不能接受教育。

7 EFA 计划五

(到 2005 年消除中小学教育中的性别差异,到 2015 年实现教育中的性别平等,重点是确保女生充分平等地接受高质量的基础教育。)

消除教育中的性别差异有助于促进性别平等,这反映了目前教育不平等现象,包括影响人们行为动机的社会习俗和传统,以及男女在家庭和社会中的角色地位。教育中的性别平等包括受教育机会相同,男生和女生都享有接受教学、课程和学术指导和咨询的权利。为了让所有儿童免费接受高质量的义务基础教育,有必要普及基础教育。因此,只有当受教育率接近 100% 时,我们才需要关注如何减少小学和初中女性学生的复读率。

一、中小学教育性别差异现状

2015 年基础教育必须达到入学率 100%,然而目前中小学教育在入学机会上仍存在性别差异,由于地理位置与社会经济地位的共同影响,农村地区比城市地区的性别差异更大,但是城市地区内部,特别是非正规住宅区和贫民窟的性别差异也很明显。

表 2-41　　　　　　　　2001—2013 年学前教育入学率的性别差异

类　别		2001/2002 学年		2006/2007 学年		2012/2013 学年	
		男	女	男	女	男	女
公立	数量	120 842	106 755	215 671	191 738	377 718	348 117
	(%)	53.10	46.90	52.90	47.10	52.00	48.00
私人	数量	96 344	89 784	89 500	82 980	127 644	118 599
	(%)	51.80	48.20	52.00	48.00	51.80	48.20
城市	数量	160 355	150 768	190 810	176 703	288 071	269 417
	(%)	52.00	48.00	52.00	48.00	51.70	48.30
乡村	数量	53 635	45 771	114 361	98 015	217 291	197 299
	(%)	54.00	46.00	53.80	46.20	52.40	47.60
总计	数量	434 372	393 078	610 342	549 436	1 010 724	933 432
	(%)	52.50	47.50	52.60	47.40	52.00	48.00
绝对差距		41 294		60 906		77 292	
相对差距(%)		5.00		5.20		4.00	
性别平等指数		0.90		0.90		0.90	

表 2-41 数据显示,相对于男性来说,2001/2002 学年女性性别相对差距为 5.00%,性别平等指数为 0.90。2012/2013 年度女性性别相对差距降至 4.00%,性别平等指数

为0.90。这表明埃及家庭女性不愿接受学前教育。

关于初等教育,表 2-42 列出了学生人数的变化情况。

表 2-42　　　　　2001—2013 年初等教育入学率的性别差异

类　别		2001/2002 学年		2006/2007 学年		2012/2013 学年	
		男	女	男	女	男	女
公立	数量	3 462 815	3 107 565	4 220 778	3 939 458	4 633 439	4 325 904
	(%)	52.70	47.30	51.70	48.30	51.70	48.30
私人	数量	295 576	275 347	374 216	348 345	454 174	418 999
	(%)	51.80	48.20	51.70	48.30	51.70	48.30
城市	数量	1 463 478	1 361 496	1 854 764	176 127	2 246 724	2 105 700
	(%)	51.80	48.20	51.80	48.20	52.00	48.00
乡村	数量	2 294 913	2 021 416	2 740 230	2 541 676	2 840 889	2 639 203
	(%)	53.20	46.80	51.90	48.10	51.80	48.20
总计	数量	7 516 782	6 765 824	4 594 994	4 287 803	10 175 226	9 489 806
	(%)	52.60	47.40	51.70	48.30	51.70	48.30
绝对差距		750 958		307 191		685 420	
相对差距(%)		5.20		3.40		3.40	
性别平等指数		0.90		0.93		0.93	

表 2-42 数据显示,相对于男性来说,2001/2002 学年性别相对差距大小为 5.20%,2006/2007 学年性别相对差距为 3.40%,性别平等指数为 0.93,直到 2012/2013 学年持有相同值。这反映出入学机会上男女性别的不平等,特别是家庭贫困者更喜欢男性,认为针对男性的教育更为重要。

表 2-43　　　　　社区教育入学率的性别差异

类　别		2006/2007 年		2012/2013 年	
		男	女	男	女
公立	数量	4 864	74 396	17 312	82 974
	(%)	6.10	93.30	17.30	82.70
私人	数量	—	—	—	—
	(%)	—	—	—	—
城市	数量	153	1 116	4 790	10 902
	(%)	12	88	30.50	69.50
乡村	数量	4 711	73 280	12 522	72 072
	(%)	6	94	14.80	85.20
总计	数量	9 728	148 792	34 624	165 948
	(%)	6.10	93.9	17.30	82.70
绝对差距		−13 9064		−131 324	
相对差距(%)		−87.80		−65.40	
性别平等指数		15.30		4.80	

表 2-43 数据显示,相对于男性来说,2006/2007 学年,女性的相对差距为 −87.80%,性别平等指数为 15.30,表明女性入学机会相对较多。2012/2013 学年女性的相对差距为 −65.40%,性别平等指数为 4.80,表明相对男性来说女性入学机会相对较多。这是因为社区教育学校是专门为女性建立的,以防在偏远地区没有教育服务。社区教育学校也可以接收男性学员,但是必须征得女性学员家长的同意。

表 2-44   预科教育入学率的性别差异

类 别		2001/2002 年		2006/2007 年		2012/2013 年	
		男	女	男	女	男	女
公立	数量	2 216 837	1 985 551	1 419 694	1 320 895	2 018 524	1 984 612
	(%)	52.80	47.20	51.80	48.20	50.40	49.60
私人	数量	101 406	89 417	73 634	63 819	149 512	127 261
	(%)	53.10	46.90	53.60	46.40	54	46
城市	数量	1 010 716	943 185	636 909	586 167	1 028 721	971 921
	(%)	51.70	48.30	52.10	47.90	51.40	48.60
乡村	数量	1 306 527	1 131 783	856 419	798 547	1 139 315	1 139 952
	(%)	53.60	46.40	51.70	48.30	49.99	50.01
总计	数量	4 635 486	4 149 936	1 493 328	1 384 714	4 336 072	4 223 746
	(%)	52.80	47.20	51.90	48.10	50.70	49.30
绝对差距		485 550		108 614		112 326	
相对差距(%)		5.60		3.80		1.40	
性别平等指数		0.90		0.93		0.97	

表 2-44 数据显示,2001/2002 学年性别相对差距为 5.60%,2006/2007 年性别相对差距为 3.80%,性别平等指数为 0.93。2012/2013 年性别相对差距为 1.40%,性别平等指数为 0.97,虽然没有实现性别平等但已经有所改善,而差距缩小是因为建立了单教室学校,提升了女性学生的入学机会。

表 2-45   普通中等教育入学率的性别差异

类 别		2001/2002 学年		2006/2007 学年		2012/2013 学年	
		男	女	男	女	男	女
公立	数量	516 647	541 287	514 388	567 596	55 867 345	671 552
	(%)	48.80	51.20	47.50	52.50	45.40	54.60
私人	数量	55 916	49 029	47 101	44 726	84 442	75 595
	(%)	53.30	46.70	51.30	48.70	52.80	47.20
城市	数量	428 398	452 485	395 046	439 618	172 924	204 460
	(%)	48.60	51.40	47.30	52.70	45.80	54.20
乡村	数量	144 165	137 831	166 443	172 704	470 191	542 687
	(%)	51.10	48.90	49	51	46.40	53.60
总计	数量	1 145 126	1 180 632	561 489	612 322	1 286 230	1 494 294
	(%)	49.20	50.80	47.80	52.20	46.30	53.70
绝对差距		−35 506		−50 833		−208 064	
相对差距(%)		−1.60		−4.40		−7.40	
性别平等指数		1.3		1.9		1.16	

表 2-45 数据显示，性别相对差距为－1.6％，性别平等指数为 1.3，2006/2007 学年女性的性别相对差距增加到－4.4％，性别平等指数为 1.9。2012/2013 学年性别相对差距为－7.4％，性别平等指数为 1.16。这是因为男性要在经济上支持家庭，进入劳动力市场，所以中学入学的男生数量少于女生，导致性别差距扩大。

表 2-46　　　　　　　　　工业技术教育入学率的性别差异

类　别		2001/2002 学年		2006/2007 学年		2012/2013 学年	
		男	女	男	女	男	女
公立	数量	611 900	318 259	557 296	350 302	548 371	304 740
	（％）	65.80	34.20	61.40	38.60	64.30	35.70
私人	数量	1 734	1 982	1 460	1 325	1 730	1 285
	（％）	46.70	53.30	52.40	47.60	57.40	42.60
城市	数量	537 626	273 791	470 067	282 204	452 457	242 631
	（％）	66.30	33.70	62.50	37.50	65.10	34.90
乡村	数量	76 008	46 450	88 689	69 423	97 644	63 394
	（％）	62	38	56.10	43.90	60.60	39.40
总计	数量	1 227 268	640 482	558 756	351 627	1 100 202	612 050
	（％）	65.70	34.30	61.40	38.60	64.30	35.70
绝对差距		586 786		207 129		488 152	
相对差距（％）		31.40		22.80		28.60	
性别平等指数		0.52		0.63		0.56	

表 2-46 数据显示，2001/2002 学年性别相对差距为 31.40％，2006/2007 学年降到 22.80％，在 2012/2013 学年回升到 28.60％，2001/2002 学年性别平等指数 0.52，2006/2007 学年性别平等指数为 0.63，2012/2013 年性别平等指数 0.56。这是因为女性和她们的家人认为工业技术教育只适合男性，女性也不愿意学习工业技术，所以在这一教育领域不能实现性别平等。

表 2-47　　　　　　　　　农业技术教育入学率的性别差异

类　别		2001/2002 学年		2006/2007 学年		2012/2013 学年	
		男	女	男	女	男	女
公立	数量	178 971	46 340	140 527	44 972	145 779	33 234
	（％）	79.4	20.6	75.8	24.2	81.4	18.6
私人	数量	—	—	—	—	—	—
	（％）	—	—	—	—	—	—
城市	数量	139 059	40 325	105 781	37 579	111 377	26 223
	（％）	77.5	22.5	73.8	26.2	80.9	19.1
乡村	数量	39 912	6 015	34 746	7 393	34 402	7 011
	（％）	86.9	13.1	82.5	17.5	83.1	16.9
总计	数量	357 942	92 680	140 527	44 972	291 558	66 468
	（％）	79.4	20.6	75.8	24.2	81.4	18.6
绝对差距		265 262		95 555		225 090	
相对差距（％）		58.8		51.6		62.8	
性别平等指数		0.26		0.32		0.23	

表 2-47 数据显示，三年内性别相对差距在不断波动变化，性别平等指数也在不断

波动变化,在 2001/2002、2006/2007、2012/2013 学年,性别差距很大。这是因为公众认为女性对农业技术教育认识不足或者在选择后难以毕业和就业,所以导致女童入学率低,也就扩大了农业技术教育的性别差距。

表 2-48　　　　　　　　　　　商业技术教育入学率的性别差异

类　别		2001/2002 学年		2006/2007 学年		2012/2013 学年	
		男	女	男	女	男	女
公立	数量	312 796	560 424	189 346	394 887	190 682	346 743
	(%)	35.80	64.20	32.40	67.60	35.50	64.50
私人	数量	51 496	65 506	46 553	66 941	64 945	39 350
	(%)	44.00	56.00	41.00	59.00	56.80	43.20
城市	数量	233 748	418 309	151 332	347 211	174 634	298 901
	(%)	35.80	64.20	30.40	69.60	36.90	63.10
乡村	数量	130 544	167 776	84 567	114 617	80 993	97 192
	(%)	43.80	56.20	42.50	57.50	45.50	54.50
总计	数量	728 584	1 212 015	235 899	461 828	511 254	792 186
	(%)	37.50	62.50	33.80	66.20	39.20	60.80
绝对差距		−483 431		−225 929		−280 932	
相对差距(%)		−25		−32.40		−21.60	
性别平等指数		1.66		1.95		1.54	

表 2-48 数据显示,性别相对差距从 2001/2002 学年持续增大到 2006/2007 学年,然后在 2012/2013 学年略有减小。这是因为商业教育主要是理论,容易吸引女生,如秘书和行政服务、贸易服务、法律事务等,所以呈现较大的性别差异。

为了缩小男女之间的教育差距,消除性别歧视,相关部门采取了以下行动:为两种性别提供平等的教育机会,重点是女性;减少女生接受基础教育的障碍,扩大利于女性入学的单间教室学校和社区学校;重点关注农村地区和贫民窟的女性教育以及贫困弱势群体;通过提供经济奖励和社交媒体宣传,鼓励女生及其家人参加各种教育;在教育部和民间社会机构之间搭建桥梁,以缩小受教育机会上的性别差距;该部与区域国际组织之间建立了强有力的伙伴关系,使女性获得优质免费的教育。

1. 单间教室学校

根据 1993 年第 355 号法令,为了减少受教育机会上的性别差距,国家建立了单间教室学校,历年单间教室学校、班级和学生的数量变化见表 2-49。

据表 2-49 数据显示,单间教室学校增加了女生的受教育机会,1992/1993 学年学校有 7 684 名女性学生成功实现目标,2000/2001 学年女性学生数量增加到 54 022 人,2006/2007 学年继续增加,女性学生数量达到 65 007 人,2012/2013 学年女性学生数量达到 82 974 人。

2. 社区学校

社区学校旨在为社区中的贫困人口提供教育,包括辍学或从不上学的学生。学校对入学年龄没有限制,具有灵活性。1996年国家创建4所社区学校,2007/2008学年社区学校达到497所,学生数量达到9 247人。

表 2-49　　　　　　　　　单间教室学校、班级和学生的数量变化

学年	学校数量	班级数量	男	女	合　计
1992/1993	253	603	10 888	7 684	18 572
	—	—	58.6%	41.4%	100.0%
2000/2001	2 612	2 612	1 804	54 022	55 826
	—	—	3.2%	96.8%	100.0%
2006/2007	3 184	3 184	3 446	65 007	68 453
	—	—	5.0%	95.0%	100.0%
2012/2013	4 614	4 614	17 312	82 974	100 286
	—	—	17.3%	82.7%	100.0%

3. 女子友好学校

建立女子友好学校的目的是关爱女性,帮助她们提高表达能力,树立积极的价值观。2004年大部分女子学校已经开始招生,2006/2007学年已有386所女子学校,学生数量达到10 807人。

4. 小型学校

在教育部门与非政府组织、国际组织和社区的合作框架内,由对小型学校感兴趣的人组成社区教育委员会,在教育服务和社区参与的贫困领域提供教育机会。当地社区、民间团体和企业共同参与教育。这一举措有助于缩小男女之间和贫富地区之间的教育差距。委员会同意设立四所以上学校,学校可以容纳不同年龄和不同教育水平的女学生,包括退学或从没接受教育的女生。

（1）地理位置

小型学校可建立在已有学校建筑的附近。由该地区的非政府组织或社区提供社区学校和小型学校,积极鼓励学生父母送子女上学。

（2）入学系统

接收8～14岁的学生,但在偏远地区有小学的地方可以包括6岁以下的学生。

接受男女学生,但在教育服务未达到或未经父母同意的地区,决定只接收女生。

入学系统也为学生退学服务,提供适合不同年级水平的学习内容。

（3）作息表

作息表主要用来安排学生的学习和学校宿舍活动的时间。

（4）课程

课程包括阅读、写作、算术、宗教等内容,能够与初级课程以及生产性项目相结合。这些生产性项目能够为女生进入劳动力市场做好准备,为她们提供未来所需的生活技能。国家优先在村庄和服务场所建立小型学校。

5. 针对困难儿童的儿童友好学校计划

儿童友好学校计划是在教育部与联合国教科文组织和世界粮食组织及民间社会

机构共同协商完成的,计划针对的主要对象是辍学务工的儿童以及流离失所的儿童。

（1）计划目标

①使失学儿童重新接受教育。

②提高弱势儿童入学率。

③满足困难儿童的基本教育需求。

④选择灵活的教育模式,为辍学学生提供正式教育。

⑤使儿童融入家庭和社区。

（2）教育部门吸引学生入学的优惠措施

①承诺免费学习。

②提供综合健康保险。

③组织全国范围的参观学习和夏令营活动。

④根据毕业性的年龄分布,适当提高入学年龄限制。

⑤增加女生的受教育机会,并将初中入学年龄限制提高到 20 岁,高中到 22 岁。

⑥减少女童入学的限制因素。

（3）存在以下限制因素影响女童入学或继续教育

①家庭限制

家庭收入水平低。

众多教育适龄女性没有入学而从事手工工作。

女性家庭分工的偏见。

家庭缺乏对女性接受教育的经济支持。

女性的社会地位低,受社会歧视。

女性超生现象严重。

女性早婚现象严重。

缺乏对社会健康和疾病的认识。

家庭的不文明行为。

家长忌讳女儿过早与男生进行接触。

家庭对女性教育缺乏认识。

禁止女性接受教育的习俗和传统。

贫困家庭优先为男性提供教育。

个别父母不愿意女性接受教育。

上学的距离限制。

②教育限制

女性普遍缺少教育背景。

学校设立的各项活动不便于女性参加。

教师教学水平低。

父母不愿意女儿在晚上接受教育。

因交通不便,父母为女生住宿感到担忧。

学校未能对女性提供合适的教育。

农村地区教育基础薄弱。

对教育过程和结果评价的手段不够科学。

缺乏入学奖励或退学惩罚。

没有激活各方对教育的监管作用。

班级规模过大。

教育方法存在不足。

学校学习与日常生活需求之间联系不紧密。

社区与学校联系薄弱,缺乏合作交流。

③社区限制

农村和偏远地区缺乏教育女性的活动。

家庭文化水平低。

男性和女性之间存在教育差异。

毕业后失业和缺乏就业机会的现状。

二、挑战

尽管教育部门为实现各教育阶段的性别平等不断努力,但仍然存在一些阻碍国家目标实现的挑战:

①基础教育中女性的比例过大。

②贫民窟居住人数少,距离学校远。

③贫困现象依然严重,家庭的收入水平普遍较低,特别是对于身处农村和偏远地区的家庭而言,教育的直接和间接成本过高,很难让所有女性接受教育。基础教育支出与现有财政资源不匹配,基础教育支出要求与现有财政资源和教育要求不相符,偏远和边缘化群体的支出和财务成本预算不合理。

④教育的适龄人口规模增长过快。

⑤教师经常外出打工增加收入。

⑥教学时间短,没有全日制学校,学校两班制影响学业成绩和素质教育。

⑦女性辍学率增加,特别是在基础教育方面,导致文盲率上升。

⑧女性基础教育的净入学率提升较慢。

⑨平均受教育年限短影响教育质量。

⑩小学教育质量差,导致学生的综合素质,如思考和解决问题的能力、生存能力、交际能力等较差。

⑪针对女性接受教育的相关法律、法规不够完善。

⑫教育和信息部门之间缺乏协调。

⑬女子学校的教育环境差,与社会中的职业需求缺乏联系。

⑭针对生存健康、营养保健和家庭安全的引导落后。

⑮成人文盲率高，家长不支持女性学习或者对女性的学习情况不闻不问，家庭不允许女性接受教育，或父母无法跟进女儿学习。

8 EFA 计划六

（提高各个方面的教育质量，特别是关于识字、计算和基本生活技能方面的教育质量，确保卓越和显著的教育成果。）

埃及公众对教育领域的关注焦点已经从数量转变为质量。国家正在为改善和发展教育不懈努力，但是埃及在提高教育质量方面仍面临巨大的挑战。教育质量包括教师表现、学校行政改革、课程和教学方法的质量。学位学业成绩、学生行为、教师工作满意度、职业发展水平是影响教育成果的重要因素。出于对教育质量的重视，埃及已经从《2013 年全球竞争力排名》中的最后一位升至《全球创新能力排名》中的第 73 位（共计 142 个国家参评）。

埃及非常重视从法律上保障教育质量。2014 年埃及《宪法》第十九条指出，教育是每个公民的基本权利。根据国际质量标准，教育支出占国内生产总值的比例应不低于 4％。国家颁布了一系列法令，落实国家教育质量认证机构对学校的质量检测，提高教师素质，进行课程开发，提高学校活动和评估方法的质量，提高有特殊需要学生的教育质量。教育质量是指教育过程中学习者形成的知识、技能和能力。国家主管部门通过法律确定了教育质量的概念，以确保教育认证的质量。

埃及重视课程、机构、学生、教师以及和教育相关的所有活动。埃及教育机构的认证与教育质量有关，国家主管部门如果想证明某机构具有办学能力，需根据委员会公布的标准验证教育效果，确保其具有先进的系统，以保证该机构的教育质量。大学预科教育机构主要在两个领域具有质量保证和认证标准，即机构能力和教育效果。每个基本标准指标作为处理标准已下发文件到各教育阶段的教育机构。

国家要求准确衡量阅读、写作和生活技能的学习成果。埃及参加了阅读、数学和科学国际考试，编写了全国的阅读和数学测试，并将其应用于第三小学和第二小学的学生，以实现对教育过程中输出的准确测量，并根据出现的错误改进评估方法。

一、为实现高质量教育而制定的教育政策

教育部门通过以下几个方面实现全面质量的战略目标。

（一）以学校为中心的课程改革和教育认证

只有当学校成为一个理想的环境，有能力适应不断变化的环境，并拥有灵活性和自主性，实施自我改革方案，质量保证才会实现，因此教育部在以下几个方面采取了行动：

1. 课程改革以学校为中心，为教育认证做准备

2008—2011 年埃及重新起草修订了国家教育标准，明确进行教育活动的基本要素：学校、教师、管理、社区参与、课程和学习成果。

2.设立国家质量保证和教育认证局

总统颁布了 2006 年第 82 号法令,设立国家质量保证和教育认证局。它是一个总统直属单位,也是埃及国家教育改革计划的主要责任机构,负责在教育机构和社会中传播优质文化,制定与国际同步的国家标准。通过教育机构的改革,提高教育质量,获取公众信任,提高教育的国际竞争力,努力实现埃及的可持续发展。

鉴于此,委员会强调以公开性、客观性和公正性的原则来确保质量,不断发展教育,调整教育机构和改善总体业绩。质量保证和教育认证局不直接参与监管,而是按照国家标准为教育机构提供认证和指导建议,以通过教育机构的自我评估和认证机制来提升教育质量。为实现这一目标,质量保证和教育认证局对学校进行了多次认证,以保证质量水平,如图 2-2。

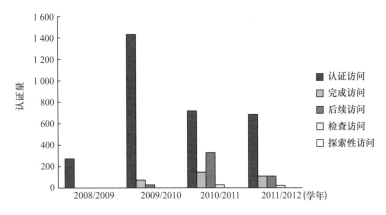

图 2-2　2008—2012 年质量保证和教育认证局对学校进行的认证数量

2013 年,经认证的学校数量为 2 912 所,而 1124 所学校未达到认证要求。根据申请认证的学校数量比例,新谷地区的学校数量所占比例最高,达到学校总数 26％,而迈尔泰马特鲁省学校数量所占比例为 2.90％。

3.发展学校的项目和计划

教育部门正在实施若干项目和方案,依据国家教育标准发展各类学校以增加入学率。

(1)教育改进计划

该计划始于 1997 年,持续到 2006 年,重点是培训基础教育学校的校长和管理人员以及具备现代教学技能的教师。基础教育学校通过与高等院校合作培养新教师,提供设备,改善教育能力。该计划由教育部门、世界银行和欧盟资助,并由该单位负责规划和后续工作。

(2)积极互动的学习项目

这些学习项目目前已在联合国儿童基金会的 90 所学校中运作,主要用来激活自我管理,以及培训该领域的顶级培训师。

（3）100 所学校的新学校项目

2004/2005 学年该项目在法尤姆、明亚、贝尼苏夫三个省开始实行，后来亚历山大省加入，根据国家教育标准制订学校发展计划。

（4）校本改革项目

该项目在 300 所学校开展，包括 150 所小学和 150 所中学。教育部门与世界银行和欧盟合作，已有 10 个省实施了这个项目。该项目从学校的愿景、使命和社会氛围以及教学方法和学习环境等方面实施了有效的改革。该项目能够将学校管理转变为教师和家长的分散管理，以便根据埃及的国家教育标准将所有基础教育学校转变为有效的学校。

（5）教育改革计划

该计划由教育部门实施，由美国国际开发署资助，目前已在 30 所中小学开展。该计划建立了体制系统，根据国家教育标准改革和可持续发展的考虑，完成计划的设定、实施、评估，以改善学校的教育资源配置。

（6）技术改进教育绩效项目

该计划旨在通过学校有效利用技术来提高教学质量和学校管理水平。美国国际开发署与埃及教育部门、通信和信息技术部门、私营部门以及七个省的社会部分成员紧密合作，通过技术提高教育绩效技能。在学校教育活动中，发展技术改善学生的学习成果使社区受益。该项目持续时间是从 2007 年 9 月到 2011 年 9 月，目标是有效利用技术改善教学质量。

项目主题：

①培训教师提高利用技术改善教育绩效技能，采用积极的教学方法和技术，提高认知能力，提高教学质量。

②教育部门、学校和社区密切合作，在教育过程中培养技术管理干部。

③使用教育部门支持的估值模型对项目结果进行后续评估。

（7）扫盲项目

该项目是针对 1 年级学生的预备性课程，有助于提高 1 年级学生的阅读和写作技能。该项目于 2008 年 6 月开始，根据学生学习结果显示，有 35％以上的学生不知道如何读写。

（8）维护学校的奖励基金 SMAF

这是教育部门与德国重建银行认证的另一种促进学校管理权力下放的机制。该基金与学校董事会合作，奖励在维护和清洁领域做出杰出贡献的小型学校。目标学校是九个省的政府小学。该基金项目从 2013/2014 学年开始，每年有 800 所学校受益，三学年共有 2 400 所学校受益。该基金已经确定了学校赢得奖励基金的竞争标准，每所学校平均约为 7 500 英镑，学校有权根据自己的需要支配奖金。

4.建立支持系统以确保教育认证质量

（1）在政府部门建立政策战略规划，为教育发展提出政策战略计划，为各省提供技术支持。

（2）在每个教育理事会层面建立质量认证部门。

（3）支持学校内部培训。作为学校内的机构单位，负责管理自我评估，并为学校成员制订专业可持续发展的运作计划。

（4）为学校管理层和董事会层面的培训单位建立专业发展系统，提升机构能力。

（5）在公共协调层面，与国际组织合作，设立非政府组织部，建立更多社区学校。

（6）与国际组织合作，在埃及一些省份实施促进学校健康环境的计划。

5. 提升教育质量

美国国际开发署为埃及学校编写了一份工作指导意见，以便根据国家教育标准提升教育质量。由学校资助的卓越奖学金计划选择了25％至30％的小学，并为教师和其他利益相关者提供必要的培训，以制订改进优质教育计划。

6. 权力下放以改善教育服务

建立公共行政部门以支持权力下放。鉴于埃及政府支持在实现高质量教育方面实行权力下放，根据2012年7月的第286号决议，教育部门设立了支持权力下放的单位，该单位在结构上演变为支持权力下放的公共行政部门，以鼓励所有的教育理事会、部门和学校能够提高工作效率。在教育部门内部建立监测和评估系统，以便建立一个能够在权力下放的背景下进行评估和后续工作的综合结构，促进各级之间协调。

（二）教师专业发展

教育过程的质量首先取决于教师，教师成为学生自我学习的驱动力。埃及教育部门通过战略调整增加对教师专业培训的财政支持，具体规定如下。

1. 教师职称的申请与划分

教育部门于2007年发布了关于教师任职的第155号决议和第2 840号决议。表2-50列举了教师职称的六个职称及津贴的发放比例。

表 2-50　　　　　　　　　　教师职称划分及津贴的发放比例

教师职称	聘期	津贴发放比例（以一级教师为标准）
特级教师	终身制	150％
专家教师	5 年	125％
一级教师	5 年	100％
准一级教师	5 年	75％
二级教师	5 年	50％
助理教师	3 年	无津贴

教师需要参加相关专业培训和测试，达到成绩要求的教师将会获得经过认证的执教资格，其职称的认定基于对其教育能力和绩效的考量。在教师资格认证的过程中，需要开设全校范围的公开课，教授理事会等相关机构需要考察教师的教学能力以及这些教师是否在教学过程中加入了最新的专业知识，这将有助于提高教育质量。

2. 改善教师的物质条件

教育部门已经采取了几个重要措施来改善教师的物质条件。例如，2007年1月开始实施新的《教师法》,其中第七十条、第八十九条规定:具有教育专业背景的人可以被聘为教师,增加教师的保险金和津贴,其中保险金与国家行政部门工作人员一致,津贴不低于基本工资的50%。具体而言,教师可领取的津贴为基本工资的50%～150%。具体的发放比例根据其职称而定。

对拥有博士学位、硕士学位或同等学力的教师给予单独的经济奖励。例如,对拥有博士学位或同等学力的教师每月发放200埃及镑;对拥有硕士学位或同等学力的教师每月发放100埃及镑。

2007年第155号决定的第八十五条和第八十六条对上述条款进行补充,规定了教师的职称评选制度、工作职责、加班制度、工资制度等。

2014年1月颁布了第57号法令,规定对教师的职务做出补贴,帮助改善教师的经济条件,减小教师的负担,以配合整个教育工作。表2-51为各职称教师的职务补贴。

表 2-51　　　　　　　　　各职称教师的职务补贴

教师职称	补贴金额(埃及镑)
特级教师	300
专家教师	325
一级教师	350
准一级教师	375
二级教师	400
助理教师	425

3. 教师培训

教育部门新聘任的教师还不是成熟的教育工作者,非常需要关注埃及学校的教师培训,因为很多小学教师是中等学历,还有一些非专业教师教授英语。因此,教师需要持续的教育培训。

对于2007/2008—2011/2012学年的教育战略计划,教育部门着重关注教师专业发展,因为这一阶段的教师具有多样性和差异性。在2007/2008—2011/2012学年战略计划的早期阶段,预备教师没有获得适当数量的培训计划,虽然2008年开始实施了相关培训计划,但是接受培训的教师数量仍然有限。据统计,2009年接受过培训的教师数量只有所有教师数量的7%。原因之一是教育领导层不相信培训的重要性,教师培训的财政拨款不足,每一个教师部门每年只有5个接受培训的机会。

4. 教师的国际交流

自1992年起,教育部门开始派遣教师到美国、英国、法国等国家,熟悉其教育系统,接受关于运用现代教学方法和先进技术的培训,提高自身的学科专业水平。由于1月25日的革命,教育部门提名前往参加2010/2011学年的会议教师特派团被迫停止。2012/2013学年前往印度、日本、美国进行海外培训的三个小组教师已经返回,2015年派出的教师人数为34人,均为中学教师。

教育部门每年实施一项内部任务计划为特殊教育教师做准备,以便利用现有的内部机会与主管部门以及其他各方合作。2012/2013学年，8所中学的教师被派送到特殊文凭人口发展中心，教育部门为人口学硕士学生提供助学金。

教育部门的任务目标是在机构内组织研讨会，返回后的教师将获得的经验分享给同事，借鉴国际经验，针对国外最新的趋势制订计划，例如：软件技术教育、教学方法、管理中的先进经验；职业指导以及其他旨在提升教师职业能力的计划，从而有助于提升教育质量。

5. 关注技术培训

技术培训已完成以下内容：培训使用计算机和网络的工作人员；为各教育阶段培训教师和科学导师；培训管理人员和学校校长使用现代应用程序注册管理；开展电子设备学习和电子政务培训；共有279 079名教师参与到了计算机技术培训的相关计划；利用假期培训项目为14 408名学员进行了相关计算机培训；为教师增设ICT技术使用和管理课程；培训教师使用小组讨论而非硬性记忆的方法促进学生的合作研究效果。

6. 教师发展职业学院

2008年教师发展职业学院成立，根据国家教育标准向教师提供所需的培训课程，并为每位教师提供成绩档案，包括资历和经验、职业历史以及应该完成的课程。教师专业水平的高低反映在学生整体表现上。该学院对教师进行测试，包括教学水平测试、阿拉伯语测试和专业化测试。2013年，教师培训中心被纳入教育部门新机构教师职业发展学院旗下。

(三)课程和教学方法的发展

2000年埃及教育课程被视为传统课程，因为它无法跟上当地和全球的变化，不符合学生的需要，不能反映现实，没有考虑到科学进步和社会政治变革。因此，教育部从2003年开始实施一项综合教育计划，其主要内容之一是开发新的高质量课程，制订课程目标，并根据国家教育标准改革教科书的内容，在2004年采用了新的基础教育和中等教育课程。

2008年，相关部门进行了一项综合评估研究，以确定课程和新教科书在多大程度上实现了教育发展目标，结果显示了课程中的一些优点和缺点。知识和信息元素仍然在教育过程中占主导地位，但是教学过程中缺少肢体语言等互动方式。由于知识来源有限，尽管有图书馆和互联网，但是教科书和教师仍然是学生知识的主要来源。

1. 基础教育阶段

当今的全球化发展趋势影响下，2003/2004学年学校开始教授英语。

2. 重建初等教育前三年的课程

2006/2007学年开始实施一项有关家庭教育的发展计划，包括4个科目，即阿拉伯语语言、外语、数学和宗教教育，课程分为两个学期，减轻了这个年龄段学生的负担。为教师制订明确的活动指南，以帮助教师提前为每个科目的家庭学习设定好计划。

3. 2008—2011年基础教育课程内容

2008/2009学年小学4年级开设了阿拉伯语、数学和科学研究课程；2009/2010学年小学 5 年级开设了阿拉伯语、数学和科学研究课程;2010/2011 学年小学 4 年级开设了阿拉伯语、数学和科学研究课程。

4. 激发学生主动学习的能力

要关注教师与学生的互动,关注学生在各种学习活动中的表现。允许学生有更多时间参加感兴趣的学习活动并适当减少科目学习的数量。教师在教授书本知识的同时也要准备各种相关活动,使学生积极与教师沟通。

5. 继续发展大学前教育课程

2007 年教育部门制定了埃及教育标准,同时对各级教育标准进行修订,国家教育质量认证局颁发了 NQAAA 标准文件。为了实现 2007/2008—2011/2012 学年的战略计划目标,2009—2011 年的三年大学前教育进行了阿拉伯语、科学研究、数学、社会研究的课程开发。以前的课程设计过于关注记忆型知识的灌输,新的课程设计要关注到学生的心理变化,培养学生的创造力和批判性思维。

(四)支持学校使用先进教学技术

教育部门制订了一项支持学校使用先进教学技术的综合计划,将技术手段融入教育过程和管理过程,如通过互联网进行远程教育。学校的技术发展通过以下方式完成。

1. 增设实验室

增设实验室的目的是培养学生的科学意识和兴趣,每一所小学都应当配备实验室。

2. 多媒体教室

使用计算机完成学习内容是教育发展的新趋势,因此要增设多媒体教室,这些教室应配备电脑、投影仪、电视机、录像机、卫星信号接收器等设备。

3. 技术整合

技术作为主要组成部分,可以促进学生批判性和创造性地思考,解决问题,收集信息,分析解释并做出适当决策的能力。

4. 配备信息技术基础设施

(1)配备互联网,并应用教育部门提供的互联网服务。

(2)增加设备的联网范围,以便学校与教育部门及时进行信息交换。

(3)使用 ADSL、宽带等多种网络途径,方便学校使用互联网和局域网。

5. 互联网服务

包括网络学习、电子邮件、互联网服务、视频直播。

6. 制作高级教育软件

制作 305 节课程以及 160 部视频电影(纪录片)、110 部动画电影、60 部录音带的教育资料、45 节互联网课程。

教育部门技术开发中心生产软件,也鼓励私营部门生产。通过教育激光光盘、视频、网络教育网站、录音带和动画电影等形式发布。

7. 国家远程培训网络

国家远程培训网络通过以下方式开发和更新:

（1）国家远程培训网络的设备更新。

（2）使用广播，包括学校教室的广播。

（3）使用交互式远程学习来测试视频会议大厅培训课程中的人员，评估他们与教师的互动。

8. 电子学习服务计划

电子学习服务计划旨在提供优质的学习环境，建立学生自学的机制以及自我评估和相互评估的体制；为学生提供与同龄人和教师进行教育对话的机会；为学生提供基本的电子技术服务。

完善电子学习服务，让教师和管理者掌握LMS、电子邮件和视频直播等技术的使用用方法，并对其使用的结果进行评估。

电子学习服务应提供的数据包括7700所小学的基本信息、27门基础教育课程、相关丰富的教育材料、虚拟教室、电子学习系统等。

9. 支持学校技术的试点项目

（1）学校宽带项目

教育部门与通信和信息技术部门合作，旨在将社会所有部门民用的高速互联网宽带接入，将计算机技术引入学校教学。

（2）提升学校竞争力项目

提高学生使用信息技术的能力并达到国际平均水平，将教师培训融入课程中以改进教学方法。

（3）智能学校项目

该项目与通信信息技术部门以及开发计划署合作，分为两个阶段：第一阶段与基础教育有关，从2002/2003学年开始，为期5年。第二阶段涉及中等教育，该项目的目标是在全球学校范围内引入信息和通信技术，创新知识和教育研究途径，实现教育范式转变；发展师生能力；将学校转变为生产单位和社区教育中心；鼓励社区积极参与；将家庭与学校和社区联系起来。

教育部门于2014年决定制订智能学校计划，旨在提高埃及政府教育的总体水平，并通过计算机技术提供更好的教育。使用智能教室，免费为所有学生提供无线网络，每个人都可以在互联网上实时访问，这也是智能学校最重要的一个元素。学校将计算机技术应用到各个方面，如教育系统，包括电子课程系统和学生的电子测试，以及课程多媒体等。该系统还包括学生事务的行政管理、人力资源管理、图书馆管理系统和出勤、成绩统计、财务管理和账户、学校的时间表以及学校网站的相关信息。

（4）欧盟项目

该项目的战略目标是引入欧盟的教学方法，利用现代信息和通信技术，实现计算机学习。教育部门和欧盟实施的学校网络项目在小学和预科学校率先开展，使学生掌握计算机使用技能，目标是使学校中计算机的数量及其在教育过程中的使用效果达到发达国家的水平。项目计划为1150所学校配备信息设备和技术，促进学校和课堂有效地使用信息技术以提高教育水平;同时还可以利用信息技术提高学生参与学习的机会。

(5)英特尔未来教育计划

"未来教育"是英特尔教育创新计划的一部分,该计划旨在与世界各国的教育工作者合作,以提高数学、工程、科学和技术等学科的教学质量,让学生为未来做好准备,帮助他们培养在知识经济中取得成功所需的分析思维能力。培训计划时长为 80 小时,共包括 10 个模块。

教育部门与英特尔公司签署了一项联合合作协议,通过实施一年的方案以培训教师,并将使用计算机纳入课程,共计 7 500 名教师受益于该项计划。由于该计划在第一年取得成功,教师参与该计划的热情越来越高,教育部门和英特尔公司达成协议,将该计划的应用延长至 2010 年,共培训 65 000 教师。

(6)培训成果

截至 2004 年 11 月,英特尔未来教育计划中参与"英特尔教学"的学员达到了 322 653 名;截至 2009 年 1 月,教师和初级导师入门"计算机技能入门"课程的学员共计 38 132 人;截至 2009 年 11 月,共计 21 690 名学员在为学生和社区服务的项目中使用该技术;2010 年 1 月至 2015 年,英特尔计划受训人数达到 59 914 人。

10. 埃及教育倡议

2006 年 5 月举行的世界经济论坛发出了发展教育的倡议,该倡议的目的是通过使用信息和通信技术提高公共教育效率,使学生、教师和学校管理人员能够为以下阶段做准备:增加教育技术应用,使用电子技术学习;提高教师处理信息技术的能力,并将其用于学校教育;参与该倡议的有来自私营部门的 29 家举办地公司、通信信息技术部门、教育部门、英国文化协会、联合国计划开发署和一些国际公司,如电子商务授权认证机构思科、惠普、国际商业机器公司英特尔、微软等。

埃及教育倡议在基础设施方面的成果:向学校提供 39 000 台电脑。学校设立 6 000 个班级;900 所学校连接到高速宽带互联网;在电子内容方面,以阿拉伯语和英语为埃及课程启动第一个电子门户网站 SKOOOL;基于项目学习促进在课堂学习中使用技术,使学生掌握并使用技能。教师积极参与和了解科目内容,在学校周围环境中应用信息技术;在线培训系统提供培训时间和地点及问题的解决方案,以确保学校教育过程的连续性和规律性,同时增加学员时间准备。到目前为止,从该计划实施开始已接受培训教师总数超过 240 000 人次。

11. 商业创意项目

2003 年 12 月教育部门与通信信息技术部签署合作协议,商业创意项目在全国预科学校实施。该项目旨在通过安全的网站开发由学生和教师组成的特殊学习社区,提供各种电子保护手段,允许他们交换学校内外的信息,参与集体项目,以电子方式处理课程。

2003 年,教育部下属的 30 所预科学校开始实施,共有 1 789 所学校实施项目。甲骨文公司培训 15~20 名来自该学校的教师或专家;教育部门培训了 100 名教师和专家,创建了商业创意网站,使用该网站的教师数量达到 7 204 人,学生数量达到12 672 人。

12. 甲骨文学院项目

2004 年 4 月,教育部门签署了一项协议,以实施互联网学院的计划。通过在甲骨文公司学习,学生可以接触数据库设计、数据库应用程序开发以及 Java 编程等,这将大大提高这些学生未来的竞争优势。甲骨文学院共计 554 所,学生 140 000 人,其中 250 名教师于 2010 年接受了相关培训。

13. 校企合作项目

学校与甲骨文公司、惠普公司的合作旨在引入国际上先进的信息和通信技术;增加研究与教育的机会,激发学生的创新能力;普及健康意识,着力研究预防艾滋病、疟疾、结核等疾病及营养不良的治疗方法。

14. 远程卫生项目

教育部门与通信部门和世界卫生组织合作,旨在通过学校的远程网络学习,培养12～18 岁学生的健康意识;加强学校和家庭的沟通,建立对话机制。

15. 英国文化委员会项目

教育部门与英特尔公司合作,制定在教育领域的信息通信技术政策,通过国家的教育和人力资源培养新教师。

16. 思科学院培训中心

思科学院培训中心作为电子学习中心,接受地方管理,可以认为是一种地区学院。根据埃及教育倡议计划,在学校内学术技术发展中心设立地方学院。每个地方学院成立后,需按照思科公司的培训内容,采用基于远程教育技术的教学方法,在网站上进行相关学习和考试,这也将有助于提高学生和教师利用互联网的能力。该项目的目标是培养各级学生使用通信技术的能力。

17. 微软培训项目

2002 年 12 月,教育部门与微软公司签署了一项协议,旨在培训系统工程和应用开发专家;开展关于在教育软件的教学和制作中使用信息技术的最新方法的教师培训;为在信息技术领域接受培训的管理人员做准备。

项目取得较大培训成果。截至 2006 年 7 月,微软项目受训人员达 124 964 人。培训教师、代表、经理、校长、管理员等掌握基本的计算机技能,其中 1 806 名教师接受了培训,在教育过程中积极使用技术学习策略,将技术融入教育,接受技术课程培训;开展了 4 601 项针对校领导的培训,使其掌握领导技能。

除了学习 C 语言编程,还要培训学员设计网页程序;项目还专门设置了青年学员培训计划、技术专家培训计划,以便学员能在相关通信领域获得国际认证;项目还包含了为家长提供的培训计划,以培养家长使用计算机技术的意识。

教育部门计划在各省实施"平板电脑"项目,从 2013/2014 学年开始分阶段实施,并持续到 2015/2016 学年。

第一阶段开始于 6 个边境省,计划有 2 225 个班级和 35 000 名学生受益。

第二阶段在 3 个省启动,并在 2013/2014 学年结束,共有 483 所学校 2 876 个班级的 126 983 名学生受益。

第三阶段,2014/2015 学年的 6 个省,共有 1 272 所学校 9 514 个班级的 360 247 名学生受益。

第四阶段,截止到 2016 年,惠及 8 个省 925 所学校和 6 914 个班级的 254 509 名学生。

该项目将在三年内普及到每一个初中生,方便他们在学习的过程中使用平板电脑,从而节约了书本的印刷费用。据统计,以往每位学生 3 年所花费的印刷费用达到了 1 080 埃及镑。

(五)丰富各类教育活动

教育部门与文化部门签署了合作协议,利用文化宫为学生开展活动。

依据 2011 年第 313 号法令,艺术和体育活动是初等教育阶段必不可少的教育活动,此外还需要将学习计算机的使用纳入活动中。学生可以根据自身的学习兴趣,选择两项活动作为必修科目。

此外,教育部门也将一些校外的教育活动场所进行了合理利用,例如体育馆、俱乐部、剧院、文化宫、工厂、大学等,这也是考虑到当前基础教育机构缺少足够的空间和设备以支持各类教育实践活动。

2012 年相继颁布的三部法令,将体育活动纳入了中学的必修科目,并将中学的各类教育活动类型明确为艺术教育、音乐教育、社会实践、部队军训、戏剧表演、广播新闻、社区服务、环境保护、通信技术、创造发明、图书阅读和科学研究等形式。每个学期末要对学生自选的活动进行能力评估和测试,但不计入文化课的总成绩中。学校也会在每个学年结束时举办各个项目的比赛,对在各个活动中表现优异的学生给予奖励,学生在活动中完成的作品也将在展览厅中永久保存。

(六)学业评估

依照教育部门的要求,学生自基础教育阶段开始就要接受学业评估。

1. 综合教育评估

综合教育评估是一个衡量学习者个性的系统,可以评估优劣,以便培养符合社会需求、高效率、能够面对未来挑战的人才。设立该系统的目的是在基础教育的教育目标框架内,为基础教育建立一个复杂的校正系统。埃及综合教育评估系统采用国家教育标准校正检测实际活动。鉴于此,教育部门侧重于根据学生的学习方式发展多种技能。综合型人才的培养取决于对学生个性方面的综合评价。

(1)建立学生学习过程档案(占综合评价的 50%)

学生学习过程档案是指学校教师为每一位学生建立的一套关于每一学年学习行为的记录,主要包括写作水平、课堂活跃、作业质量、平日表现四个方面。

（2）学业水平测试（占综合评价的50％）

在试卷测试的过程中，教师、学生、家长都可能使测试结果偏离综合评价的初衷而造成成绩的失真。为此，教育部门于2011/2012学年重新建构了综合评价体系，并于2011年7月9日发布了相关法令。在调整过程中，教育部门加强了对从事基础教育教学和管理的教师和主管的培训，明确了综合评价的概念、内容和方法。教育部门在网站上同时为教师发布了综合评价指南，帮助教师广泛应用相关评价系统。

2. 教育水平的国际比较

2007年，埃及的初中2年级学生参加了TIMSS组织的自然科学和数学水平评估，在所有参评的48个国家中，埃及学生的数学成绩排名第38位，自然科学成绩排名第41位；45.40％的埃及学生，其数学水平低于国际平均值，40％的学生自然科学水平低于国际平均值。对于埃及内部而言，北部一些地区的学生学业水平表现优于南方地区学生，城市地区学生表现优于农村地区学生，这反映了埃及国内教育水平的差距。

3. 教育体制的改革

教育部门从2009/2010学年开始负责组织对埃及学生进行教育水平考试的评估（SAT）。考试的目的在于对学生基础学科的阿拉伯语、自然科学、数学的学业水平做出考察和评价。结果表明，整体来看埃及学生阿拉伯语的掌握水平最高，其次分别为数学和自然科学；从区域差距来看，下埃及地区学生的表现整体优于上埃及地区的学生，然而教育部还未能揭示区域差距产生的原因，因此未来还需要更深入的研究。

（七）有天赋的人和有特殊需要的人

社会中的任何人才都是真正的资产，是国家进步繁荣的支柱，为了及早发现和培养人才，教育部门在以下领域不断努力。

（1）设计一份档案卡伴随学生的幼儿园和小学教育阶段，以便及早发现人才。

（2）该卡包括儿童在各个领域表现的简要说明。

（3）为发现儿童人才准备测试。

（4）培养幼儿园教师发现和培养人才的意识。

（5）将小学阶段的所有科目与丰富的活动结合，并为学术上有天赋的学生充实课程。

（6）在当地和阿拉伯地区举办大量相关比赛。

（7）为普通高中和技术学校的体育优秀学生分配奖励标志。

（8）为资优人士准备提升计划。

（9）建立一个优秀学生协会，促进学生间沟通交流，利用他们的意见，并让每年排名前十的高中毕业生加入会员。

（10）重新考虑评估学生的方法，发现人才并不仅仅看成绩，引入对三年级以下小学教育的综合评价。

（11）参加世界数学和科学奥林匹克竞赛以及各种技术领域的国际比赛，如印度绘画比赛、国际尼罗河音乐节以及沙迦绘画比赛等。

从 2011 年初开始建立优秀的科学和技术中学,并为这些学校提供专门的课程,旨在照顾科学、数学、工程和技术方面的优秀学生。颁布部长法令规范工作人员的选拔和绩效评估以及在学生入学条件、课程、评估方法和教育活动方面的工作。成立一所专门面向优秀女性的学校和另一所专门面向优秀男性的学校。

(13)2011 年第 313 号法令要求教师在课堂上要结合学生的特点选择适当的教育活动,考虑到教师的能力,由教师与学校的心理学家和社会学家协调完成。

(14)在每项活动中分配有负责天赋学习者群体活动的教师,通过设计和实施创意工作项目或创意调查研究,让学生参与竞赛和教育展览,帮助学生发展自己的才能。

(15)颁布了关于筹备中等体育学校议事规则的 2013 年第 325 号部长法令。

(16)参与国际科学与工程博览会,积极探索与解决科学工程问题,并派学生代表参加世界学生发明竞赛,在全球三个项目中获奖。

(八)对有特殊需要群体的教育

教育部门非常重视有特殊需要的群体,结合他们的兴趣、教育和经济等方面的考虑,促进他们融入学校。为提高教育质量,采取了以下措施:

(1)激发普通学校在教育领域和有特殊需要的学生教育方面的作用。

(2)扩大特殊教育学校在发挥其他角色方面的作用。

(3)审查现行的部长法令和法规,制定满足这些学生需要的法律,并重新考虑教育方面的情况,保障有身体障碍人士融入正规学校学习。

(4)发展和准备专门的人力资源干部,与有特殊需要的群体一起工作。

(5)利用现代技术为儿童服务,使他们从中受益。

(6)编制课程和教科书满足特殊儿童需要。

(7)计划在 2011/2012 学年建立 5 040 所学校,将 152 000 名有特殊需要的学生纳入其中,但全国 452 所学校仅有 2 776 名学生成功融合。

(8)特殊需求学校的转变。统计数据表明学校和教室的数量增加,学生人数稳步增长,见表 2-52。

表 2-52　　2000/2001—2012/2013 学年特殊需求学校、教室、学龄儿童的数量

统计项	学校(间)	教室(间)	学生(人)
2000/2001 学年	488	3 076	30 770
2006/2007 学年	808	4 022	37 070
增幅(%)	65.57	30.75	20.47
2012/2013 学年	887	4 500	36 876
增幅(%)	9.77	11.88	−0.05

二、挑战

(一)学校

以学校为中心的改革方案面临一系列挑战。

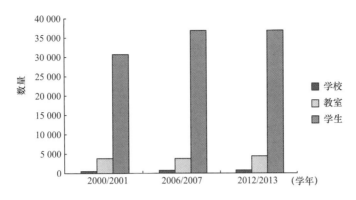

图 2-3　2000/2001—2012/2013 学年学校和教室以及有特殊需要学生增长的数量

见表 2-53,2000/2001—2012/2013 学年,学前教育的教室平均密度从每班 30.93 人上升至 34.08 人,这可能是由于学前教育的入学需求增加所致。为适应现阶段录取的学生人数的增加,学校需要提供新的课程。尽管小学的教室平均密度较高,2000/2001—2012/2013 学年,教室平均密度从 41.11 小幅增大到 43.29,但在亚历山大和开罗省等人口密集地区的学校中,教室平均密度甚至可达到 60～100。

2000/2001—2012/2013 学年,预科学校的教室平均密度降低到 40.73,但不同地区密度存在较大差异,例如在吉萨的一些学校附近,每班有 140 名学生。这需要进行一项调查,以得出不同省份的密度,并快速找到相应的解决方案,优先解决密度高的省份面临的问题。一些省份和教育部门的中学教室平均密度在 45.5～55.6。尽管年平均密度下降,但 2000/2001 学年至 2012/2013 学年期间平均密度为 37.66～40.80。

表 2-53　　　　2001 / 2002—2012 / 2013 学年各教育阶段的教室密度　（单位:人/间）

各阶段教室密度	学前教育	小学教育	预科教育	中学教育
2000/2001 学年	30.93	41.11	43.89	40.80
2006/2007 学年	30.31	42.86	38.36	38.36
2012/2013 学年	34.08	43.29	40.73	37.66

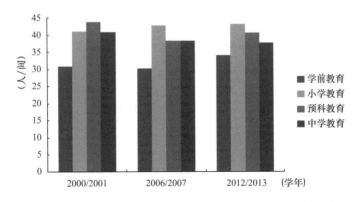

图 2-4　2001/2002—2012/2013 学年所有教育阶段教室密度的演变

(二)教师

尽管非常重视教师的福利待遇,但教育部门在这一领域仍然面临许多挑战:

1. 教师地区分布不平衡

小学教师人数不足,所有学科一共有 86 116 名教师。据调查数据显示,某些省份教师短缺,而其他省份的每个学科都有所增加。数据不准确和规划不当以及社会政治等原因导致教师分布不均。有必要为一些省份补充预科教育教师。因为尽管总体教师数量有所增加,但教师数量分布不均,导致一些地区缺乏教师。各省相关部门需要仔细考虑在各省地区教师需求之间取得平衡的方法。

2. 学校中行政人员与教师的比率

行政人员数量相对教师的比例很高,从 2005/2006 学年到 2012/2013 学年一直居高不下。将这一比例与其他阿拉伯国家进行比较,例如约旦的比率为 12.50%,显然埃及比率较高。国家可以通过停止任命新的行政人员来控制其数量。

表 2-54　　2005/2006—2012/2013 学年各教育阶段教师数量占所有职工比例

阶段	小学教育			预科教育			中等教育		
学年	教师	行政人员	教师数量占职工比例(%)	教师	行政人员	教师数量占职工比例(%)	教师	行政人员	教师数量占职工比例(%)
2005/2006	337 842	215 066	61	200 549	158 869	56	101 135	53 129	66
2012/2013	390 749	208 241	65	240 393	143 336	63	102 235	47 287	68

3. 有资质教师与非资质教师的比例

公立学校的有资质教师占全部员工比例为 85.2%,私立学校为 71.06%。可以发现公立学校的有资质教师比例更高,同时近几年有资质教师整体提高的比例并不令人满意,私立学校还是会雇用非资质教师。虽然有声音呼吁,随着这些非资质教师教育经验的增加,他们能够逐渐获得应具备的教学能力和技能,但仍需要对其进行考核以保证其资质,并制订专门的培训计划来提高他们的教学能力。

表 2-55　　　　　　　　2001/2002—2012/2013 学年有资质教师占比

阶段	学前教育			小学教育			预科教育			中等教育		
学年	有资质教师	非资质教师	有资质教师占比(%)	有资质教师	非资质教师	有资质教师占比(%)	有资质教师	非资质教师	有资质教师占比(%)	有资质教师	非资质教师	有资质教师占比(%)
2000/2001	11 209	6 118	64.7	271 483	49 345	84.7	151 471	57 367	72.5	57 146	27 817	67.3
2006/2007	17 397	5 973	74.4	283 410	48 396	85.4	147 003	50 584	74.4	71 036	29 512	70.6
2012/2013	27 957	6 682	80.7	332 918	57 831	85.2	181 377	59 016	75.5	72 648	29 586	71.1

2000/2001、2006/2007 学年有资质教师和非资质教师的人数比率是根据教育部的

统计数据计算得来的,而 2012/2012 学年有资质教师和非资质教师人数的比率直接来自教育部门数据。

(三)课程和教学方法的发展

尽管目前正在对所有教育阶段的课程进行审查,但课程和教学方法的发展仍面临一些挑战。

(1)预科教育课程的发展面临着将学生的实际生活与实践应用整合联系起来的挑战,使其更能够解决日常问题,所以寻求建立 2014—2030 年新的教育战略。

(2)预科学校对学生主动学习的要求不高,为了提高教育质量,应在未来加强学生之间的学习合作。但是由于预科学校的教室设备不足,其改革的空间也较小。

(3)中学阶段的学生选择理科的比例很低,只有 28.8%,而大部分学生都选择了文科。

(4)中学的各门课程和各年级课程之间缺乏联系和连贯性。

(四)将先进技术引入学校

据统计数据显示,受资金限制,所有的预科学校中,只有 19% 的学校拥有实验室,这意味着其他 81% 的学校都没有条件来进行实验操作。这导致学生在国家标准化考试和 TIMSS 考试中的表现都不佳。此外,小学的实验室配备情况也不乐观,还有 76% 的小学缺少多媒体设备,在这样的背景下是很难保证教育质量的。

(五)评估方法

综合评价体系在中等教育应用中存在困难,该体系以期末考试为基础,只关注记忆文化的认知方面,忽视了技能和情感的方面。

教育部门颁布了 2014—2030 年国家大学预科教育改革战略计划,描述了愿景和旨在提高教育质量的目标,具体如下。

1. 校本改革

学校教育的任何改革和尝试都是非常重要的,因为它关系到埃及的未来发展和学习者对这个国家的归属感,它还负责为年轻人建立关键的知识技能并鼓励他们为国家建设做出贡献。教育部门有关学校未来改革的愿景如下。

(1)制定总体目标

在教育系统范围内发展教育机构,实现均衡的集中或分散管理,支持可持续的专业发展,以提供支持性的学习环境,检查教育质量,维护学生在知识社会竞争中的创新公民的权利以及让学生成为国家发展的贡献者。为此制定如下战略目标:

①在平衡的集中或分散管理框架内支持教育机构的工作。

②提高教育领导者的绩效。

③建立机构,提供持续技术支持,确保可持续质量。

④激活社区与教育机构之间的伙伴关系,以达到质量要求。

⑤提供良好的教育环境,支持学校的自我改革。

(2)在 2017 年设定如下运营目标:

①颁布支持学校改革进程的立法和法律。

②制定实施标准和选择学校领导者。

③必须选择有能力的培训单位以及监督和评估官员,以支持教育机构适应学校改革的要求以及进行质量标准认证。

④民主决策和建立资源管理平台,以便为受过教育的人和其他人以及有特殊需要的人融入社会提供平等机会。

⑤扩大资助范围,以实现资源分配的公平并与绩效挂钩。

⑥在绩效和学习成果评估基础上,建立问责制和系统激励机制。

⑦审查理事会决策和规定,使之有效参与决策并跟进学校的实施情况。

⑧制定实施机制,以促进当地社区和民间以及私营部门参与管理学校物力和人力资源。

⑨制定和实施学校社会网络系统,促进资源共享、专业发展以及经验交流。

(3)制定指标

2017 年之前实现以学校为中心的改革质量相关的目标如下:

①所有省份实施将行政和财政部门转移到教育部门领导的立法,包括中央权力下放的协调和整合机制。

②制订基于学校的改革指南。

③增加教师和训练有素的人员数量。

2. 基于人力资源的教育发展

教育系统主要依靠人力资源来实现其目标,即以高度的品格和专业精神培养。教育部门对未来教育相关职业发展情况的愿景如下:

(1)设定一个总体目标

建立人力资源管理系统和复杂的动态专业发展方案,作为改革大学预科教育制度的中心,以便在权力下放和清明政治的背景下筛选负责人。

(2)制定战略目标

①激发人力资源管理系统的活力,培养具有鼓舞人心、具备创造力、能够协同团队合作以实现教育目标的后备人才。

②优化管理结构,应用先进技术辅助教育管理,选择有能力的人员开展教育管理工作。

③完善人事管理制度,对违规的人员随时加以处罚。

④帮助教师进行专业发展规划,组建交流社区,提高教师的认知能力和自我效能感。

（3）2017 年以前要实现的目标

①在人力资源开发的愿景和使命框架内,重组人力资源部门,促进各级相关部门之间的协调。

②建立以中央为核心的电子治理系统,监测和评估人力资源开发和支持决策的信息系统,消除职能冗余和重复监管。

③根据教育领导者、学校管理者、教学指导专家、行政人员和工作人员的全球平均数,根据该部门战略计划的目标和大学预科教育的需求,制订人力资源开发的路径。

④积极开展各类针对教职工的培训。

⑤完善奖惩机制。

⑥完善评估机制和问责机制。

（4）考核指标

①建立用于管理和开发人力资源的系统。

②配备先进的设备和技术以满足教师的教学需求。

③评估学校管理者和教师使用信息技术的情况,以促进信息技术在教育中的应用。

④适当将教育的管理权下放以提高教育质量。

⑤开发专业发展课程以及合理配置培训资源。

⑥建立专业发展的可持续评估机制。

3. 课程开发

为了早日实现埃及教育的改革,教育部门制订了课程开发的相关计划,其目标是在 21 世纪,可以利用区域和全球科技发展的成果推进大学前教育的课程开发,培养富有创造力的思想文化,维护社会的核心价值观,在科学、技术等领域具备一定的国际竞争力。

（1）制定战略目标

①制定大学前教育的各项章程。

②为有特殊教育需要和困难的学生制定保证其正常接受教育的相关政策。

③利用区域和全球科技发展的成果推进大学前教育的课程开发,培养富有创造力的思想文化,维护社会的核心价值观。

（2）2017 年底前要完成的目标

①颁布大学前教育的各项章程。

②推进大学前各阶段教育的课程开发,记录每一位学生的学习成果。

③为大学前各阶段教育设计好教材以及每一学科的学习内容,制定国家统一的学业水平评估标准并构建初期、中期、后期的全程评估体系。

④利用信息和通信技术,创新中学教育阶段各学科的学习方法,拓展各学科的教育内容。

⑤在尊重历史、传统、经验的基础上丰富阿拉伯语、宗教教育的教学方法,增强公民的文化自信。

（3）考核指标

2017 年底前要实现的考核指标内容如下：

①大学前教育的各项有关课程开发的章程。

②针对有特殊教育需要和困难学生的相关教育保证政策。

③在课程开发过程中使用信息和通信技术的情况。

④评估系统。

⑤教室储备书籍和各类学习资料的情况。

4. 将先进技术引入学校

在许多国家的教育改革计划中，信息和通信技术中心被视为向知识经济和学习型社会过渡的一种方式，因此教育部门鼓励推广使用它们。对于下一阶段的教育改革目标而言，就是要最大限度地将信息和通信技术应用在各级教育系统的教育实践和管理中，以确保在知识经济与在电子政务服务的框架内有效管理学生。

（1）制定战略目标

①加强完善企业所需的技术基础设施，完善从学校层面到中央行政部门、教育系统的管理和治理，提升决策的有效性。

②为教师提供信息和通信技术，培养他们利用这些技术获取教育资源的能力，规划课程和课堂管理，以及在课堂之外与学生及其家长进行有效沟通。

③提供信息技术交流渠道，使学生掌握技能，并用于学习和自我评估以及知识交流。

（2）2017 年底前要完成的目标

教育部门将致力于为学校配备各类软硬件设备，建立各类网络设施并实现科学管理、引用信息技术并培养工作人员使用网络的能力；还要综合运用通信技术对各级教育的办学质量做出评估；根据各级教育的需求与办学能力，调整信息技术的布局；为教育工作人员提供所需的软件。

（3）计划实施

①开展针对教育管理人员的各类信息技术培训。

②开展针对教师的各类信息技术培训。

③提供教育所需的技术材料和设备维护服务。

④建立信息技术的使用档案系统。

（4）加强建设权力下放的基础体制的政策

①提供信息和通信技术的快速维护预算，满足运营要求，下放学校权力，规范学校之间的关系，以利用信息技术维护服务。

②更新立法和改革权力下放机制。

③建立团队信息系统，致力于对教育部门出版信息和通信技术方案的后续行动评估。

（5）考核指标

2017年底前要实现的考核指标内容如下：

①学生和教师都可以在教育过程中获取所需的教育技术资源。

②学校可以连接互联网的计算机数量。

③学校符合资质的信息技术培训人员数量。

④配备互联网和信息技术的幼儿园和中小学数量。

⑤各级教育机构中能够使用信息技术的教师人数。

5. 监测和评估

根据质量标准和总体目标，完善后续评估机制，以验证取得成就的目标。因此，教育部门评估下一阶段的目标是"建立一个有效的后续评估系统，以衡量教育系统的有效性和政策的应用，以及各级管理层资源的有效利用"。

（1）制定战略目标

根据绩效指标框架，专业人员和利益相关方建立基于结果的后续行动评估体系，支持信息和通信技术的使用。

传播监测和评估文化的基础是教育部门各级管理层的成果。在2017年底之前设定如下运营目标：

①完成绩效指标矩阵验证结果、周期数据的收集、分析清单及分布报告。

②整合大学预科教育系统信息和通信技术部门，获取数据输入和访问任何管理点的即时报告。

③为学校所有行政级别的工作人员后续行动提供专业指导。

④强化目标设计与结果分析。

⑤制定监测和评估系统指南，并将其提供给各级用户。

⑥通过立法的手段保证和激活系统的运行。

（2）2017年底前计划实施的考核指标

①有效的过程监控及评估。

②教育系统的绩效。

③各级教育系统定期发布计划的进展报告。

④对报告和计划成果的评估。

6. 照顾有特殊需要的人

（1）优秀人才

教育部门关注资优学习者，支持他们的能力发展。教育部门对于优秀人才的未来愿景是在知识和高级技能领域为学习者提供高质量的优质教育，使之与他们在大学预科教育各个阶段的个人能力相适应。

制定战略目标：在大学预科教育中为资优学习者和优秀学校提供支持和照顾；拟订优质教育和优秀学校的人才名单，建立资优学生的学习中心；支持大学和整个社会的优秀人才培养;建立优秀人才培养系统。

在2017年底之前计划完成的目标如下:

学校要为各教育阶段的优秀人才提供帮助;学校要与社会合作,配备支持这些学生学习的相关设备;建立和完善各省发现和培养人才的中心机构。

在质量方针上,为慢学习者和成绩低的学生提供补习课程或强化课程,以确保每个学生的学业水平都能达到学校的最低要求;为有专长的教师、心理学家提供专业指导;为有特色的学校管理人员提供培训;为有特色的学校建立关于教育内容的评估体系。

出台政策促进权力的下放,通过立法的形式保证大学前教育培养优秀人才,通过组织各类公共活动提高教育管理者、教师、家长和社区培养优秀人才的意识,建立各区域之间培养优秀人才的合作机制。

(2)将有身体障碍人士学校合并至普通学校

教育部门优先发展特殊教育学校,同时注意合并不同类型的小型普通教育学校,因此教育部门设定的下一阶段目标是为学习者提供高质量教育,使他们与正常同龄人享有平等的教育机会。所有大学前教育机构都应当为有身体障碍人士提供教育机会,帮助他们融入校园生活。

(3)制定战略目标

将特殊教育学校融入普通学校中,提高其教育质量,保障其教育环境,支持发展特殊教育系统,支持发展系统的特殊教育。

在2017年底之前设定目标如下:

颁布关于有身体障碍人士获取平等教育机会的相关政策;增加教育各阶段特殊教育学校的数量;把所有教育资源中的10%留给有身体障碍人士;适当将特殊教育学校合并至普通学校;加强有身体障碍学生与学校的联系;通过组织各类公共活动提高教育管理者、教师、家长和社区保障有身体障碍人士接受教育的意识;建立各区域之间有身体障碍人士教育的合作机制。

尽力实现上述目标,并对相关机构的计划完成情况进行评估。

9　未来展望

教育的重要性不言而喻,教育是公民获取知识、技能、树立价值观和社会可持续发展的重要途径。教育与社会发展的联系紧密,因为教育就是在围绕人类发展,实现社会发展的可持续并丰富人类的生活。为此,需要建立高质量的教育系统,包括高质量的学校、教师、课程、教学和评估体系。

埃及政府十分重视教育在人类文明发展过程中的作用,自2000年以来制订了大学前教育的发展计划并在各级政府得到实施,始终致力于缩小教育差距并提高教育质量。

一、存在的缺点

(1)确定优先事项的能力弱。

(2)自 2011 年埃及革命发生以来,全民教育实施的计划数量不超过 50%。

(3)各级政府的工作能力薄弱。

(4)自"达喀尔论坛"以来,社会参与教育改革的作用愈发突出,在参与制订和实施国家教育计划方面也有显著作用,但涉及的领域仍然有限。

(5)埃及正积极推进教育部门的财政和行政权力下放,提高当地学校的自主权以更符合地方社区的需求。但是这项改革只在少数几个省份得到了实施,实施的效果也未得到认证。

(6)尽管埃及有禁止使用童工的法律,但仍有童工现象存在;需要强化法律实施以保证这些儿童的教育需求。埃及借鉴了巴西的经验,为家长、儿童、童工雇主制订了针对性的计划,使童工回归学校的可能性大大提高。

(7)埃及面临的最突出的社会结构问题是年轻人的失业率过高,这既有劳动力市场自身的问题,也有教育与劳动力市场脱钩的问题,社会上已经存在大量的完成学业但仍缺乏基本技能的人。

(8)基础教育支出在不断增加但预算有限。

(9)埃及《宪法》规定教育免费,但学生仍然要承担一些象征性费用,这对一些贫困家庭而言仍然是一种负担,从而降低了其子女接受教育的可能性。

(10)埃及的入学率近年来在持续下降。

总之,埃及教育体制仍存在缺点,相关改革计划除了要关注基础教育,还要关注成人教育、继续教育等,例如提高各教育阶段的入学率、公民识字率、教育质量、管理能力等。

二、2015 年后全民教育目标

(1)改善学校的基础设施。

(2)努力降低教育费用,并为贫困家庭提供额外的财政支持。

(3)为儿童、青少年和工作人员提供灵活的教育体系。

(4)为有身体障碍人士提供合适的教育。

(5)缩小教育的性别差距并持续保持。

(6)组织各类针对教师的培训和职业指导。

(7)丰富成人扫盲计划的内容和形式。

(8)扩大扫盲计划的覆盖范围。

(9)为教育提供健康、安全的环境和充足的资源。

(10)增加教育投入。

(11)完善教育管理系统,对相关人员进行评估。

(12)提高各级政府的工作能力。

(13)增加民主监督的渠道,让公众参与教育政策的制定和实施过程。

(14)开展面向社会开放的培训。

(15)为学前教育、扫盲计划分配更多来自国际的援助。

(16)确保选择最好的教师,需要雇用地方教师,使他们与学生有相似的背景。

(17)提供必要的激励措施,确保教师更好地在偏远地区和弱势群体中工作。

(18)开发课程内容,提高教学质量,重点关注学习者的需求。

(19)加强在教育管理过程中使用信息技术的能力。

(20)建立各区域之间非政府组织、民间的合作机制。

(21)提高管理和后续行动的有效性。

摩洛哥

　　摩洛哥王国,简称"摩洛哥"。位于非洲西北端。东、东南接阿尔及利亚,南部为西撒哈拉,西濒大西洋,北隔直布罗陀海峡与西班牙相望,扼地中海入大西洋的门户。首都为拉巴特,阿拉伯语为国语,通用法语。

　　最早的居民是柏柏尔人。公元7世纪阿拉伯人进入。8世纪创建第一个阿拉伯王国。1660年阿拉维王朝建立并延续至今,穆罕默德六世国王是该王朝的第22位君主。从15世纪起,西方列强先后入侵。1912年3月30日,摩洛哥沦为法国的保护国。同年,法国同西班牙签订《马德里条约》,摩洛哥北部地带和南部伊夫尼等地划为西班牙保护地。1956年独立。1957年定国名为摩洛哥王国。

　　摩洛哥实行君主立宪制,国王拥有最高权力。摩洛哥视教育为国家发展的根基,强调教育普及化,教材统一化,教师摩洛哥化和教学阿拉伯化。现有高校64所,中学1 168所,小学4 350所,大学24所,著名的高等学府有穆罕默德五世大学、哈桑二世大学、穆罕默德一世大学、卡迪伊亚德大学、卡鲁维因宗教大学和穆罕默德·本·阿卜杜拉大学等。

　　注:以上资料数据参考依据为中国外交部官方网站摩洛哥国家概况(2020年10月更新)。

摩洛哥全民教育国家报告 2015

（2013—2015）

前　言

2000 年 4 月,在塞内加尔达喀尔举行的"世界教育论坛"确定了 2015 年之前全民教育要实现的六项目标,各国政府均表示支持。六项目标内容如下:

（1）提升幼儿保育水平。

（2）普及初等教育覆盖范围。

（3）为青少年和成年人提供学习技能的机会。

（4）将文盲率降低到 50% 以下。

（5）2005 年前实现男女平等及 2015 年前实现男女教育平等。

（6）全面提升教育质量。

政府坚信教育是社会经济发展的载体,是消除贫困和社会不公的决定性因素。因此在全民教育方面取得了巨大进展,但仍存在很多问题。地区经济文化差异、性别差异等造成各地区教育差异明显。

摩洛哥在推进全民教育进程中也着重关注缩小城乡差距,为此出台了《国家教育紧急计划（2009—2012）》,农村地区学龄儿童入学率得到提高,也享受到更多的社会援助政策。但是,依然存在很多问题,例如,贫困问题。摩洛哥将通过实施新公共政策,减缓这些问题。

一、社会经济环境

摩洛哥努力在 2015 年之前实现全民教育目标,政府开展大规模的经济改革,创造有利条件。

2003—2012 年,摩洛哥启动了大量基础设施建设计划,刺激经济增长并改善弱势群体的生活环境。

2013 年,摩洛哥的国民经济增长率为 4.30%,显著高于 2012 年的 2.70%。与 2012 年相比,第一产业值虽下降了 2.70%,但第二、第三产业值却增加了 2.20%。

这种增长似乎与仍受气候变化影响的农业部门无关,而与摩洛哥的产业结构变化相关。摩洛哥的国际排名得到提升,并对外商投资更具吸引力。1996 年以来,随着私有化的推行,外商投资总额始终呈上升趋势。在 20 世纪 90 年代,外商投资总额平均每年为 50 亿迪拉姆。

相比于 2012 年的 214 亿迪拉姆,摩洛哥在 2013 年的外国直接投资额增长了 32.2%,达到了 283 亿迪拉姆。

如图 3-1 可见,学校在校生规模随着经济增长而增加,可见经济发展对教育的影响显著,然而对于社会经济的可持续发展来说,对教育和知识的投资才是最持久的营利方式。

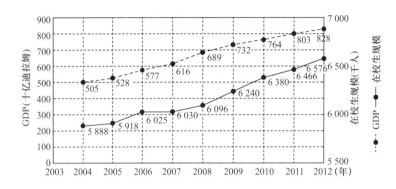

图 3-1 GDP 与在校生规模的变化曲线

2004—2012 年,摩洛哥的 GDP 稳步增长。国家教育部门的财政预算也随之增长。2009—2011 年,在《国家教育紧急计划》框架内对学校教育部门的预算分配从 2008 年的 310 多亿迪拉姆增加到 2012 年的 420 多亿迪拉姆,即增长了 35.50%。如图 3-2。

教育投入额度增加表明政府在践行增加教育援助力度的承诺。

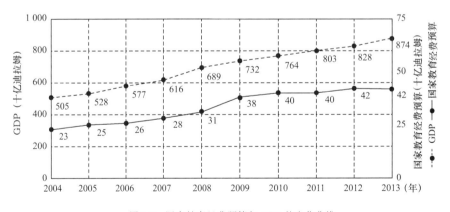

图 3-2 国家教育经费预算与 GDP 的变化曲线

经济的增长以及政府调动额外收入能力的加强,也有助于改善教育资源现状。

通过全国教育经费与国家整体预算的对比发现,国家财政仍在加大投入力度。如图 3-3。

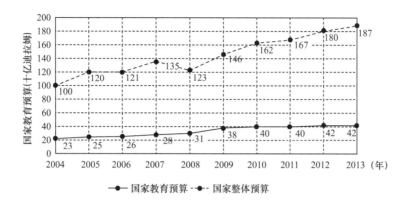

图 3-3　国家教育经费预算与国家整体预算的变化曲线

自 2009 年以来,由于《国家教育紧急计划》的实行,教育经费投入的指数(国家教育经费/国内生产总值的比率)大约以每年 5％的平均速率增长。另一方面,在 2012 年和 2013 年,国家整体预算中的教育份额(相对投入指数)则略微下降到约 23％。如图 3-4。

图 3-4　教育经费占国家预算比与教育经费占 GDP 比变化曲线

在教育领域的公共财政及合理资源配置方面需要探讨一下公平问题,而公平的定义又引出以下问题:谁为教育财政做了贡献? 谁是受益者?

回答第二个问题时,需要从一个思路入手,即学校教育是一个漫长的过程,根据教育系统内要求达到的最终教育程度,以及教育水平不同,每个人累积享用的公共资源也不相同。

根据这一原则,那些未接受教育的人不能从任何系统内部配给的公共资源中受益。相反,那些高受教育程度很高的人却享有重要的资源。

衡量教育经费分配是否公平可以采用基尼系数来反映。图 3-5 反映了 1992—2012 年这一变化趋势。

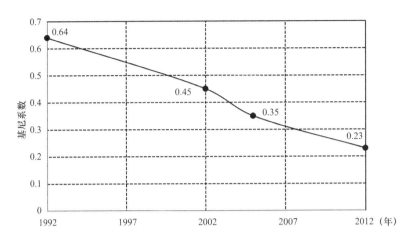

图 3-5　基尼系数随时间的变化曲线

二、人口发展概况

(一)年轻人口发展概况

根据 2004 年的居住人口普查结果,年平均人口增长率从 1982—1994 年的 2.04% 转变为 1994—2004 年的 1.40%,近几年这种人口转型比预期出现得更早。

据居住人口普查(PHC)对未来 30 年的预测,尽管生育率有所下降,但是由于过去人口增长的速度快,1 岁以下儿童的数量在 2007 年之前一直在增加,从 2008 年开始呈逐渐递减趋势。

出生率的下降直接导致学龄前(4~5 岁)、小学(6~11 岁)和低年级(12~14 岁)学生人口稳步下降。高级规划专员预测,2004—2030 年,年龄在 4~5 岁、6~11 岁和 12~14 岁的人口相对原有人口分别下降 13%、15% 和 17%。

一项全国性人口调查证实了这一人口发展趋势。高级规划专员在 2010 年对 105 000 户家庭进行了多次人口调查,其结果显示生育率明显下降,人口数量也随之变化。研究显示,2010 年,每位女性平均会有两个孩子;而在 2004 年,每位女性平均会有 2.5 个孩子。在 20 世纪 80 年代,每位女性平均会有 5.52 个孩子,在 30 年的时间里,平均每位女性少生育了 3 个孩子。如图 3-6 所示。

年平均人口增长率从 1982—2010 年的 1.62% 下降到 2010 年的 1.05%。这一人口发展趋势是生育率和死亡率共同下降导致的结果,这与初婚年龄的延迟以及避孕意识的增强有关。在各种避孕形式中,避孕药物的使用率从 20 世纪 60 年代的 8% 上升到 2010 年的 63%。女性初婚年龄从 1960 年的 17 岁上升至 2010 年的 27 岁。

(二)在校生规模的发展概况

2004—2014 年,所有年龄段的在校生规模均略微下降,其中 6~11 岁年龄段的下降最为明显,平均每年下降 3.10%。如图 3-7 所示。

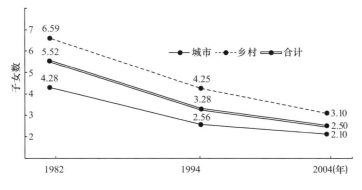

图 3-6　各类型地区的生育水平

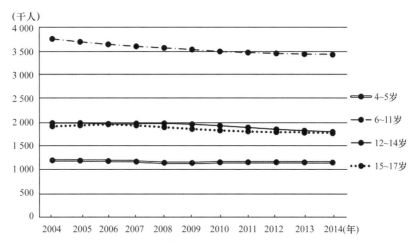

图 3-7　各年龄段在校生规模发展曲线

(三)地理和文化背景

根据 2004 年的人口普查结果,摩洛哥人口总数为 29 891 708 人。2014 年的人口总数约为 333 304 000 人,其中城市人口占 59.70%。

摩洛哥拥有北非最大的平原和最高的山脉,拥有四大山脉:里夫山脉、中阿特拉斯山、高阿特拉斯山和安蒂阿特拉斯山。

摩洛哥位于非洲大陆西部边界的亚热带气候区,夏季气候炎热干燥,冬季气候温和湿润。

摩洛哥的教育和培训体系同其他国家一样,取决于当地的发展.只是近年来政府在制定公共政策时考虑到学校在进行公共服务时背后复杂的利益关系,关注到以往忽视的几个重要问题。土地管理严重影响学校校区规模增大进而影响扩招。农村地区经济发展水平落后且地处偏远,农村适龄儿童较难获得受教育机会。居住在山区和撒哈拉沙漠以南地区的适龄儿童需要根据季节及天气变化转移生活住所和改变生活方式,这将极大地影响儿童获得受教育的机会和发展。

居民游牧和迁移的特点使得学校教育机会的组织更加困难。考虑到这一现象,需要设计一个合适的、长久的教育机制。

伴随中央权力下放,摩洛哥被划分为 16 个分区,但是因为基础设施和教育资源的不均衡,不同分区和社会经济背景的人获得的教育机会有所不同。摩洛哥因地理位置优势促使不同民族生活在一起,相互融合。这种民族融合不仅使国家具有重要的文化地位,还使每个地区都具有自己的特色,从而丰富了民族文化。

这种多元文化影响着人才培训体系的发展。不论出于思想还是政治方面的考量,多语言文化本身就是对摩洛哥教育培训体系的一项挑战。这种多语言现象为实现全民教育目标带来了真正的挑战。

1 目标一:扩大学前教育机会

由于摩洛哥在儿童保护方面采取的战略,特别是《国家儿童行动计划(2006—2015年)》明确提出,儿童享有健康生活权利,因此,反对暴力,反对剥削,反对一切形式的排斥和歧视的行动都取得了巨大进展。

2011 年,对"国家儿童行动计划"实施的中期评估显示,所有执行者必须努力促进保护儿童环境的形成,强化幼儿收容所和政策方面的法律措施,特别是加强对受伤害、暴力、虐待或剥削的儿童受害者的保护。

2015 年之前 5 年免疫运动的覆盖率达到 100%,儿童死亡率呈现净下降,这使 2015 年的全民教育目标得以实现。但是要实现保护幼儿,特别是最脆弱和最贫困儿童的目标,尤其需要在地方一级,针对收容所和护理基础设施、指导和辅导人员的能力建设、分配给执行方案的预算资金以及应急预案和执行者之间的更好协调等方面做出更多努力。

在过去几年里,在执行应急预案方面取得了进展,但是受教育机会仍然低于实际或潜在的需求,特别是在城郊和农村地区。学前教育环节几乎完全由私立机构控制,无论是传统的《古兰经》学校还是现代形式的日托中心、托儿所,都在城市地区占据主导地位。现代私立托儿所(幼儿园)在农村地区几乎不存在,公立幼儿园难以满足农村地区实际需求。

鉴于这种情况,摩洛哥要求加大改善公立或私立的学前教育机构的力度,以弥补不足,提升传统幼儿园的质量,并缩小城乡差距。

即使出于历史和文化原因选择采用这两类学前教育机构,摩洛哥也仍然面临的挑战是以平衡连贯的方式发展这两类机构,以确保所有 4~5 岁儿童享有平等升入小学的机会。

1.1 计划及实施

一、学前教育

自 2008 年以来,摩洛哥对幼儿教育进行了改革,以促进新的学前教育体系更加符合这一时期制定的标准和摩洛哥儿童的需要。这一改革的实施造成 2015 年实现普及初等教育的目标受挫,使这一时期的学前机构与教室的数量和在校生人数略有下降。

(一)摩洛哥学前教育促进基金会

摩洛哥学前教育促进基金会是一个非营利性组织,于 2008 年 3 月由摩洛哥教育部、高等教育科研专业人才培训部、高等教育委员会、内政部和穆罕默德六世基金会共同设立,目的是促进与教育培训有关的社会工作,其目标是制订计划和资金支持任何旨在发展摩洛哥学前教育的行动。

为了使学龄前儿童更好地适应和融入社会,使他们离开家长获得独立生活能力,摩洛哥学前教育促进基金会希望于 2017 年实现学前教育普及。

摩洛哥学前教育促进基金会依靠三个方面使更多的学龄前儿童能够进入学前教育模式:

(1)地理位置便利:为家长提供离家较近的学校。

(2)金融渠道:对所有社会行业领域征收合适的税费。

(3)文化可及性:一种沉浸在当地文化中的教育环境,其共同的核心课程大纲是具有地域特色的模块和框架。

摩洛哥学前教育促进基金会提出的学前教育标准化以四大支柱为基础:

(1)标准化和区域化教育:摩洛哥促进学前教育基金会与大学、区域教育和培训学院以及职业培训机构等建立合作关系,使大学可以提供学前教育方面的专业教育。

(2)在拉巴特、梅克内斯和塞塔特已经开始教育改革,并逐步推广到所有大学。

(3)摩洛哥教育参考体系:其教育愿景基于语言、能力、学科和儿童进步评估 4 个轴向。

(4)基础设施和设备标准:学前教育促进基金会教育计划采用国际基础设施和设备标准。

见表 3-1、3-2、3-3,2013/2014 学年,与学前教育促进基金会签署合作关系协议的计划惠及 5 682 名儿童(其中 58.8%生活在城市地区)。这些儿童委托给 278 名女性教育工作者,平均每名教育工作者负责约 20 名儿童。

表 3-1　　　　　　　　2011—2014 年儿童人口情况　　　　　（单位：人）

合作伙伴	儿童人口							
	2010/2011 学年		2011/2012 学年		2012/2013 学年		2013/2014 学年	
	城市	农村	城市	农村	城市	农村	城市	农村
摩洛哥学前教育促进基金会	1 525	0	1 881	0	2 224	0	2 388	0
国家人类发展倡议协会	148	0	665	0	984	0	953	0
委托管理协会	0	0	0	1 204	0	1 218	0	1 321
地方教育培训学院	0	0	0	985	0	1 022	0	1 020
小　　计	1 673	0	2 546	2 189	3 208	2 240	3 341	2 341
总　　计	1 673		4 735		5 448		5 682	

表 3-2　　　　　按计划分列的女性教育工作者分布情况

合作伙伴	（2013/2014 学年）女性教育工作者人数（人）
摩洛哥学前教育促进基金会	128
国家人类发展倡议协会	49
委托管理协会	60
地方教育培训学院	41
总　　计	278

表 3-3　　　　　2014 年按性别和计划分列的学生人数　　　　　（单位：人）

计　　划	统计信息		
	女	男	合计
摩洛哥学前教育促进基金会	1 057	1 331	2 388
国家人类发展倡议协会	416	537	953
委托管理协会	647	674	1 321
地方教育培训学院	377	643	1 020
总　　计	2 497	3 185	5 682

需要注意的是,这些计划是在与上述合作伙伴签署的协议框架内实施的。对于与协会签订的计划,在委托管理的框架下,按照既定的职权范围,将课堂管理委托给社区网络。

试点计划旨在对一系列管理和监督方法以及摩洛哥学前教育促进基金会教育参考体系进行实地试验。

学前教育促进基金会计划与摩洛哥教育部合作,实施一项雄心勃勃的计划,在2017年实现学前儿童入学率达到75%的国家目标。

(二)国家工程

摩洛哥国家工程为贫困家庭的儿童提供了一个平台,使他们能够从改革后的学前班制度中获益,尤其是在进入小学的前几年,使他们有更多的方法在传统的学校教育周期中成长。

该工程还计划为有轻度身体障碍儿童的学前教育提供服务,让他们的父母有更多的时间去积极地工作和生活。

国家工程的援助对象是4～5岁的弱势儿童群体,该工程计划在全国各地开设幼儿园。截至2014年,该计划已经成功建立了779所幼儿园,其中50%以上在农村,接收了29 512名儿童,其中50%以上是女童,数量情况如图3-8所示。

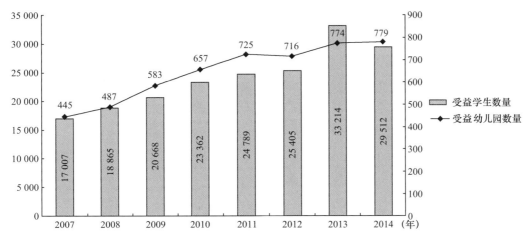

图3-8　国家工程的受益幼儿园和学生数量

(三)伊斯兰宗教基金事务部的贡献

该部门为扩大传统学前教育(学习阿拉伯语和《古兰经》)做出了重要贡献。学前教育的学生人数从2007年的321 580增加到2012年的345 519,总增长率为7.44%。这一增长主要是由于在某些传统教育体系学校引入了学前教育,这些学校接收的是4～5岁的儿童以及从未接受过教育或很早就辍学的年幼儿童。

(四)青年体育部的贡献

青年体育部已将日托中心和托儿所扩大到377所,其中城市地区228所,农村地区149所,平均每年建立10所机构来巩固其范围。这些机构接收了11 092名儿童,其中7 520名(67.80%)生活在城市地区。此外,5 200名儿童是女童,约占47%。

作为负责发放私人日托中心许可证的部门,该部门还处理投资者事务,并研究和跟进落实相关文件,更新教学内容、开展人员培训、升级日托中心设备和基础设施,尤其是通过在全国各地新建幼儿机构来改善幼儿服务条件。

二、幼儿保育

摩洛哥的幼儿保育战略,专注于国家儿童行动计划(PANE,2006—2015 年)的范畴,属于千年发展目标,是全民教育的第二个目标。保育措施是多方面的,包括改善营养和保健条件,以及保护儿童免遭一切形式的暴力和虐待行为。

摩洛哥坚定不移地致力于在 2015 年实现一系列目标,包括将孕产妇死亡率降低 3/4,将 5 岁以下儿童死亡率降低 2/3(千年发展目标 4)。由于针对这一年龄群体实施了许多措施,婴儿和儿童从 1992 年的每 1 000 人死亡 84 人降至 2011 年的 30 人,死亡率下降了 64.3%。尽管如此,城市和农村、区域和社会经济水平的差异造成了获得医疗保健的机会仍然存在不平等现象。

(一)目标人群

全面扩大和加强幼儿保育和教育工作,尤其是最易受到伤害的儿童和其他贫困儿童。

成年人的健康是从小就建立起来的。摩洛哥通过采取若干针对这一年龄群体的健康计划,给予儿童健康高度重视。通过千年发展目标,摩洛哥承诺将孕产妇死亡率降低 3/4(千年发展目标 5),将 5 岁以下儿童死亡率降低 2/3(千年发展目标 4)。摩洛哥采取了一系列计划措施改善儿童身体健康状况。

(二)已实施计划

针对各年龄段人口的最重要健康计划如下:

(1)关于怀孕和分娩后续行动的国家计划(目标人群为 654 824 名孕妇)。

(2)抗艾滋病毒及艾滋病方案,特别是预防母婴传播。

(3)全面幼儿保育计划(2 986 286 名 5 岁以下儿童)。

(4)国家免疫计划(654 824 名幼儿)。

(5)国家抗营养不良和维生素补充计划(2 986 286 名 5 岁以下儿童)。

(6)国家学校和大学健康计划(6 777 377 名学生)。

(7)为受暴力侵害的妇女和儿童提供护理计划(妇女和儿童)。

(8)为患有运动或感官障碍的儿童提供护理(根据 2004 年全国人口普查结果,以及团结、妇女、家庭和社会发展部的估计,有身体障碍人口总数为 1 540 000 人)。

(资料来源:摩洛哥卫生部,2013 年)

(三)幼儿保育计划的主要指标和影响

1. 婴幼儿死亡率(ICM)

根据卫生部门在过去 30 年的研究结果,表 3-4 将 ICM 细分为新生儿、婴儿、儿童和婴儿/儿童死亡率(每 1 000 名活产儿)。

表 3-4 婴幼儿死亡率(‰)

年龄段	1982—1991 年	1994—2003 年	2009—2010 年	2010—2011 年
新生儿(0～1 个月)	31	27	—	21.7
婴儿(0～1 岁)	57	40	30.2	29
儿童(1～4 岁)	20	7	6.3	1.7
婴儿/儿童(0～5 岁)	70	47	36.2	30.5

2012—2016 年行动计划旨在到 2016 年将婴儿/儿童死亡率降低到 2‰以下。由于新生儿死亡率与母亲在怀孕和分娩期间的健康状况密切相关,因此这一目标的实现仍然是一个重大挑战。半数以上的新生儿(0～1 个月)死亡发生在满月之前。

2. 通过免疫接种根除疾病

国家免疫规划(NIP)是特别有助于降低新生儿和婴幼儿死亡率及发病率的卫生计划之一。事实上,NIP 完全由国家预算支持(包括疫苗、医疗耗材、冷链配送、信息系统等),目前已根除若干疾病,如:

①脊髓灰质炎,最后一例发生于 1987 年。

②白喉,最后一例发生于 1991 年。

③新生儿和产妇破伤风于 2002 年获得根除认证。

NIP 也促进了由 B 型流感嗜血杆菌(Hib)引起的脑膜炎病例及侵袭性感染的减少,降低了结核病、乙型病毒性肝炎(Hb)、百日咳、麻疹和风疹的死亡和发病机会。由于采用了新疫苗,国家免疫规划将有助于进一步降低婴幼儿死亡率:

①肺炎球菌疫苗,有助于控制由这种病菌引起的侵袭性感染引发的肺炎、脑膜炎和中耳炎。

②轮状病毒疫苗,可减少幼儿严重腹泻,从而降低此类病例的住院成本。

表 3-5 显示接种疫苗的覆盖率。

表 3-5 接种疫苗的覆盖率(在儿童中的占比)(%)

时间	2007 年	2008 年	2009 年	2010 年	2011 年	2012 年	2013 年
按国家预算计算的疫苗接种覆盖率	93.0	96.0	99.0	100.0	98.5	100.0	100.0
DTCP3-Hib3(白喉、破伤风、百日咳、小儿麻痹症、嗜血杆菌、流感)疫苗接种覆盖率	92.0	97.0	99.0	100.0	95.0	97.0	98.0
麻疹疫苗接种覆盖率	92.0	94.0	96.0	96.0	94.0	99.0	98.0

(四)防治微量营养素缺乏症和控制危险行为

缺乏维生素 A 和 D(视力、免疫系统、骨骼发育所必需的)也是幼儿的公共健康问题。事实上,40%以上的儿童缺乏维生素 A,大约 10%的儿童缺乏维生素 D。两岁以下儿童服用维生素 A 和维生素 D 的覆盖率分别为 70%和 80%。

(五)国家中小学及大学健康计划

该计划旨在通过中小学校及大学的各级教育、预防和治疗活动,在整个教育体系内保护和促进学生的身心健康。包括以下方面:

(1)对目标年级(幼儿园、小学和中学)的学生进行系统的医疗检测。

(2)对幼儿园、中小学校环境的卫生监督。

(3)检测视力缺陷和预防传染性近视。

(4)加强口腔卫生。

(5)进行健康教育和提倡健康的生活方式。

(6)提供听力定位服务。

(7)按需进行医疗和保健检查。

(8)监督夏令营营地卫生。

此外,为了加强健康教育和获取健康信息,还设立了专项服务,以满足青少年的具体需要,即:

(1)建立 32 个青年健康机构,通过倾听咨询为青年提供心理支持,通过医疗保障青年身体健康,促进青年的身心健康成长。

(2)建立 20 个中小学校和大学健康咨询中心、30 个大学医疗中心。这些中心通过提供适合学生需要的服务和适当的后续支持,帮助学生改善健康状况。

(3)制定和完善教育教学机制,提高青年的知识水平。

表 3-6 概述了国家中小学及大学健康计划相关活动的开展情况。

表 3-6　　　　　　　国家中小学及大学健康计划(NPSUH)关键指标

学年	系统的医疗检测(%)		视力检测合格率(%)	验光合格率(%)	卫生设施合格率(%)		卫生教育普及率(%)	
	中小学	大学			中小学	大学	中小学	大学
2009/2010	78	81	68	60	38	77	70	55
2010/2011	87	76	78	55	48	83	65	45
2011/2012	81	81	74	53	52	80	58	42
2012/2013	81	74	75	49	46	73	76	36

(六)对有身体障碍儿童的援助及追踪随访

卫生部门通过与国家教育、社会发展和培训部门及其他行动者的合作,做出了巨大努力,为学校提供了各种援助和后续行动。

地方多部门委员会根据儿童身体障碍的类型和严重程度,每年负责制订一份存在身体障碍学生的名单,并将其提交到相应的责任机构。由教学和医学专家组成的小组负责教育支持和医疗追踪随访工作。

卫生部门为与有身体障碍有关的不同领域的医护专业人员提供长期培训,即:

(1)通过提升家庭意识和了解遗传情况,对各地方培训员进行预防残疾培训(2009年培训了30名儿科医生和全科医生)。

(2)对医疗专业人员进行发现儿童早期脊柱侧凸的培训(2012年培训36名学生)。

(3)对183名假肢矫形专家进行培训(2011年培训47名学生;2012年培训37名学生;2013年培训99名学生)。

(七)家庭教育

家庭教育是通过联合国儿童基金会与当地社区合作纳入医疗卫生系统的一种方法。它的核心任务是通过地方发展署向家长(尤其是农村地区的家长)发送关于他们的子女及其健康情况的简单信息。地方发展署通常是由技术志愿者组成,他们通过上述方法生活在目标社区内,并与当地居民有着良好的沟通。

这些信息通常与他们子女的发育、母乳喂养和营养、卫生、接种疫苗情况有关,有利于跟踪其成长和医疗保健状况。他们为此开展了许多活动,包括以下几个方面:

(1)编写《2008年地方发展署关于儿童健康的参考指南》。

(2)购置视听和教育设备。

(3)对医疗专业人员和地方发展署提供推广"关于儿童和母亲健康问题以及行为变化的方法"培训。

(4)编写教辅材料(挂图、地方发展署方法指南、教育问题小册子、纪录片、海报等)。

(5)本地发展署为家长提供多次教育课程。

(八)艾滋病的防控

尽管艾滋病在儿童中的发病率相对较低,但是仍然需要提高警惕。根据联合国艾滋病规划署的建议,"不惜一切代价"预防母婴传播仍然是未来几年需要努力的方向。

卫生部门在为患者保密的原则下免费提供检测和治疗,以避免任何污名化,避免患者隐私泄露。民间社会网络也有助于在国家一级防治艾滋病,并提供关于这种致命疾病的必要信息。

(九)打击暴力行为

打击暴力侵害妇女和儿童的行为也是政府关注的主要问题之一。卫生部门与社会发展、家庭协调部门、司法和内政部门(皇家宪兵国家安全总局)以及许多民间社会组织合作,建立了一个真正的法医鉴定机构,以保护妇女和儿童免遭暴力和性虐待。

表3-7概述了国家打击暴力侵害儿童项目在2010—2013年取得的成就。

表 3-7　　　　　　　　　　　　　国家打击暴力侵害儿童项目

指　标	2010 年	2011 年	2012 年	2013 年
相关部门数量(个)	75	76	76	76
获益儿童人数(人)	623	850	907	963
接受过心理咨询的受害儿童人数(人)	350	450	462	513
相关医疗专业人员人数(人)	375	572	622	722
机构中心理学家的比例(%)	27	30	30	30

通过以下措施加强部门的执行能力,可以更好地保护儿童不受暴力侵害:

(1)社会保障机构的学生人数从 2007 年的 40 名减少到 2009 年的 25 名。

(2)负责未成年人的司法警察人数从 2010 年的2 724人增加到 2011 年的3 171 人。

(3)装备皇家宪兵队地方旅,为未成年人提供专门场所。

为保护儿童免遭暴力侵害,出现了新一代基于社区的社会服务,例如:

(1)由家庭协调部和社会发展部在卡萨布兰卡和梅克内斯设立两所社会紧急救援处,目的是帮助消除社会排斥现象,并为流浪儿童提供援助。

(2)在公立医院和大学医疗中心(UMC)为受暴力侵害的妇女和儿童建立 75 个妇幼保健综合监护病房。

(3)在学校设立呼救中心和调解中心。

(4)于 2008 年在国家安全总局内设立了保护学校环境的专门机构。

(十)禁止使用童工

根据《国际劳工公约》有关打击童工的规定,修订禁止 18 岁以下儿童和青少年从事危险工作的原有条款(2004 年 12 月 22 日令)。

将禁止 18 岁以下儿童和青少年从事的危险工作从 10 个增加到 33 个。相关法令于 2010 年由部长理事会批准,并于 2010 年 12 月 13 日在《官方公报》第 5899 号上公布。

在摩洛哥《劳动法》第四条实施范围内,起草并制订了《国内工作法》草案,目的是禁止雇用年龄在 15 岁以下的女童作为家庭童工。

通过与手工业部门合作,拟订一项法律草案。该法律草案根据摩洛哥《劳动法》第一百四十三条和第一百五十三条的规定,禁止雇用 15 岁以下童工,并于 2012 年 3 月 8 日提交至政府秘书处。

国家于 2008 年组织了 51 个联络劳工督查中心,依照摩洛哥《劳动法》的有关规定,确保没有童工事件发生。

根据高级专员计划的数据,7～15 岁童工的人数从 1999 年的 517 000 人减少到 2012 年的 92 000 人,分别占该年龄段儿童总数的 9.70% 和 1.90%。鉴于该比例在劳动力市场中的重要性,该年龄段劳动人口所占比例从 1999 年的 5.50% 下降到 2012 年的 0.87%。

国家对家庭协调部和社会发展部以及劳工和社会事务部等有关打击雇用童工行为的机构予以支持。

1.2 计划取得的进展

一、国家整体情况

表 3-8　　　　　　　　　　学前教育机构数量（2007—2014 年）　　　　　　　（单位：所）

学前教育机构类型	地区类型	学　年						
		2007/2008	2008/2009	2009/2010	2010/2011	2011/2012	2012/2013	2013/2014
传统	城市	8 529	7 454	7 444	7 602	6 864	7 134	7 425
	农村	13 997	13 823	13 647	13 222	12 042	12 104	12 346
	共计	22 526	21 277	21 091	20 824	18 906	19 238	19 771
私立	城市	1 599	1 822	1 933	2 042	2 304	2 238	2 412
	农村	20	30	47	55	65	69	70
	共计	1 619	1 852	1 980	2 097	2 369	2 307	2 482
公立	城市	304	396	521	624	668	620	653
	农村	862	1 013	1 209	1 445	1 583	1 320	1 452
	共计	1 166	1 409	1 730	2 069	2 251	1 940	2 105
总计		25 311	24 538	24 801	24 990	23 526	23 485	24 358

见表 3-8 所列，2007—2014 年，学前教育机构总数减少了 3.80%，从 25 311 所减少到 24 358 所。在同一时期，传统学前教育机构显著下降（12.20%），从 22 526 所下降到 19 771 所。在农村和城市地区都出现了这种下降趋势。

此外，总的来说，教室数量从 2007/2008 学年的 37 211 间减少到 2008/2009 学年的 32 574 间，2013/2014 学年增加到 38 231 间。农村和城市之间存在一些差异。农村地区减少了 4%，而城市地区则增加了 7.20%，如图 3-9 所示。

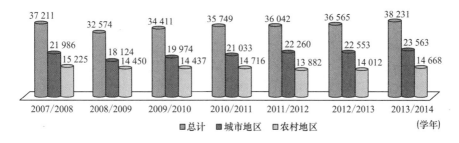

图 3-9　学前教育机构的教室数

学前教育学生人数的增长率为 2%。入学儿童人数从 2007/2008 学年的 669 365 名学生（278 243 名女生）增至 2013/2014 学年的 745 991 名（326 036 名女生），而学前教育机构数量难以满足学生人数增长需求，如图 3-10 所示。

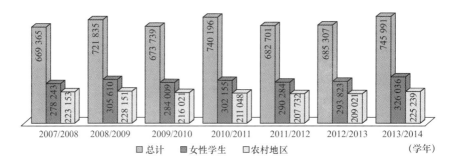

图 3-10　学前教育的学生数

为衡量在实现幼儿普及教育目标方面的差距,最适当的指标之一是 4～5 岁儿童的入学率,即在学龄前或小学教育中的 4～5 岁儿童占 4～5 岁总人口的比例,而 1998 年的法律允许 5 岁半的儿童进入小学就读。

总体进展显示,2008/2009 学年至 2013/2014 学年期间,这一比率从 55.90% 上升到 67.80%,这意味着 32.20% 的 4～5 岁儿童仍然失学。然而,考虑这一学龄前儿童入学比率时,应与阿拉伯国家不超过 20% 的比率进行对比。造成这种现象的主要原因,是传统教育的地位及其在全国范围内的广泛传播以及它在促进阿拉伯语和宗教教育方面的作用。

另一方面,男女入学比例的差距仍然显示出对女性的歧视现象,2007 年至 2009 年为 15%,2013 年至 2014 年超过 10%。城乡差距也在扩大,2007 年学前教育入学率差距超过 32%,2013 年至 2014 年约为 32%。

从学前教育数据中得出的主要结论是,在农村地区,有 32.20% 的 4～5 岁儿童无法上学。鉴于之前学前教育的增长率,2015 年的普及教育目标很可能无法实现。然而,在未来几年里,特别是在学前教育机会逐步扩大的前提下,学前教育普及范围会逐渐增大。

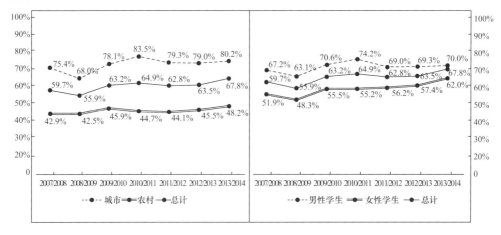

图 3-11　学前教育机构的净入学率变化曲线

由图 3-11 可知,自 2007/2008 学年开始,到 2013/2014 学年截止,学前教育的净入学率经历了 4 个变化阶段:

(1)2007—2009 年:短暂下降阶段,学前教育机构的净入学率下降了 3.80%。

(2)2009—2011 年:快速增长阶段,学前教育机构的净入学率增长了 9%,其中城市的净入学率增长了 15%。

(3)2011—2012 年:学前教育机构净入学率下降了 2.10%。

(4)2012—2013 年:经济复苏乏力,学前教育机构的净入学率仅增长了 0.70%。

如图 3-12,婴儿/儿童死亡率在过去 30 年来出现了下降,从 20 世纪 80 年代的 76‰降至 2011 年以来的 30.50‰。由于新生儿死亡率与母亲的健康、怀孕和分娩条件密切相关,因此降低儿童死亡率仍是一项重要的挑战。

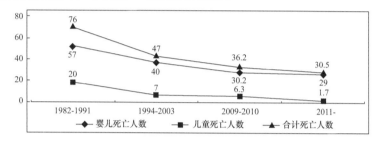

图 3-12　婴儿/儿童死亡率(每千人)

二、摩洛哥学前教育的国际比较

由于《全球教育普及报告》所统计的数据仅截止到 2010 年,因此无法做出及时的比较更新,但是该报告所提供的数据有助于建立教育普及的国际标准。与经济发达程度相似的国家相比,摩洛哥的学前教育入学率较高,但也远远落后于像泰国和法国这样的国家。如图 3-13 所示。

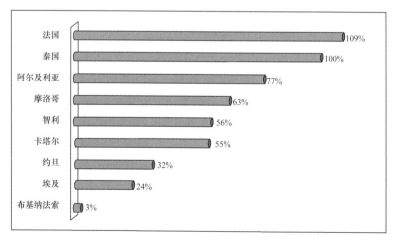

图 3-13　2010 年学前教育入学率的国际比较

1.3 制约因素和挑战

一、学前教育

摩洛哥的学前教育领域面临诸多的挑战和制约,主要原因是公立和私立幼儿园数量少,城乡幼儿园数量分布不均,幼儿园管理服务和工作人员的素质有待提高。

学前教育的改制战略尚处于起步阶段,需要长期努力,尤其是在小学阶段添加学前教育班,需要一定的适应过程。到 2015 年为止,在预期的 3 600 个班中,有 3 391 个是开放的(农村地区有 2 269 个)。但是这些班级数量仍然难以满足所有适龄儿童的需要,因为还有大量失学儿童的存在。

鉴于摩洛哥的人口数量、社会经济发展水平和文化水平及其需求类型,面临的主要挑战是调和这些需求,并将学前教育的新概念纳入主流观念,为所有学龄前儿童的早期学习和教育创造适当的条件。政府需积极发挥和调动人力、物力和财政资源,改善传统的学前教育机构现状,更新基础设施和设备,并培训这些机构的行政和监督人员。

如果不动员教育当局和其他有关部门,也不增加私营部门和民间社会组织的参与力度,这项战略就无法取得成功。事实上,幼儿教育是整个社会的责任,应加强各部门的合作管理,发挥各主体协调作用,进一步推动学前教育的普及。

二、幼儿保育

在幼儿保育方面,摩洛哥取得了明显的进展,改善了大多数保健服务指标(根除某些疾病、提高疫苗接种覆盖率、降低婴儿和儿童死亡率),通过援助机制打击暴力行为,更新国家关于童工的立法来减少对儿童的经济剥削。但是还有一些长期形成的问题难以解决。在卫生方面的主要挑战如下:

增大最贫困人口和边远地区居民获得医疗保健的机会。

完善对糖尿病、肾衰竭、身心有障碍等儿童的慢性疾病的支持机制。

扩大最弱势群体的基本医疗保险范围。

多渠道筹集资金以弥补公共卫生部门缺乏资金的问题。

增加工作人员(医生和保健人员)人数,提升工作人员资质,以照顾有特殊需要的儿童。

采取有效的策略,消除儿童和青少年的不良行为习惯,如吸烟、不良饮食习惯、成瘾等。

在保护儿童免遭暴力侵害和过早进入劳动力市场方面,仍需通过以下措施巩固所取得的进展:

健全法律文书,依法实施相关举措。

加强不同相关部门,尤其是卫生部、国民教育部、司法部、内政部等部门之间的协调,促进各部门之间行动一致,责任到位。

增加儿童收容所数量,帮助弱势儿童。

提升相关工作人员的能力。

2 目标二：确保初等教育的普及

（确保到 2015 年，所有的儿童，尤其是女童、有困难的儿童和少数民族儿童，都有接受并完成义务教育和高质量免费初等教育的机会。）

由于摩洛哥生育率日渐降低，初等教育阶段的适龄儿童数量正趋于稳定。自改革进程启动（2000 年实施摩洛哥《义务教育法》）以及《2009 年应急方案》进程的加速，初等教育的入学率有所提高。初等教育的学生数量从 2007/2008 学年的 3 878 640 人升至 2013/2014 学年的 4 030 142 人。6～11 岁儿童的入学率从 2000/2001 学年的 84.60%（女童 80.6%）上升至 2010/2011 学年的 97.5%（女童 96.3%），并在 2013/2014 学年达到了 99.50%（女童 99.10%）。

这些结果反映了城市和农村地区在促进初等教育和增加教育机会方面所做的努力。因此，到 2015 年，摩洛哥在实现初等教育普及的目标进程中处于有利形势。

尽管取得了显著的成就，但初等教育普及的质量尚未得到必要的重视。诸如复读率和辍学率这样的定量指标，以及小学生评估考试中的低分成绩这样的定性指标都不够理想。为改善这些指标，必须在下一阶段，尤其是 2015 年以后动员一切社会力量共同做出努力。

2.1 已完成的计划和项目

一、教育部门计划

教育部门计划战略的首要目标是确保儿童接受 15 年的义务教育。为此，教育部门计划战略更加强调初等教育的重要性，启动了若干涉及学校建设和改善教学方法的项目计划，获得社会支持。

2007/2008—2013/2014 学年，除了在农村地区创办社区学校的计划之外，还通过创建 455 所小学增加了将近 2 742 间新教室，使入学率显著提高。作为在农村实施义务教育和普及初等教育的新观念，社区学校被定义为具有充足教育空间的公立学校，拥有寄宿设施，可以为学生和教师提供住宿和膳食，并为良好的教育提供其他至关重要的服务。这些学校具有相当开放的环境，通常由具有高度参与意识的社会组织者进行管理。

社会支持的战略目标是克服社会、经济和地理方面的困难和障碍，通过解决引起辍学的问题，提高学习者的在校率。有鉴于此，为了支持社会背景处于弱势的学生，设立了一项综合行动方案，可以提供大量的社会支持服务，使受益者的数量不断增加。

从财政的角度看，分配给这一行动计划的年度预算从 2008/2009 学年的 8 亿迪拉姆增长为 2011/2012 学年的 19 亿迪拉姆。因此，在 2013/2014 学年，名为"百万书包"的行动计划所提供的书包和用具使 3 230 946 名学生受益。学校提供的食堂服务使

1 212 628名学生受益,而受益于交通服务的学生也多达2 114名。

在社会支持战略中,对入学率和在校率具有积极影响的创新计划之一就是"Tayssir"计划。它为农村地区的贫困家庭提供了财政支持,其目的在于改善课堂的出勤率,减少资源浪费。在2008/2009学年,受益于该计划的学生总数为88 000人,到了2011/2012学年,学生总数增加到730 000人,也就是达到了近730%的增长率。这种机制对教育体系的效率产生了相当重要的影响。在男生与女生机会均等的前提下,入学率提高了2个百分点,达到8.50%,同时辍学率降低了1.5个百分点。

因此,为了改善教育培养体系的公平性,MNE战略还制订了确保教育公平的行动计划,从而有利于具有特殊需求的儿童、收容所中的儿童、街头流浪儿童和处于童工状态的儿童,这也是教育工作者始终关注的问题。因此,这些努力主要侧重于为有身体障碍儿童创造必要的机会,使他们能够接受正常的教育。

该计划为有身体障碍儿童设置了350多种进入普通和特殊班级的途径,并创设了114个综合班级,使大约1 370名有身体障碍儿童顺利入学。

尽管如此,仍然需要付出更多的努力去招收这类具有特殊需求的学生。也可以与社会发展、家庭协调部进行合作,招收有身体障碍儿童入学。

从教学的角度出发,还建立了适合儿童个性的跟踪机制,通过个性化的跟踪手册评估学生的学习效果。因此,在初等教育阶段就印发了两百多万册跟踪手册。

职业培训部发起关于失学和辍学儿童的宣传活动,有7 000多所学校的学生参与了这一活动。这是一次大规模的活动,登记注册了60多万名失学和辍学儿童,使370多万小学生认识到过早辍学的危害。

教育支持计划是四个地方教育学院的一个试点项目,试图通过干预帮助学生成才和帮助教育工作者共同开发制订创新方法,以促进对学校教育的支持。该计划的直接受益者主要是辍学后被重新安置的学生,以及被支持单位认定为需要教育支持的学生。该计划展现了特定的学校环境中存在的个人或环境风险因素。亦即:

(1)家庭作业的帮助和辅导。

(2)社会文化帮助。

(3)家庭及学校调解。

摩洛哥的初等教育为6年制,正式招收的主要是6~11岁的适龄儿童,但是在1998年的部级文件中授权初等教育的1年级可以招收5岁半的学生。这一阶段的学生数量持续增长:从2007/2008学年的380万增至2013/2014学年的400多万,总增长率约为5%(私立学校的增长率为11.20%)。在同一时期,农村地区的学生数量也增长了1.30%。私立学校的入学人数增长率从2007/2008学年的8.90%增至2013/2014学年的14.20%,具体如图3-14所示。

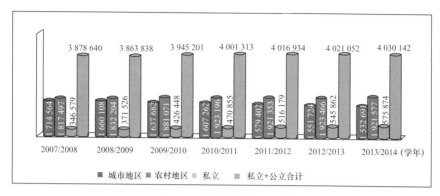

图 3-14 初等教育的学生人数

由于新建了 538 所学校,公立小学的数量从 2007/2008 学年的 7 003 所增至 2013/2014 学年的 7 541 所。这些新建的学校大部分(371 所)在农村。如图 3-15。

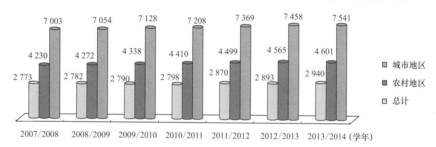

图 3-15 公立小学机构数量

现已证明,学费是阻碍儿童入学的因素之一。这主要是因为购买课本和文具将直接耗尽一些家庭的积蓄。或者,由于入学使家庭失去了劳动力,孩子不再是收入的来源,从而间接地减少了家庭的收入。

该部已经开展了很多行动,以降低家庭所承担的学费。在这些行动中,我们可以列举出的包括增加对贫困家庭的财政援助,创建学校食堂,发放书包和文具等。通过这些行动,受益于食堂的人数从 2007/2008 学年的 920 072 人增加到 2013/2014 学年的 1 212 628 人,即增加了31.70%。此外,得益于稳定学习的学生数量从 2007/2008 学年的 398 857 人增加到 2013/2014 学年的 3 230 946 人,几乎覆盖了所有农村地区的学生。如图 3-16。

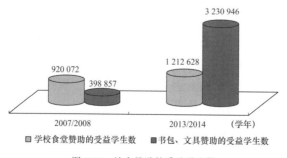

图 3-16 社会赞助的受益学生数

二、伊斯兰宗教基金事务部计划：传统的初等教育

传统教育旨在教授学生《古兰经》、伊斯兰教教法和现代科学原理；培养他们的伊斯兰文化知识，并向其他的科学和文化敞开怀抱，同时尊重伊斯兰教宽容的原则和价值观。

表 3-9 　　　　　　　　　　　接受传统初等教育的学生数量

学年		2007/2008	2008/2009	2009/2010	2010/2011	2011/2012	2012/2013	2013/2014
学生数		13 687	12 361	12 861	12 748	11 678	12 675	14 115
地区	农村	—	—	—	6 637	5 889	6 386	7 475
	城市	—	—	—	6 111	5 789	6 289	6 640
性别	女性	—	—	—	1 947	1 831	2 147	2 642
	男性	—	—	—	10 801	9 847	10 528	11 473

统计数据显示，在 2007/2008 学年和 2011/2012 学年之间，传统初等教育的学生数量呈下降趋势，平均每年下降 5%，在城市和农村地区减少的数量几乎相等。见表 3-9。这种下降趋势主要是由于一些新的制约因素造成的，主要包括：

（1）自 2006 年引入了一些新的学科，例如外语，同时对学生学习成果的考查采用了更为精确的评估、考试和认证等手段。

（2）由于缺乏基础设施和人力资源，有些学校倾向于坚持《古兰经》的教学。

（3）6 岁以上的孩子要接受传统的初等教育，需要牢记全部或部分的《古兰经》，并参加分班考试。

此外，2011/2012 学年和 2013/2014 学年，由于实行改善教育机会的战略，接受传统初等教育的学生数量每年增长 10%，这一增长基于以下措施：

（1）建设新学校（每年 2～3 所）。

（2）管理和扩建现有的学校（每年 10～15 所）。

（3）为学校添加设备（每年 20 所设施）。

（4）增加接受补偿教育的人数，提高行政管理人员的数量。

（5）改善学生的社会生活条件。

（6）加强与相关部门、民间团体的合作，增强伙伴关系和协调性。

三、国家援助计划

（一）支援困难儿童和弱势儿童的教育

教育和入学的援助计划针对贫困家庭的孩子和学习有困难的孩子，以期能够弥补学前教育入学时的差距，尤其是在贫困地区。因此，国家援助计划增加了有利的机会和条件，使贫困的公民从综合性公共教育计划中获益匪浅。

教育和入学援助与一些社会保护机构相关，这些机构都把注意力集中在弱势的未成年人和传统学校，它们主要承担孩子们在校学习期间的与住宿、膳食、心理支持和生

活技能有关的后勤工作,这些服务的主要对象是低收入家庭尤其是农村地区的贫困家庭。

这些机构维护贫困家庭儿童的入学权益,因为这些家庭可能会选择把孩子留在家里,以增加收入。

2007 年 7 月颁布了一条法规,旨在规范管理社会保护机构的服务,从而使国家援助计划具有格外重要的公共影响力。社会保护机构中心和受益者的数量如图 3-17 所示。

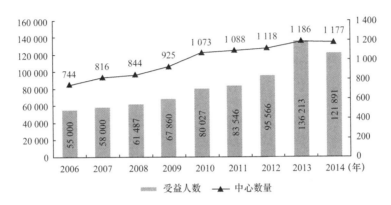

图 3-17　社会保护机构中心和受益者的数量

国家援助计划在以下方面帮助社会保护机构中心:

(1)为负责管理这些中心的协会提供财政支持。在 2013 年,资助资金达到了大约 1.15 亿迪拉姆之多,援助对象包括特殊儿童社会保护机构。

(2)根据管理这些机构设施的相关法规,对社会保护机构中心设施进行升级。

(3)国家为机构提供行政、教育和财政援助人员。

(4)提供这些中心员工的培训课程。

(5)为儿童组织体育、文化和娱乐活动。

(6)审计和支配这些机构的补贴。

(二)对有身体障碍儿童的援助计划

该计划为来自贫困家庭的有身体障碍儿童专门设置学习中心,这种学习中心的数量持续增加,从 2007 年的 19 个增加到 2014 年的 48 个。但是,受益者的数量每年都在波动,在 2014 年达到了 4 652 人,如图 3-18 所示。

四、社会协调部和社会发展部计划

社会协调部和社会发展部已经制订了若干行动来帮助有身体障碍儿童的管理进程。在有身体障碍儿童的心理健康和身体康复方面建立了多方位的培训,即:

(1)精心制订专业教育培训模块,其对象为负责综合课堂的教师和有身体障碍儿童中心的员工。

(2)培训 300 名医师,对可能导致残疾的病理缺陷进行早期发现和治疗。

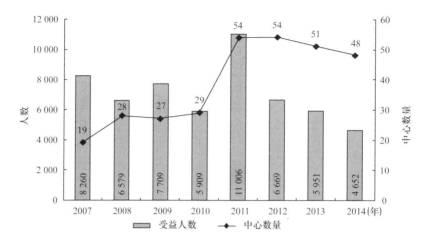

图 3-18　为有身体障碍儿童设置的中心数量和受益人数

（3）为来自贫困家庭的有严重身体障碍儿童实施教育资助计划。分配给该计划的资金从 2006 年的 8 359 400 迪拉姆增长为 2011 年的 14 994 200 迪拉姆。

（4）建立接收有身体障碍儿童的综合中心。

（5）在 2010 年的第八届全国有身体障碍儿童节期间，3 000 多名有身体障碍儿童参加了社会文化、体育和娱乐活动。

为有身体障碍儿童设置的中心数量和受益人数如图 3-18 所示，相关支援计划见表 3-10 所列。

表 3-10　　　　　在专设中心招收有严重身体障碍儿童的支援计划

学年	协会数量	儿童数量	女	男
2006/2007	34	982	—	—
2007/2008	43	1 301	467	834
2008/2009	48	1 427	531	896
2009/2010	64	1 780	636	1 144
2010/2011	68	1 963	717	1 246
2011/2012	42	1 579	571	1 008

五、国家人类发展计划（NIHD）

2008 年，通过为摩洛哥教育援助协会拨款 2 000 万迪拉姆，NIHD 为"百万书包行动"做出了巨大贡献，这次活动的主要目标：

（1）促进初等教育的普及。

（2）确保教育机会的平等，强调活动的义务性。

（3）消除辍学现象。

（4）提高学习质量。

（5）援助贫困家庭。

在 2008/2009 学年的第一阶段，该行动使 1 300 224 名小学生和初中 1 年级学生受益,覆盖了 NIHD 目标地区的 6 076 所学校。其他地区也从该项行动中获益匪浅。

在 2008 年与摩洛哥教育援助协会(AMAS)签署的公约中,总额为 25.14 亿迪拉姆的款项中有 2.35 亿迪拉姆用于为学生发放书包、文具和教科书。

在 2011—2012 年,在 15 岁义务教育的政策指导之下,国家教育部门已经扩大了其"百万书包行动",为摩洛哥小学和初中的 3 898 000 名新生提供服务。

2.2 计划实施进展

一、国家整体进展

到 2015 年,6～11 岁儿童的入学率是衡量初等教育普及的第二个 EFA 目标进展的合适指标。

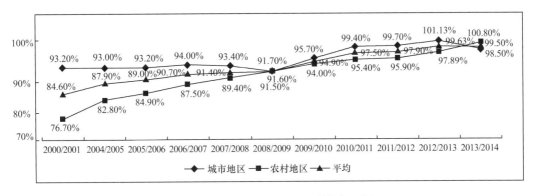

图 3-19 各地区 6～11 岁儿童的初等教育入学率

初等教育入学率从 2000 年的 84.60％上升到 2013/2014 学年的 99.50％。这条上升曲线的特点是,从 2000 年到 2008 年之间的增长率较低,然后在 2008 年之后开始强势上升。如图 3-19 所示,这种增长主要是得益于有关方面为减少各地区之间,尤其是农村地区与城市地区的入学差距所做的巨大努力。

在过去的十几年里,农村的学校教育一直稳步发展。反过来,城市的学校教育在 2000 年至 2008 年期间入学率停滞增长,甚至有下滑趋势。

到 2015 年,在 6～11 岁的孩子中,失学的比例接近 0.50％。因此可以认为,摩洛哥在 2015 年已经实现了普及初等教育的目标。尽管如此,那些处境困难的儿童(有身体障碍儿童、流浪儿童、贫困家庭儿童、偏远地区儿童等)仍然需要帮助。

这些失学的 6～11 岁儿童大约为 92 400 名(2013/2014 学年)。如果扣除在教育援助计划专设中心学习的 11 006 名有身体障碍儿童,那么实际失学儿童为 81 394 名。为了实现 EFA 的目标,这一类型的招生入学工作需要众多部门共同努力制定出整体战略,以招收实际没有入学机会的儿童。

如果要成功消除辍学现象,实施初等教育普及计划是唯一有效的方法。即使不能彻底根除辍学现象,教育部门采取的很多重要措施也能够缓解这一现象。教育部门为此执行了很多项目计划,包括增加教育机会,特别是在农村地区建立了新型的小学(社区学校)。为了消除辍学现象,还通过有条件的资金援助对贫困儿童的父母进行社会援助。

通过国家各部门的共同努力,初等教育阶段的平均辍学率大为降低,从 2004 年的 6.1% 降低到 2013 年的 2.5%,变化趋势如图 3-20 所示。

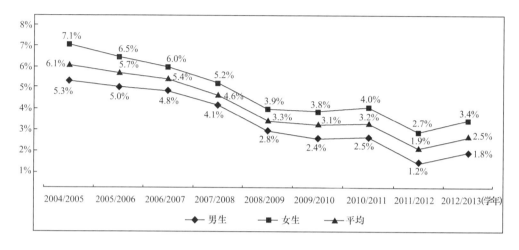

图 3-20 初等教育分性别的辍学率(%)

男女之间的差距也正在缩小。尽管这种趋势似乎很缓慢,但是这一趋势如果能够持续下去,这场反辍学行动就会取得胜利,这些计划在于唤醒人们参与学校教育的意识。

二、国际对比

在 EFA 的《2013 年全球监测报告》中,摩洛哥的初等教育普及率位于法国和突尼斯之后,如图 3-21 所示。不过,全球监测报告使用的数据反映了摩洛哥的真实情况,其初等教育阶段的净入学率在 2013/2014 学年达到了 96.60%。

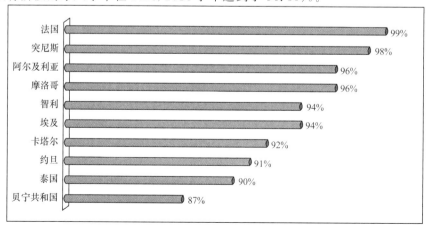

图 3-21 2013/2014 学年初等教育入学率的国际对比

2.3 主要制约因素和挑战

尽管国家各部门在教育方面付出了很多努力,但是仍然面临着一些障碍和问题,影响全民教育进程。学校教育资源的不均衡、农村基础设施薄弱以及贫困是造成学生失学的主要原因。

实施初等教育普及计划面临的挑战有两类:第一类是很难定位这类人群,他们只占每年失学儿童数量的 0.5%。由于这是一个被边缘化和异质化的人群,需要不同的部级机构和当地的行动者进行干预。

第二类挑战与辍学相关,事实上,2013 年的小学生辍学率要略微高于 0.5%。

3 目标三:满足青年人和成年人的教育需求

确保所有青年人和成年人的教育需求得到满足。通过公平合理的途径和足够的项目计划,使他们获得各种知识和生活技能。

为了满足青年人和成年人的教育需求,摩洛哥采取了一些重大的措施为他们提供公平的学习机会,帮助学生获得技能的挑战,避免他们辍学。

与初等教育类似,摩洛哥为学历教育和中等职业技术教育投入了大量资金,形成了高等教育和职业教育两个部分。这些投资的目标主要是提高入学率,减少文盲并改善非正式教育计划,发展社会职业教育与学术教育并重的多样化高等教育。

但是仍存在许多问题。一方面,是因为日益增长的社会需求难以满足;另一方面,国家和国际社会经济环境为教育和职业培训体系带来了诸多挑战。

3.1 计划和实施

2007—2013 年,摩洛哥在学历教育、职业培训、高等教育和非正式教育等领域取得了重大成就,年轻人能够参加按照他们的需求定制的计划,这些计划为他们提供了获得知识和生活技能的机会。

一、中等学历教育和中等职业技术教育

(一)2007—2013 年的学校建设计划

2007—2013 年,中等学历教育和中等职业技术教育的基础设施得到了加强,一共新建了 321 所院校和 299 所高中。为中等学历教育增加了 4 706 间教室,为中等职业技术教育增加了 6 229 间教室。

在中等学历教育领域,学校的总数在 2007/2008 学年—2013/2014 学年从 1 460 所增加到 1 781 所。农村地区新增了 174 所学校(超过 54% 为新建筑)。具体如图 3-22 所示。

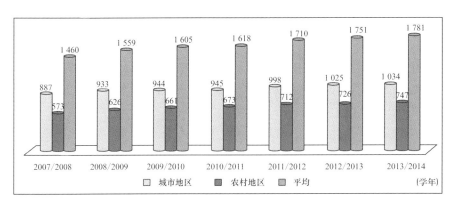

图 3-22 按地区类型划分的中等学历教育机构数量

在高中教育领域,7 年内新建了 299 所教育机构,其学校总数从 2007/2008 学年的
743 所增加到 2013/2014 学年的 1 042 所。城市地区受益较大,新增了 183 所学校,而
农村地区也新建了 116 所学校,如图 3-23 所示。

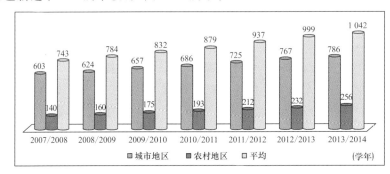

图 3-23 按地区类型划分的高中教育机构数量

(二)中学入学率及各类学生人数

1. 中等学历教育(公立和私立)

从 2007/2008 学年到 2013/2014 学年,这一层次的各类学校招收的学生增加了
4%,而农村地区的入学率显著提高,达到了 46%。同一时期,私立学校的学生数量急
剧增长了大约 114%。

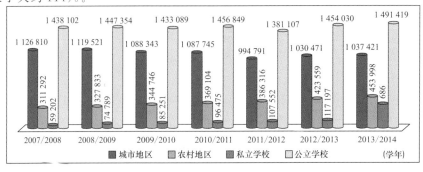

图 3-24 各地区和类型学校的学生数

为了减少因贫困和地理位置偏远对入学造成的影响,专门开展了有利于学生的社会援助活动,援助那些来自农村的学生。因此,受益于学校食堂、寄宿学校和 Dar Ettal-ib(由非政府组织管理的避难所)的学生数量分别增长了 143%、39% 和 72%。具体数量如图 3-25。

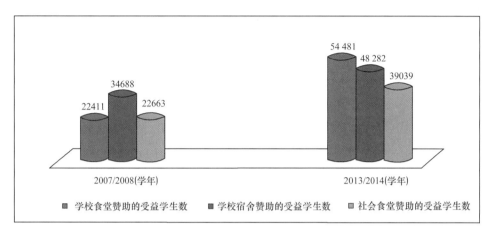

图 3-25　各类型赞助受益学生数

2013/2014 学年,大多数来自贫困家庭的学生都收到了书包和文具。这些受益者的数量,从 2007/2008 学年的 26 098 增加到 2013/2014 学年的 504 475,几乎增加了 20 倍。

摩洛哥在 12～14 岁学生的入学方面取得了显著进展,这是由联合国教科文组织统计研究所对这个年龄段的人群进入初中的入学率统计测算得出的结论。从 2000/2001 学年到 2013/2014 学年,这一比率增长了约 27%,从 2000 年的 60.30% 增长到 2013/2014 学年的 87.6%,如图 3-26 所示。

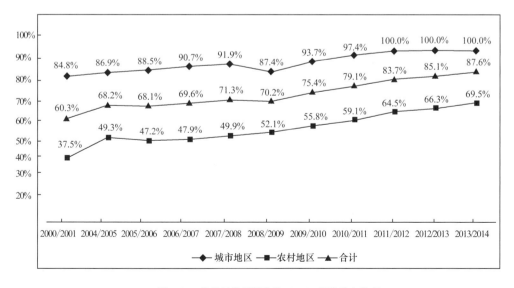

图 3-26　按地区类型划分的 12～14 岁学生入学率

数据显示,城市地区 12～14 岁学生的入学率几乎达到 100%。但是,农村地区仍然落后,2013/2014 学年的入学率为 69.50%。不过,对此也有不同的解释,因为很大一部分农村学生在位于城市地区的学校就读。2000—2007 年,农村和城市的差距保持稳定,如图 3-27 所示,从 2008 开始这种差距逐渐缩小并持续至 2014 年。

2. 中等职业技术教育(公立和私立)

接受中等职业技术教育的学生总数显著增加,从 2007/2008 学年的 713 633 人增加到 2013/2014 学年的 905 309 人,增加了 27%。尽管来自农村的学生只占所有中等职业技术教育学生的 14%,但是在 2007/2008—2013/2014 学年,学生的数量已经显著增加了 103%。此外,私立学校的学生人数在同一时期也增加了约 98%。

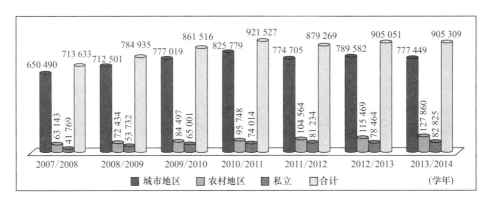

图 3-27 按地区和类型划分的中等职业技术教育学生数量

此外,学生的住宿条件也大为改观,教育环境得到改善,从而提高了他们的在校率。图 3-28 显示,寄宿制学校的学生人数增加了 37%,从 2007/2008 学年的 41 362 人增加到 2013/2014 学年的 56 482 人,而住在 Dar Ettalib 的学生人数增加了 82%。

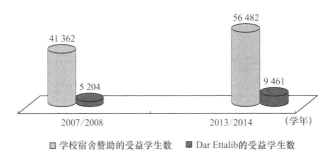

图 3-28 学校宿舍赞助和 Dar Ettalib 的受益学生数

15～17 岁学生的入学率也显著提高,如图 3-29 所示,从 2000/2001 学年的37.20%增至 2013/2014 学年的 61.10%。但是这类人群的失学率几乎达到了 39%,说明改善后依然难以满足这一年龄段的学生需求。农村地区与城市地区的差距仍然很大,达到了 57%。农村的职业学校数量很少,许多在城市学校入学的学生来自农村地区。

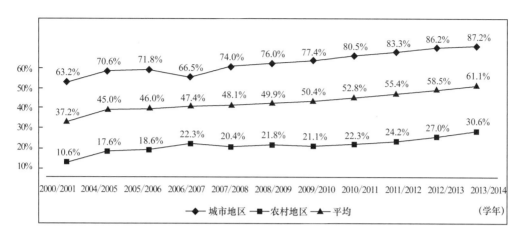

城市地区   农村地区   平均   (学年)

图 3-29   按地区类型划分的 15～17 岁学生的入学率

3. 传统中等教育

接受传统中等教育的学生人数在 2011/2012 学年达到 2 020 人,与 2007/2008 学年的 1 189 人相比,年均增长率达到了 14.38%。见表 3-11 所列。

表 3-11   传统中等教育中的学生数量

学年		2007/2008	2008/2009	2009/2010	2010/2011	2011/2012
数量		1 189	1 237	1 513	1 700	2 020
地区	农村	—	—	—	733	848
	城市	—	—	—	967	1 172
性别	男	—	—	—	53	49
	女	—	—	—	1 647	1 971

4. 传统高中教育

传统高中阶段的学生数量也从 2007/2008 学年的 198 名增加到 2010/2011 学年的 407 名,增长幅度为 52.78%。然而在 2011/2012 学年,学生人数略微减少,为 349 名。见表 3-12 所列。

表 3-12   接受传统高中教育的学生人数

学年		2007/2008	2008/2009	2009/2010	2010/2011	2011/2012
全国		198	262	324	407	349
地区	男	—	—	—	0	0
	女	—	—	—	407	349
性别	农村	0	0	0	11	14
	城市	198	262	324	396	335

3.2 非正式教育

失学和辍学问题是国家极为关注的问题。事实上,9～15 岁的失学者估计超过

80 万,占该年龄段学生人数的 15%。

非正式教育是这一问题的直接解决方案,它的目标是为被排除在正式教育体系之外的儿童提供特定的课程,并为他们提供第二次机会进入到正式或职业技术教育。

摩洛哥制定并发展了有趣的非正式教育模式,为被排除在正式教育之外的儿童提供了第二次机会。然而,非正式教育部门正面临着许多挑战,阻碍了其成为接纳失学儿童的教育体系,其受益人每年仅限于大约 35 000 名儿童,尽管各主体部门做出了不懈努力,但接受正式教育或职业教育的人数仍很少。

为解决失学和辍学问题,非正式教育采取了灵活多样的预防策略和补救方法。

一、预防措施:减少辍学现象

该计划于 2005/2006 学年开始实施,其目的是通过在学校内部建立监测系统防止学生辍学。同时鼓励学校教职人员参与打击辍学的活动,并为具有辍学风险的学生提供个性化的援助。

降低复读和减少辍学计划旨在通过学校建立内部的监督机制减少资源浪费和学生的不良表现,该计划目标是,对于 2009—2010 年出生的孩子,要保证其小学毕业时毕业率达到 90% 并且无复读现象。

援助计划被认为是预防措施和打击辍学行动的一部分。它包括一套行动方案,旨在为那些失学后再次进入学校的学生提供个性化援助。或者通过"孩子对孩子"和"Caravan"意识宣传活动,克服难以跟上学校课程的问题和困难。

该计划可与非政府组织合作实施,或者通过机构和委托管理部门提供的实施方案直接接纳儿童。

二、继续教育学校

非正式教育最初是作为"继续教育学校"建立的。它是一个在正规学校体系之外提供合适教育的机构,其服务对象为每一个由于某种原因而未能入学的学龄儿童。因此,为了实现学龄儿童的全面入学,非正式教育成为正式教育体系的有效补充。

2008—2012 年,非正式教育(继续教育学校)受益者的人数累计达到了 214 483 人,其中女生占了 50%,来自农村地区的儿童占了 58%,具体见表 3-13。

表 3-13　　　　2008—2012 年继续教育学校的分布情况

年　份	2008 年	2009 年	2010 年	2011 年	2012 年	总计
受益人数	32 419	33 177	38 198	46 119	64 570	214 483
女生占比(%)	55	51	50	49	48	50
农村学生占比(%)	51	49	59	65	62	58

2011—2012 年,注册学生的受益人数达到了 64 570 人,其中 2 474 人得到了赞助协议的援助。为此,教育部门与众多国家级协会签署了 418 项协议。这些协会的项目由国家预算资助,并且由于它们与当地社区的关系密切,还负责非正式教育课程的鉴

定、注册和管理,以方便受益者进入学校、劳动力市场和社会。

表 3-14 显示,自从实施新的非正式教育战略以来,进入正式学校或职业技术教育机构就读的人数稳步增加。2007—2011 年,共有 43 802 人从非正式教育转入正式教育,10 417 人转入职业技术教育,具体见表 3-14。

表 3-14　　　　　　　　　　进入正式教育和职业技术教育的受益人

年　份	2007 年	2008 年	2009 年	2010 年	2011 年	总计
正式教育受益人数	4 551	4 839	4 980	13 611	15 821	43 802
职业技术教育受益人数	1 596	1 726	1 684	2 104	3 307	10 417

非正式教育的管理机构与许多地方和国家的组织合作,领导了所有这些计划和行动。

为了形成一种改善非正式教育质量的模式,非正式教育部门正在与不同的国际合作伙伴开展若干合作计划。以下是一些合作计划的范例:

(1)摩洛哥—联合国儿童基金会合作方案:为了制定帮助无法入学的失学儿童及青少年的国家战略,该计划尝试采用符合《儿童权利公约》的教育模式,以提高非正式教育的质量。

(2)与比利时的法语区进行的合作:重点在于制订、试点和修改非正式教育的课程,以及促进教育援助战略的发展。

(3)摩洛哥—西班牙的合作:为北部、东部和苏斯-马萨省实施非正式教育战略提供了财政支持,以创建非正式教育课程和学校讲习班。

(4)与欧盟的合作:大力提高了项目计划的财政能力,拓宽了资助来源等。改善技术条件,以获得更好的干预效果。

(5)与消除童工国际计划组织的合作:所开展的非正式教育活动替代了童工的劳动,尤其是在农村地区的手工业领域,成为消除辍学现象的有力工具。

(6)摩洛哥与美国的合作:美国劳工部通过两个学习项目资助了在一些地区打击童工现象的非正式教育活动,关注失学和辍学儿童(例如做家庭佣工的女童和在机械工业和手工艺行业工作的儿童),从而使他们重新进入学校或职业教育机构,并为他们提供教育援助,以减少辍学现象。

三、职业培训

21 世纪初通过并采用的《国家教育与培训章程》指出了职业培训的作用,并将其作为满足企业对技能的需求和提高工人就业能力、促进青年人就业的基础。

所采用的发展战略以培训系统与生产部门相结合的新方法为基础。这一战略基于具有开放动态的伙伴关系,涉及政党、商会和协会、社会伙伴、非政府组织等。

由于不同利益相关者的共同努力,基本职业培训和在职培训领域在过去的十几年里取得了很多成就。

下列职业培训使年轻人获得了基本的职业资格：

（1）发挥职业培训系统的力量，帮助基础教育、初等和中等教育毕业生获得进入劳动力市场所需的资格。

（2）通过双重训练和学徒制，使工作场所成为获得技能的专有空间。近年来，企业内部的学徒培训中心已经使学徒制颇具特色。

（3）通过合同制定专业领域培训政策，与经济部门建立合作伙伴关系，以便让它们更多地参与培训过程的管理，并启动一项计划，定义如何创建由专家管理的全行业培训中心。

（4）发展私立培训机构，使其成为国家发展培训体系的主要合作伙伴。

（5）建立有利于社会弱势群体的培训体系，促进包括囚犯在内的人群再就业，并于2002年启动了监狱职业培训中心项目。

（6）以获得技能为核心重新设计职业体系。

为提高公司员工技能的在职培训可以概括如下：

（1）建立在职培训发展机制（特别培训合同及跨专业人员咨询小组），帮助企业确定其对合格技能的需求并提高员工的就业能力。这些机制是由公司的需求而不是由现有的培训机制驱动的。它们是：

跨专业人员咨询小组是由众多的专业组织构成并形成指导协会，帮助企业为自身的发展建立战略分析系统，并认定它们的技能和培训需求。

特别培训合同制度提供部分培训费用，这些费用是由于企业为员工提供培训项目而产生的。

（2）在2008年引入了由ANAPEC管理的直接培训系统，旨在帮助摩洛哥的四个提供全球就业机会的行业，包括汽车工业、航空、电子和离岸外包行业。

在构建这些机制的同时，该部门启动援助措施，以发展企业的人力资源管理和培训咨询市场，即：

为培训咨询的相关利益者制定资格体系，帮助企业选择服务的提供者，形成知识分类体系，提升培训咨询服务的质量。

开展试点工作，以验证建筑、公共工程部门以及纺织行业的专业经验，使没有接受过初步培训或早期不具备工作经验的雇员能够获得技能方面的证书。这些试点工作还扩展到了其他行业，例如旅游业和肉类加工行业。

该体系为在初始培训系统之外获得学位或认证提供了新的途径，这将促进员工职业道路的发展以及新的在职培训系统的开放。

（一）公立和私立培训的多样化发展

2006—2013年，为了满足公司对技能的需要和促进青年人就业，重新开始扩大培训系统容量。

从2006/2007学年到2012/2013学年，公立部门建立了133个新机构，并扩建了

16 个现有机构设施,见表 3-15。

表 3-15　　　　　2006—2013 年新建和扩建的机构数量　　（单位:所）

学年	机构数量	
	创建	扩建
2006/2007	9	—
2007/2008	24	—
2008/2009	16	5
2009/2010	15	5
2010/2011	14	4
2011/2012	14	2
2012/2013	41	—
总　计	133	16

关于私立职业培训体系,其有效教育设施的数量从 2006/2007 学年的 1 470 个增加到 2012/2013 学年的 1 493 个。

因此,在 2012/2013 学年,公立和私立职业培训机构的总数达到了 2 004 个(公立领域 511 个,私立领域 1 493 个)。

培训体系几乎覆盖了所有领域,包括旅游和酒店管理、纺织服装、信息通信技术、农业、渔业、手工艺、农商和机械、冶金、机械和机电工业、卫生、运输和物流、建筑和公共工程、航空、汽车等。

(二)扩大职业培训学员规模和毕业生数量

2006—2012 年,所有教育和培训部门的受训人员总数从 2006/2007 学年的 223 031 人大幅增加到 2012/2013 学年的 331 981 人,增加了 49%,其中女性占受训人员总数的 42%。见表 3-16。

表 3-16　　　　　　　　　　　接受职业培训的学员人数

学年		2006/2007	2007/2008	2008/2009	2009/2010	2010/2011	2011/2012	2012/2013
内部培训	公立	135 670	150 867	175 328	194 714	202 073	217 557	225 359
	私立	67 184	73 368	76 279	75 266	70 153	75 890	76 104
	公私合计	202 854	224 235	251 607	269 980	272 226	293 447	301 463
学徒制		20 177	27 371	30 592	31 948	33 620	34 302	30 518
总计		223 031	251 606	282 199	301 928	305 846	327 749	331 981

职业培训体系在 2006—2012 年为劳动力市场提供了 90 多万名技能熟练的年轻毕业生。见表 3-17。

表 3-17　　　　　　　　　　接受职业培训的毕业生人数

年 份		2006 年	2007 年	2008 年	2009 年	2010 年	2011 年	2012 年	总计
方式途径	内部培训	89 093	93 034	108 439	116 332	123 400	132 045	130 342	792 685
	学徒制	12 581	13 273	15 348	17 711	18 085	17 242	17 719	111 959
小计		101 674	106 307	123 787	134 043	141 485	149 287	148 061	904 644
职业培训和劳动促进部门		46 399	49 773	61 475	67 172	81 455	85 843	83 884	476 001
私立培训部门		35 951	37 729	41 750	46 026	45 726	42 672	44 529	294 383

(三)学徒制培训

学徒制培训是基于摩洛哥《国家教育与培训章程》提出的新的培训途径,其目的是促进可能没有机会获得职业培训的失学儿童进入劳动力队伍,并确保农村的青年人接受适当的培训,以适应其特定环境中的劳动力市场。

2012/2013 学年在九个运营机构的努力下,学徒制培训规模已达 30 518 人。

(1)企业内部学徒制培训中心的发展

为了确保学徒制培训体系的高效性,并使其与企业的关系更为密切,职业培训部与德国展开合作,从 2004 年开始启动了一项在纺织、皮革、酒店、珠宝、汽车和肉类加工以及新闻等行业建立内部学徒制培训中心的计划。该中心向企业提供了技术和财政支持,以便它们建立自己的内部学徒训练中心,用来培训它们的员工,不断提升其技能水平。在这一计划中,企业能够组织和主导自己员工的招聘过程,并培养与他们的需求相一致的技能。在该计划内开发的各种工具将是企业内部学徒培训中心概念的延续,并扩展到国家工业振兴协定中具体提到的其他行业。

(2)学徒制培训计划与国家人类发展计划的融合

除了与传统培训提供者建立的伙伴关系外,职业培训部还为在培训能力方面具有重要潜力的新提供者铺平了道路,这主要是指非政府组织。鉴于各协会相互联系和社会动员作用得到认可,满足了一些弱势群体的具体需要,职业培训部与从事培训工作的各个协会缔结了伙伴协议,创建有利于这一群体的学徒制培训计划。职业培训部支持这些协会通过与公立培训提供者合作,或作为私立职业培训提供者建立学徒制培训项目计划。在后一种情况下,合格的协会将得到必要的支持来创建他们自己的学徒制培训中心。另一方面,为了使学徒制培训计划与国家人类发展倡议保持一致,职业培训部已经与当地的行动者合作,确定专门针对来自与国家人类发展倡议相关的社区的青年人的项目计划,以及负责执行管理的合作者。鉴于该项目对改善弱势青年的生活和社会职业状况十分重要,该部门正致力于发展各种伙伴关系,为这些青年制订针对性培训项目计划。

(四)私立职业培训的发展与提升

由于私立职业培训肩负着公共服务的使命,因此职业培训部进行了若干改革措施,以推进和加强这一行业的发展。表 3-18 所列为按行业划分的私立职业培训数量。

表 3-18   按行业划分的私立职业培训数量

行　业	2006/2007	2007/2008	2008/2009	2009/2010	2010/2011	2011/2012	2012/2013
行政、管理和商业	26 137	25 055	24 904	25 528	24 742	26 760	25 846
美容美发	15 570	15 977	16 106	15 605	14 173	14 423	14 489
ICT(信息通信技术)	7 958	11 552	13 565	12 872	11 472	12 470	12 785
辅助医疗与卫生	7 362	9 018	9 050	8 704	8 329	9 310	10 775
旅游和酒店管理	3 219	4 660	5 151	5 261	4 668	5 125	5 013
纺织、服装和皮革	2 555	2 635	2 737	2 607	2 383	2 509	2 558
冶金、机械和机电工业	1 356	1 376	1 304	1 188	933	1 724	962
建筑与公共工程	419	603	875	1 213	1 264	1 445	1 658
其他(生产工艺、家庭辅助、交通运输、农产品加工等)	2 608	2 492	2587	2 288	2 189	2 124	2 018
总　计	67 184	73 368	76 279	75 266	70 153	75 890	76 104

这一动态变化表明私立培训机构有能力维护自身的市场地位,并有利于公立培训行业。同时,私立职业培训还可以为国家在能力培训方面做出贡献。

私立职业培训机构受益于一项综合援助计划,包括培训机构的资格认证、私立职业培训机构的认定,以及国家对私立职业培训机构的培训和行政费用的资助和教学援助。

1. 私立职业培训机构的资质认定

私立职业培训机构的资质遵循自愿原则,私立职业培训机构可以凭此提交一个或多个培训领域,以评估其是否符合当前的技术和教学规范。私立职业培训国家机构委员会对这一过程进行监督。

资格证书的有效期不超过 5 年,有关机构应当按照与首次授予资格相同的规则和程序,在证书最后一年的有效期内进行资格的重新认定。

2. 国家承担部分培训费用

为了鼓励私立职业培训,国家承担了部分培训费用,以支持在获得认可的私立职业培训机构中接受培训的学员,这是主要行业中专业水平培训的一部分,每位学员的年培训费用在 4 000 迪拉姆之内。

在 2012/2013 学年以前,181 个拥有资质的私立职业培训机构注册学员共计 3 102名;在该政策影响下,国家增加了 4 300 万迪拉姆的预算,增设了 25 个有资质的私立职业培训机构,注册学员总数增加到 11 805 名。

(五)发展有利于弱势群体的职业培训

为了促进弱势群体重新融入社会职业环境,该部与有关方面合作制订了这项计划。

(六)在职培训的发展

摩洛哥认识到人力资源是经济增长的主要动力,通过在职培训提升员工的能力,以跟上国民经济现代化竞争的步伐。

在这方面，公共部门采取了以动态的公私伙伴关系为核心的发展战略，以实现人力资源的合理化并提高员工的就业能力。

该计划的目标是提高摩洛哥劳动力的技能水平，增强企业的竞争力，从而更好地应对国际竞争的挑战，逐步让摩洛哥融入国际经济大环境。

加强对获得的职业经验进行验证的制度，并扩大到其他行业，特别是纺织/服装和旅游/酒店管理、肉类加工行业。

四、国家合作计划

国家合作计划通过干预措施帮助有困难的年轻人获得进入职场的其他途径和其他选择范围。目前已经制订了两个培训和学徒制计划。

第一个计划与教育和培训中心相关，其课程与目标人群的具体情况相适应。这是一个适应邻近市场的服务和生产需求的资格培训，是需要不断地根据市场环境要求发生变化的动态援助计划。

第二个计划是与负责职业培训的部门合作制订的，国家合作计划通过教育和培训中心发挥运营者的作用。该计划针对的是深陷困境的年轻人，他们大多数是对学校不满的辍学者。作为对获得技能的认可，可以对感兴趣的学员发放培训证书和内部文凭。

此外，国家合作计划还为丹吉尔、贝尼迈拉勒、纳祖尔、胡里卜盖和本格里省流落街头的未成年人提供了具体计划。这是一项由外国专家支持的试验性活动，为此类未成年人提供第二次机会。

总体上，这个培训及整合的过程是根据一个三阶段协议开展工作的：

（1）对这些未成年人进行心理辅导和定位，有助于他们识别和面对社会日常生活中的风险（毒品、酗酒、流落街头、被排斥等）。

（2）通过学徒制方法选择与学员的个性相适应的培训方式。

（3）在确保培训一体化行动过程中，国家合作计划通过自己的中心（ETC）与专注于该领域的协会合作开展工作。

其中，ETC指国家合作计划的教育和培训中心。其服务的目标人群为女性文盲、失学者和贫困地区的学生等。覆盖的区域包括45%的农村地区，服务的具体内容包括：

（1）各种资格培训，包括传统和现代的裁剪和缝纫、刺绣、针织、电脑操作、家政管理、美容美发。

（2）培训登山向导、女性儿童幼教，提供玻璃画、丝绸画、陶瓷画、陶器装饰、珠宝等知识。

（3）为提高处境困难的妇女和女生的生活能力，设立了识字班、卫生教育班、公民教育班和培训班。

（4）对社会团体予以支持（创建微型项目、创设作为协会或合作社的组织、建立特小企业）。

如图3-30所示，2011年国家合作计划的教育和培训中心的数量达到了1 235个，这些中心培训了 102 721 多名学员,其中 93% 是女性,他们接受了按照各地方特色以及工作市场需求而确定的手工艺学徒课程教学。同时,国家合作计划的教育和培训中心还对学员进行了学业效果追踪调查,并颁发了 24 000 份毕业证书。

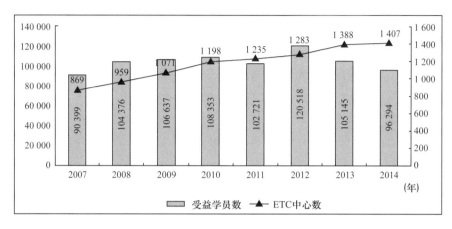

图 3-30　国家合作计划的教育和培训中心数量及受益的学员数量

(5)职业培训。国家与负责职业培训的部门合作,以国家合作计划的教育和培训中心欢迎处于困境的学生,他们都是由于对学校不满而辍学的 15 岁及以上的学生。根据交替培训的方法,中心为他们提供适合各种年轻人群能力的手工艺学徒培训并进行跟踪,以促进年轻人融入社会。在某些情况(吸毒、酗酒等)下,还会为他们提供心理、社会支持以及医疗支持。

从布局上看,国家合作计划的教育和培训所在的大多数省和地区都拥有企业,可以完成按照 20∶80 的比例设立的学徒制课程(理论讲座 20%,企业内部实践 80%)。

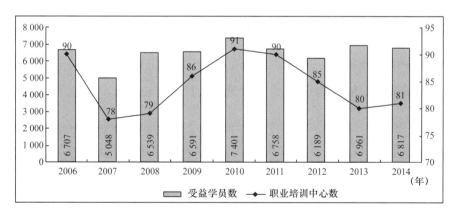

图 3-31　职业培训中心数量及受益的学员数量

如图 3-31 所示,2014 年,国家合作计划创办的职业培训中心已达 81 个,受益者多达 6 817 人,其中 36% 是女性。国家合作计划的教育和培训项目涉及的行业包括服务、生产、手工艺、酒店管理、餐饮管理、计算机科学、建筑、公共工程和社会救助等。

五、青年体育部的职能

(一)女性职业培训

青年体育部主要为年轻人提供有质量的培训服务,培训的主要项目包括为15～30岁的女性设置职业培训课程,培训要求女学生完成6年的初等教育和3年的中等教育,并通过培训入学考试。培训包括现代及传统的缝纫技巧、美发、幼儿教师、电脑程序员、收银员、售货员、家庭艺术、刺绣、编织等内容。

为10岁以上的女生启蒙职业意识并拓展培训活动。

受益学员数见表3-19。尽管青年体育部进行了一系列努力,但是在农村及城市地区的机构中,女性学员的人数有所减少,这可能是因为用于培训的基础设施老化和设备的缺乏造成的。

表 3-19　　　　　　　　　职业培训的受益学员数　　　　　　　　　(单位:人)

学年	2007/2008	2008/2009	2009/2010	2010/2011	2011/2012	2012/2013
职业培训						
城市	5 880	5 490	5 139	4 753	4 279	4 203
农村	100	127	116	74	46	48
职业启蒙						
城市	8 594	8 325	7 554	7 807	7 107	8 044
农村	2 647	3 063	2 692	2 001	1 185	1 369

(二)青年职业培训

青年职业培训中心是教育和文化机构,旨在通过向青年人传授提升技能和实现抱负的方法,促进其个性发展并适应现代生活。

青年中心的宗旨是组织社会教育、文化艺术和体育活动。

另一方面,青年中心设立了针对社会现象的意识活动,包括成人扫盲教育及反传播性疾病(如艾滋病)教育。

六、高等教育、专业培训与科学研究

(一)发展现状

2010—2015年,高等教育在规模增长、基础设施发展、培训方法的增加和科研结构重组方面取得了重要进展。

2013—2016年,高等教育、专业培训与科学研究领域实施了相关行动计划,计划主要包括以下内容:

1. 审查大学规划,加强基础设施建设,扩大高等教育规模,服务国家和地方社会经济的发展,完善教育和培训机制

(1)机构数量显著增长

2013—2014年,摩洛哥公立和私立高等教育机构共包含22所大学和412所学院。

其中 15 所公立大学下属 125 个科研机构,它们分布于 14 个地区的 30 个校区。

在 70 个非大学的高等教育(行政人员培训)机构中,有 39 所从事科学技术的教学培训(近年建立了 15 所卫生工作者培训机构),有 16 所从事经济、司法、行政、社会的教学培训,有 15 所从事教育教学培训。

私立高等教育机构共计 216 所。

伊弗兰的阿卡韦恩(Al Akhawayn)大学是一所私人管理的公立大学。

有 6 所私立大学位于卡萨布兰卡、阿加迪尔、马拉喀什和本格里等城市,其中一所在拉巴特,是以公私合作模式建立的。高等教育机构的数量从 2009/2010 学年的 362 所增加到 2013/2014 学年的 412 所,增加了 14%,不仅增加了培训机会,还提供了多样化的培训。高校的接收能力从 2009/2010 学年的 339 081 人上升到 2013/2014 学年的 420 000 人,增加了 24%。

(2)在校生规模显著增长

三个层次的高等教育的注册新生人数从 2009/2010 学年的 111 414 人增加到 2013/2014 学年的 207 767 人,增幅达 86%。

表 3-20		高等教育在校生规模				(单位:人)
	学年	2009/2010	2010/2011	2011/2012	2012/2013	2013/2014(＊)
高等教育各层次	大学教育	308 005	360 574	447 801	543 419	603 626
	专业人员培训	22 276	20 759	22 897	29 342	27 598
	私立高等教育	35 118	35 648	36 434	37 920	38 500
	总计	365 399	416 981	507 132	610 681	669 724

注:(＊)为当年不完全数据,数据来源于摩洛哥教育部

由表 3-20 可见,大学的学生人数占高等教育在校生规模的 90%,而专业人员培训机构仅占 4%,私立高等教育机构占 6%。

2.教育教学的改革与多样化发展

大学内部进行的教育教学改革促进了培训的多样化发展,创建了适合国民经济需要的培训,取得了许多令人瞩目的成就,主要包括:

(1)采用和实施了新的教学体系结构并与国家发起的高等教育改革相一致。

(2)实施了国家教育标准和培训途径的评估认证制度,以提高培训的质量和市场所需要的工作能力。

(3)大学教育实现了多元化与专业化发展:

①2003/2004 学年至 2013/2014 学年,经鉴定合格的专业门类数量扩大了 8 倍。

②2005/2006 学年至 2013/2014 学年,专业门类数量扩大了 20 倍。

③2013/2014 学年,经鉴定合格的专业门类数量占所有专业门类数量的 64%。

鼓励高等教育在"科学技术"和"法律科学、经济社会科学"领域提供指导。

(4)完成了国家级的两项自我评估(2008/2009 学年基础研究学士学位评估和2009/2010 学年科技与职业学士学位和硕士学位评估),其目标是不断提高人才培养质量。

(5)启动了与医学、药学和牙科医学研究有关的工作。

(6)人才培养类型与工作市场的需求相适应。

在工业、能源、旅游、物流等环节组织技能型和专业型人力资源培训,为积极参与激活国民经济而努力,例如培训 10 000 名工程师计划和 3 300 名内科医生计划。

①围绕语言资源中心建立了语言教学整合机制。

②在本科课程中引入研究模块:包括大学研究方法模块、语言通信模块、计算机科学模块。

③为所有大学本科生创建第一学期(S1)和第二学期(S2)的辅导系统。

④在与欧盟建立伙伴关系的协议框架内,为部分大学毕业生创建两个后续整合项目。

2013/2014 学年,高等教育取得了更多的成就,主要包括:

①增加了 3 340 个主要工程类院校入学考试的名额。

②为了提高医疗水平,增加了医学教职工的数量,大力发展医疗培训。

③开展多样化的培训,充分适应工作市场和大型项目对技能型人力资源的需要,主要包括:

1)经国际认证的教育培训项目数量达到了 2 207 个,其中职业培训项目占 64%。

2)引入周期性培训方法。

3)为确保培训更加充分适应企业的需要,与教育全球化管理中心签署合作协议,共同为学生制订培训计划和培训课程。

④许多学生通过以下途径接受了职业培训指导:

1)为 10 000 名教职人员启动教学专业方面的培训计划。该计划自从 2013/2014学年启动以来,培训了 47 个职业领域的 2 220 名教职人员。

2)在新建大学开展职业培训。

3)国家商业管理学院实施了关于国家级会计学位的准备和相关工作,与相关各方协作编制"国家会计学学位"国家教育教学项目图表。

(7)高等教育机构的审批机制通过以下方式得到了完善和规范:

①国家对应用科学院和科技学院通过工程类全国统一入学考试要求进行统一。

②采用与规范机构准入制度相关的新标准:对这些机构的录取、选拔和入学考试实行统一的程序和步骤。

(8)国家商业和管理学院为高等院校"主修经济和管理"的预科学生搭建桥梁。

(9)通过各类方式实施高等教育教学改革。

(10)通过项目培训,提升教育质量和效果。

①通过开放而规范的全局性自我评估进行认证更新。

②对"语言与交流"通用模块进行的教学系统评价。

③创新语言课程教学方法。

④对与国家所有学历相关的教育学排行榜进行评价。

⑤编制与国家商业管理学院的基础研究学士、理工科学士学位有关的国家通用课程教材,确保大学之间的学生流动性更强。

⑥国家高等教育协调委员会批准的国家新教育标准与国家学位要求挂钩。

⑦自 2008/2009 学年以来完成对博士研究中心的成果的首次自我评估。

(11)提交关于国家高等教育评估机构和科学研究机构的法律项目,以征得议会的同意。

3.增加了有益于学生发展的社会工作

高等教育部已经做出了大量的努力,为整个国家的学生提供便利的培训条件。为了造福学生,已经开展了许多促进社会工作的计划。

(1)奖学金方面

①享受高等教育奖学金的学生人数从 2009/2010 学年的 12.80 万增加到 2013/2014 学年的 24.48 万,增幅为 91%。

②2013/2014 学年批准了 91 800 项学士奖学金,与 2012/2013 学年的 81 200 项比较,增加了 13%。

③通过与财政部进行合作实施了预支付卡工程,学生可以直接在 ATM 上支取他们的奖学金。

④为国家社会文化工作办公室设定审查奖学金批准条件设立法令,以及必要的学分审批过程。

⑤审查奖学金发放的程序和标准,以满足最贫困学生的需求。

(2)住宿及餐饮服务方面

住宿及餐饮服务水平得到了显著提高,以 2013/2014 学年的数据为例:

①福兹非斯大学能够提供 2 232 个宿舍床位。

②建设了得土安大学村(2 400 个床位)、阿加迪尔大学村(2 100 个床位)、纳祖尔大学村(1 400 个床位)、萨菲大学村(1 400 个床位)以及塔扎(1 200 个床位)和马拉喀什(1 200 个床位)的大学住宅。

③在下列城市建设新餐厅:费斯、埃尔贾迪达、得土安、萨菲、纳祖尔,每家都可为 6 000 名学生提供伙食。

④采用新的程序,根据既定标准为男、女学生提供住宿,并利用信息系统对档案进行分类。

⑤大学宿舍实施《大学宿舍内部规约》。

(3)INJAZ 计划

INJAZ 计划启动于 2010 年 11 月 13 日,是"2013 数字摩洛哥国家战略"中"社会转型优先战略"的一部分,旨在为学生提供高速的互联网接入服务,促进相互交流和学习。

在 2013/2014 学年,该计划进入了第五个实施阶段,为 24 400 名学生提供了平板电脑。在第四个阶段之后,该计划的受益者总数已经达到 86 047 人。

(二)主要障碍和挑战

尽管国家在提升高等教育质量方面取得了进展,但是仍存在许多障碍和挑战,主要包括:

(1)缺乏统一的国家制度来明确工作市场的需求。

(2)缺乏从社会和企业视角明确市场需求。

(3)高等教育投入不足,人才输出薄弱。

(4)社会经济合作伙伴在培训的建立和监督中贡献不足。

(5)缺乏国家信息和指导系统。

(6)在外部输出的评估方面,缺乏对毕业生整合的国家级后续跟踪系统。

(7)教学上教学语言和学术用语转换存在困难。

(8)学生对教育教学的支持率较低。

(9)缺乏科学和教学设备,以及办学的基础设施。

(10)不同项目计划之间缺乏具有流动性的桥梁机制。

(11)公共模块管理方面存在问题。

面对这些障碍和挑战,教育部门实施了各类计划和项目,作为 2013—2016 年行动计划的一部分。总体来看,这些项目旨在提高应聘者在工作市场上的潜力,为学生提供信息咨询和指导,发展博士阶段教育并建立和发展质量规范制度。

(三)15～24 岁人口的识字率

1. 国情

摩洛哥 15～24 岁人口的识字率从 1994 年的 58% 上升到 2008 年的 77%,增长了 19%,进步显著。然而,年轻人口中的文盲率仍然较高(23%)。自 2009 年以来,政府针对各类教育以及职业培训采取了各种举措,到 2015 年可以实现对这一群体的彻底扫盲。

实现这一目标的另一个途径是对未入学的 12～17 岁人口进行重要性评估。根据中等教育的入学率,我们估计在 2010 年大约有 1 200 000 这样的人口。不过,这一群体中包括职业培训部、非正式教育和国家合作计划招收的大约 450 000 名学生。因此可以得出的结论是,未能进入教育和培训机构的此类人口大约有 750 000。

尽管人口结构变化表明 15～19 岁年龄段的人口有所增加,但是这个年龄段的入学率目标到 2015 年似乎可以实现。另一方面,虽然高等教育入学率有所提高,但是高等教育在校生人数与 19～23 岁人口总数之比从 2006 年的 12% 仅上升到 2012 年的 18%。可以预计,20 岁以上的学生全面入学目标在短期内难以实现。

2.国际对比

学校对青年和成年人的招生计划所产生的影响仍然不明显。实际上,15～24 岁人口的识字率在 2008 年仅为 77%,这使得摩洛哥与经济类似的国家相比处于不利地位。为了在 2015 年能够满足人民的教育需求,摩洛哥必须做出更大的努力。

4　目标四:提高成人识字率

(到 2015 年,将成人,尤其是成年女性的识字率提高 50%,并保证所有成年人都能公平地接受基础教育和继续教育。)

由于自 21 世纪初以来采取的扫盲战略,摩洛哥设法将 15 岁以上人口的文盲率从 2006 年的 43% 降低到 2011 年的 28%。这一努力重点帮助了文盲程度最高的妇女,她们对所实施的项目计划也具有极高的参与动机。

国家成立的扫盲机构,将使这些成果得到加强,从而将在 2015 年使文盲率降低到 20% 以下,到 2020 年几乎彻底消除文盲现象。15～24 岁青少年的识字率的国际比较如图 3-32。

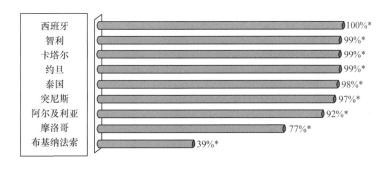

图 3-32　15～24 岁青少年的识字率:国际比较(%)(2007/2008 学年)

注:(＊)为 2005 年至 2008 年期间各国数据的估值。

(资料来源:全民教育 2011 年监测报告,联合国教科文组织。)

由于在扫盲方面已经具备一定经验,联合国教科文组织以及其他国家和国际伙伴对摩洛哥开展扫盲计划给予了各项支持,因此摩洛哥如果能够继续打击辍学现象,消除主要的文盲来源,就能够提高成人识字率。国家扫盲机构的成立为这一战略的实施和成功创造了极为有利的条件。

4.1　计划和实施

一、摩洛哥的文盲状况

由于国家在扫盲领域的努力,摩洛哥的文盲率显著降低。事实上,根据人口和住房普查,到 2004 年底,10 岁及以上人口的文盲率达到 43%。根据 2006 年进行的全国文盲、失学儿童和辍学调查,文盲率降到 38.5%。根据摩洛哥第二次国家文盲调查的结果,文盲率在 2012 年降至 28%(女性为 37%)。

根据相同的数据来源,15 岁及以上人口的文盲率从 2006 年的 43% 降低到 2012 年的 31.2%。

对当前扫盲动态的加强,将确保 EFA 的目标四在 2015 年顺利达成。

(一)扫盲计划

依据国家扫盲战略,根据目标人群的特点,该国实施了四个多样化的扫盲计划:

总体计划:在摩洛哥教育部主办的机构及其人力资源范围内完成,针对 15 岁以上的所有文盲。

公共运营商计划:是与公共运营商合作完成的计划,以使他们的员工或他们为之服务的文盲群体受益。

协会计划:在与非政府组织(NGO)合作的框架下实现。

企业计划:针对企业员工的培训项目计划。

自 1998 年以来,分配给扫盲计划的预算明显增加,从约 5 000 万迪拉姆增加到 2012 年的超过 2.1 亿迪拉姆。

随着国家扫盲机构的建立,该预算可能还会增加。

(二)扫盲计划的实践成果

各种参与者和经营者对扫盲计划做出的努力是无须更多证明的。关于扫盲的最新研究和周期性报告以及国际组织的观察都肯定了各方(公共经营者、非政府组织、企业等)的承诺和动员,正是这些努力已经逐渐降低了 10 岁及以上人口群体的文盲率,这一比率在 2012 年降低为 28%。

对扫盲计划及其成果的年度评估,以及在欧盟国家扫盲支持战略框架内取得的积极成果已经证实了这些成就。

此外,2013 年 7 月 30 日,国王穆罕默德六世在国王日致辞中将国家扫盲计划的成果描述为“前所未有”。

另外,联合国教科文组织还把“孔子奖”的荣誉奖授予摩洛哥,以表彰该国在 2012 年为扫盲和扫盲后续计划,以及参与赋予妇女权利方面所做出的努力。

国际陪审团也高度赞赏了该计划对降低摩洛哥文盲水平所产生的强烈影响,以及在妇女融入社会和经济方面所做的贡献。

关于扫盲计划的注册人数,在 2012/2013 学年,明显增加了 769 400 多名受益者(创纪录的数字),这意味着 2002/2003—2012/2013 学年增长率超过 170%。此外,我们应该注意到,在过去 5 年(2008/2009—2012/2013 学年)中,参加扫盲计划的人数已经超过 3 565 000 人。

在 2012/2013 学年,一半以上的受益人参加注册了由各协会(1 250 多个非政府组织)支持的扫盲计划,在 402 379 名受益者中,90% 是女性,而 55% 来自农村地区。

同年,大约 1/3 的受益者在宗教基金和伊斯兰事务部的支持下参加了清真寺的扫盲计划,在 252 675 名受益者中,88％以上是女性,41％来自农村地区。

表 3-21 显示了在 2008—2013 的五年中受益者数量的变化。

表 3-21 　　　扫盲计划的注册人数

学年	注册人数
2008/2009	656 307
2009/2010	706 394
2010/2011	702 119
2011/2012	735 062
2012/2013	769 402
总　计	3 569 284

2012/2013 学年,依据扫盲计划管理信息系统收集的数据显示,14％注册该计划的人群来自 15～24 岁年龄组,而 25～34 岁年龄组的受益者占 28％。年龄在 35～49 岁的人群占 36％,50 岁以上的注册人数占总数的 22％。如图 3-33 所示。

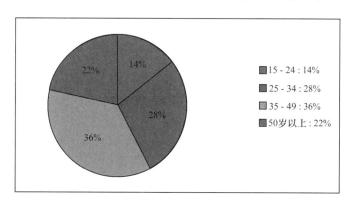

图 3-33　2012—2013 年按年龄分组注册的扫盲计划受益人数(％)

二、目标进展

(一)国情

根据 2012 年进行的全国文盲普查数据,10 岁以上人群的识字率估计超过 71％。根据摩洛哥扫盲部进行的全国文盲调查,这一比率在 2006 年底估计为 61.5％,见表 3-22。(女性为 53.2％,男性为 68.6％,城市为 72.8％,农村为 45.6％)。自 2004 人口普查以来,识字率约为 57％。

表 3-22 　　　　　　　　10 岁及以上学生的识字率

年　份	平均	女	男
2006(ENANSD)	61.50％	53.20％	68.60％
2012(ENAM)	71.80％	63.20％	79.90％

注:ENANSD 为 2006 年的全国文盲、失学儿童和辍学者调查;ENAM 为全国文盲调查
(ENAM 2012)。

(二)国际对比

成人识字率也是一项使摩洛哥在国际评估中,尤其是联合国对人类发展进程的评估中处于不利地位的指标。在这些因其方法而备受批评的评估中,与那些具有类似发展水平的国家相比,摩洛哥的排名不及其投入的努力。如图 3-34 所示。

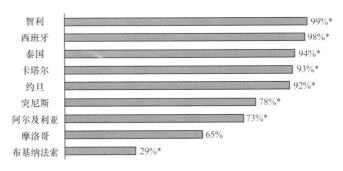

图 3-34　15 岁及以上人口识字率的国际比较

注:(＊)为 2005 年至 2008 年期间各国最新数据的估值。

(资料来源:全民教育 2011 年监测报告,联合国教科文组织。)

三、主要问题和挑战

尽管扫盲计划取得了显著成就,但其成果与既定目标和扫盲的程度相比,仍无法根除阻碍摩洛哥发展的因素。这样的情形是由多种因素和以下挑战共同导致的:

(1)不够完善的改良和扩张方式,尤其是融资不足。

(2)目标人群的地理分散性和异质性。

(3)针对关于避免文盲二次发生的项目及行动的巨大需求。

(4)一些相关部门(特别是私营部门)的参与度较弱。

(5)缺乏对等制度和桥梁以促进受益人的融合。

(6)扫盲计划与其他部门的发展计划和地方发展计划的低融合度。

5　目标五:实现性别平等和教育公平

(在 2015 年之前实现消除初等和中等教育中的性别差异,并且通过确保女性拥有接受高质量初等教育的教育机会,实现性别平等。)

摩洛哥调动了重要的人力和财政资源,以便在 2015 年之前实现消除初等和中等教育中的性别差异。随着教育和培训改革进程的启动,特别是应急计划自 2009 年启动以来,这些努力已初显成效。

据统计显示,2000—2010 年,平等指数(The Parity Index)逐年上升,该国初等教育平等指数从 0.84 上升到 0.94(农村地区从 0.76 上升到 0.92),传统中等教育平等指数从 0.75 上升到 0.81,职业中等教育平等指数从 0.85 上升到 0.98。我们为此可以从学校数据中得出两个结论:第一,在初等教育中,摩洛哥有机会在2015年之前实现既定目标;第二,从上文所示数据中可以看出两性公平指标逐年得到改善。

然而,在农村地区和弱势的社会经济群体中,教育公平问题仍然存在。由于社会以及文化方面的制约因素,政府需要采取一些创新的解决方案,特别是出台维护女性权益消除歧视的相关政策,来帮助那些身处不利环境中的女性以加速完成既定目标。

需要再次指出的是,《国家教育和培训宪章》在基本原则中提到"遵照摩洛哥《宪法》,教育和培训制度旨在实现公民教育公平的目标,为公民提供公平的教育机会,维护城市和农村地区中所有男生和女生接受教育的权利"。

"性别"这一维度包含在性别平等制度化的中期战略行动计划中,随着性别平等政策于2011年3月获得内阁批准,该计划的所有项目都已经纳入政府的工作日程之中。这一议程将确保各部门之间在促进性别平等方面的共同合作。

5.1 教育中的性别平等

职业技术教育的初级和中级阶段基本全面实现了性别平等。然而,由于农村地区教育资源的阻碍、教育质量受限以及阻止女性离开家庭接受教育的文化阻碍,使得传统中等教育的公平指数并没有得到提高。

初等教育阶段的城乡和性别平等指数见表3-23、3-24。

表 3-23 初等教育的城乡平等指数

学年	2007/2008	2008/2009	2009/2010	2010/2011	2011/2012	2012/2013	2013/2014
城市	0.95	0.95	0.95	0.95	0.95	0.95	0.94
乡村	0.86	0.89	0.91	0.92	0.94	0.95	0.95
总计	0.91	0.92	0.93	0.94	0.94	0.95	0.95

表 3-24 初等教育的性别平等指数

学年	2007/2008	2008/2009	2009/2010	2010/2011	2011/2012	2012/2013	2013/2014
男生	0.96	0.99	1.02	1.05	1.05	1.07	1.11
女生	0.87	0.93	0.97	1.02	1.04	1.07	1.11
总计	0.92	0.96	0.99	1.04	1.05	1.07	1.11

初中教育的城乡平等和性别平等指数见表3-25、3-26。

表 3-25 初中教育的城乡平等指数

学年	2007/2008	2008/2009	2009/2010	2010/2011	2011/2012	2012/2013	2013/2014
城市	0.92	0.9	0.91	0.9	0.89	0.9	0.9
乡村	0.57	0.57	0.57	0.58	0.59	0.63	0.66
总计	0.84	0.82	0.82	0.81	0.81	0.82	0.83

表 3-26　　　　　　　　初中教育的性别平等指数

学年	2007/2008	2008/2009	2009/2010	2010/2011	2011/2012	2012/2013	2013/2014
男生	0.35	0.37	0.41	0.44	0.47	0.49	0.55
女生	0.21	0.23	0.26	0.29	0.31	0.34	0.40
总计	0.29	0.31	0.34	0.37	0.39	0.43	0.48

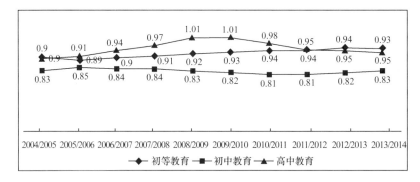

图 3-35　各教育阶段的性别平等指数

各教育阶段的性别平等指数见图 3-35。此外,传统教育中的性别平等远未实现:在教育中付出的努力越多,性别平等指数却越低(传统初等教育为 0.18,而普通初等教育为 0.03,见表 3-27)。

相关部门在其战略措施中制订了确保女生获得公平和不受限制的高质量基础教育机会条款,采取的主要措施包括:

(1)建立新学校,建设针对女性的寄宿制学校。

(2)为尚未配备寄宿制的学校开设女性寄宿制校区。

(3)提高家庭对女性接受传统教育重要性的意识。

表 3-27　各传统教育阶段的性别平等系数

学年	2010/2011	2011/2012
初等教育	0.18	0.19
初中教育	0.16	0.13
高中教育	0.03	0.02
高等教育	0.03	0.04

关于高等教育,我们应该注意到在某些专业中,女性学生的比例超过了 50%,例如牙科医学(74%)和工商管理(63%)。

女性学生在以下各类型高等教育机构的占比:

(1)大学的占比为 48%。

(2)高等学校的占比为 54%。

(3)民办高等教育机构的占比为 43%。

(4)高等教育总入学率为18%,女性学生的入学率为17.5%。

5.2 国际比较

在性别平等方面,摩洛哥处于较低水平。尽管如此,这些国家之间的差距相对较小,如图3-36所示。我们还应该指出,由于摩洛哥人口结构的特点是女性比例低于1,性别平等指数约为0.95。

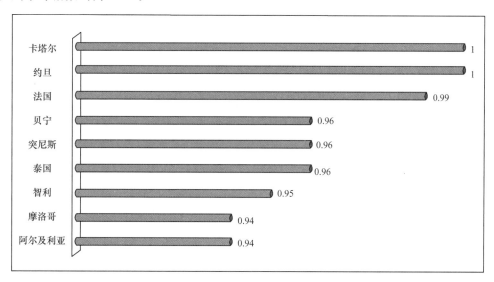

图 3-36 初等教育的性别平等指数:国际比较(%)

5.3 成人文盲中性别平等指数

扫盲计划为女性提供了巨大的帮助,在2008—2013年,参与此计划的成人中有超过85%的人口为女性,见表3-28。

表 3-28 分性别的扫盲计划参与人数

学年	合计	男	女	女性占比
2008/2009	656 307	105 001	551 306	84.0%
2009/2010	706 394	103 805	602 589	85.3%
2010/2011	702 119	115 031	587 088	83.6%
2011/2012	735 062	96 098	638 964	86.9%
2012/2013	769 402	87 019	682 383	88.7%

另一方面,2006—2012年,女性文盲人数依然高于男性文盲。其中女性文盲率从2006年的46.8%下降至2012年的37%,男性文盲率则从31.4%下降至20%,见表3-29。

表 3-29 10岁及以上学生分性别的文盲率(%)

年份	合计	女	男	差异系数(女/男)
2006(ENANSD)	38.5	46.8	31.4	1.49
2012(ENAM)	28	37	20	1.85

5.4 分性别的识字方案

分性别识字方案已经得到摩洛哥国家识字计划的预算分配。

方案已经得到了识字计划的预算分配。实际上，该方案由相关部门独立实施，是由经济财政部与联合国妇女发展基金共同领导的。我们选择了参加扫盲方案的女性人数和女性文盲率两个相关指标来确保这种方案的有效性。

5.5 分性别的职业培训方案

摩洛哥《宪法》把公平原则确立为建设国家的基本理念，公平原则的主要内容包括：

(1)权利、责任、机会的公平。

(2)承认私人和公共领域中女性和男性所做贡献的价值同样重要。

(3)在制订、执行、跟踪和评价发展政策和方案的期间，认识到男女的需要、存在的问题和困难、利益和期望的重要性。

(4)男女公民身份平等。

摩洛哥《宪法》第三十一条规定了接受职业培训的权利，规定"公共权力机关努力调动一切资源，以便男女公民能够公平地获得教育机会，使他们能够享受接受职业培训、体育和艺术教育的权利"。

此外，《国家教育和培训宪章》在基本原则中规定"遵照摩洛哥《宪法》，教育培训制度旨在实现公民公平原则和公平机会原则，以及所有来自乡村和城市的男女儿童受教育的权利"。

在职业培训部方面，继在 REAPC（通过技能方法进行教育改革）项目中达成的摩洛哥-加拿大协议之后，又实施了教育性别平等计划，并于 2013 年 2 月成立了性别管理部门。

性别管理部门旨在支持由于政治意愿产生变革的部门，以建立由政府支持的性别平等和公平制度。该部门由培训运营商代表以及与农业、海洋捕鱼和旅游业相关的 REAPC 项目共同提供支持。

然而，性别平等制度的建立需要长期努力，并且最终应适用于所有部门。这就是为何职业培训机构的每个部门都组建了一个协调中心，并且建立了机构委员会，以确保在职业培训系统中教育性别平等计划的部署。该委员会的作用是监督教育性别平等计划进程的整体战略方向以及对其实施的控制。

这些行动有助于加强制度化进程中组织员工的凝聚力，并且帮助员工更好地理解男女平等。

目前共有职业中的性别平等制度化等八项培训活动将男女平等理念融入职业培训体系中。

5.6 青年体育部的分性别方案

青年体育部的行动反映出关于性别平等的国家政策方向——旨在确保社会男女经济权利的公平。摩洛哥为完成21世纪发展计划所付出的努力完全符合国家针对青少年所出台政策的内容。青年部所部署的多种行动方案主要集中于完成21世纪发展目标，主要包括：

保证男女儿童在学前教育中接受综合性教育。在2009年，学前教育总入学率从1990年的40.5%上升至48.2%。

同1990年的数据相比，10岁及以上人群文盲率降低一半。2009年的识字率为60.3%，1994年为45%。

从就业率方面减少男女之间的性别差异。

青年部将按照《消除对妇女一切歧视公约》中第十条例的规定执行上述目标。该条例指出，成员国需采取一切合理手段消除对妇女的歧视以便保证女性的健康和幸福，并为女性提供同男性平等的权利。权利的范围包括教育、奖学金、职业培训、识字以及接受教育的渠道。

5.7 主要问题和挑战

实施教育公平的三项主要措施亟待实施，主要包括：

(1)加强女性权益宣传以及有利于女性合法权益的宣传活动。

(2)完善立法、健全政策执行机制。

(3)各部门自行分配预算，采取策略、进一步促进男女平等。

6 目标六：提高教育质量

过去几年，提高教育质量是摩洛哥教育改革战略和职业培训的首要目标。随着国家和国际对初等教育和职业中专学生开展各项测试和评估，这些测试揭示了这些学生在阅读、写作和微积分等学习过程中的问题。

当然，随着获得学士学位人数的激增以及高等教育机会的增加，目前采取的方法在降低复读率和全年级的通过率方面具有显著成效。然而，这些积极成果依然无法弥遗留在学生学习、日常必备技能以及职业融合成果中的缺陷。

因此，在2015年截止日期之前，摩洛哥不仅应坚持多层面战略以提高完成率并降低辍学率，而且应采取切实措施，加强教职员工和教学督导人员的教学技能，加大力度提高督导率，使教学方法现代化，减少由地理环境和基础设施资源差异引起的学习条件的不平等。

质量问题非常重要。现在的年轻人应该拥有新的知识、技术、技能和行为。国家需通过素质教育来加强教育价值观，为所有学生提供与地域无关的平等受教育机会。

2000年4月，在达喀尔举行的国际论坛期间确定的全民教育目标提出了教育质量问题,并承诺各国改善教育质量。

在消除社会不平等的政策中,摩洛哥在 21 世纪发展目标和全民教育框架内发起了一系列改革,旨在消除社会边缘化问题、消除代际传递、减少失业率及社会排斥现象。同时使弱势群体的学生能够获得更好的学习环境。

在质量层面上,摩洛哥教育部启动了一项改革进程,旨在加强教学支持机制,发展评估和认证制度,使用新信息通信技术以及发展师资队伍的培训和资格认证。

6.1　计划和实施

一、提升质量的目标

摩洛哥教育部开发实施了许多计划,努力提高各个层次的教育质量。实施的计划主要包括改进教学体系,审查课程,在学习过程中整合信息和通信技术,提升教职工的技能并改善教学成果评估体系。

提升教育质量的手段包括以下几个方面:

(1)通过确保学生获得基础知识和技能来提高教育系统的教学质量。

(2)应用教育信息和通信技术,通过相关政策和评价体系提高学生技能。

(3)通过提高中等教育初级阶段的通过率来降低学校的辍学率。

(4)加强对学校教育的评估,委派人员进行监查。

(5)通过课程审查提高教学质量。

(6)通过持续性基础教育和培训系统提升教职人员和行政人员的技能。

(7)鼓励精益求精,支持思维创新。

二、提升质量的成果

过去两年中提高教育质量计划取得了一系列令人瞩目的成果。

(一)完善教育系统,改善校园生活

教育部门出台了一个新项目以提高教育教学质量。围绕与价值观及人权原则的相关理念展开的共享研讨会的筹备正在地方学术机构的组织下有序进行,以实现更好的教育和培训,并且许多股东已经参与到此项活动中来。

此外,通过建立教育俱乐部以及采取儿童权利公约等有关措施,使学生的学校生活得以改善。

为了完善传统教育体系,伊斯兰事务部做出以下两点承诺:

(1)制定针对所有学科的学习方法和教学指导文件。

(2)对每一所传统教育学校提出具体的教育方法规划方向。

(二)将教育信息通信技术(ICTE)与创新融入教育领域

政府已经采取了许多措施来推广 ICTE 在教育中的应用。因此,87% 的学校机构

已经具备基本的多媒体教学环境，2 838 个机构具备多媒体实验室并接入互联网，6 500 所小学配备了多媒体教学设备。

(三)辍学率降低

降低辍学率并为所有学生提供优质教育的挑战是教育部战略目标的优先事项之一。所采用的策略包括创建观察机制用以重点关注每一个机构中成绩较差的学生。

观察机制的成功取决于它在机构项目中的整合以及教学团队对培训的热情。

在此方面还采取了其他措施，即建立个性化的辅助机制，以检测有学习困难的学生，并在儿童发现自己处于失败或辍学状态之前向他们提供解决办法。这些措施通过让学生有机会表达他们的问题、反思他们行为的原因和后果、反思他们缺乏学习兴趣以及学习的动力的原因来帮助他们克服困难。

除了这些措施之外，摩洛哥教育部还启动了针对全年级学生的学校支持机制。

(四)评估认证体系得到发展

为了改进评估和认证制度，教育部门采取了一些措施，其中部分措施的目的是确保认证的有效性并建立与测试管理相关的质量规范。主要目标是建立与颁发证书考试的各种程序的管理有关的质量规范并使之制度化，使评估学徒(具有证书性质)的工具标准化以及发展地方考试相关机构，并使学员获取相关阶段的学位认证。

目前，在证书授予考试过程中与质量标准制度化领域，国家教育和职业培训部将围绕以下方面开展工作：

(1)更新与初等教育、中等教育初级阶段和学士学位周期结束时证书颁发考试有关的参考资料。

(2)修正中等教育初级阶段周期结束时区域性考试的相关法令。

(3)制定和修改 2011 年 4 月 5 日关于与学士学位考试有关的程序表的第 45 号法令。

(4)修改国家学士学位考试的规定，使考生有机会参加补考，最终成绩以两次考试最高成绩为准。

(5)将数字科技融合到学校考试的管理和安保工作中，此目标将会改善与考试相关进程安全化的管理工作，同时减少时间和精力花费。

自 2006 年以来，伊斯兰事务部在这方面建立了一个评估和认证系统，这一系统允许向传统教育的毕业生授予公认的学位，这促进了社会需求与专业相匹配，并促进学生进入更高学位(硕士和博士)的学习。

对所获得技能的评估也是识字领域中学习过程的一个主要部分，它构成了官方承认学习者所获得技能的先决条件之一，而这又反过来制约了扫盲和正式教育系统(包括职业培训)之间桥梁的建立。

在此背景下，DLCA 在 2009 年启动了国家评价和认证系统，以衡量扫盲方案的受益者获取技能的水平，并提高他们的学习质量，同时在扫盲过程中建立评价文化。

DLCA 已经起草了两份文件，以构建评估和认证过程的概念和实施方式。其中一份文件是《学习评估指南》，包括基于对每种评估类型（初始、安置、形成和总结）分析的项目库，以及用于评估和认可的两个辅助《指南》。

为了改善摩洛哥在 2008 年 10 月与欧洲联盟达成的协议，职业培训部启动了一个针对国家认证的框架（CNC），这个框架将致力于以下几方面：

（1）鼓励摩洛哥与欧盟大学课程相匹配，支持建立以机构制度为基础的教学和培训计划。

（2）加强教学领域的认证过程，以确保认证的质量和透明度。这将有助于教育和培训系统的现代化以及技能提升。

自 2008 年 10 月同欧盟签署协定以来，为了加强工作人员和学习者在此协定中的积极性，职业培训部门开始了对于国家委托框架的构想和实施进程。国家委托框架将允许：

（1）保证信息透明以及所颁发学位证书的含金量。

（2）为教育和培训体系搭建桥梁，采取获得专业知识的认证体系，提倡终生学习。

（3）加强教育和培训体系现代化以应对新的经济与科技问题。

（4）鉴于欧盟在 2008 年 10 月 13 日给予摩洛哥的超前地位，与欧洲委托框架建立通信以加强摩洛哥教职员工和学习者的积极性与融合性。

基于职业培训部门对评价体系中相关项目的研究，职业培训目标为：

（1）衡量职业培训机构的培训质量。

（2）评价组织的功能结构和行政管理系统。

（3）评价现有培训的组织和管理结构。

（4）评估组织同周围环境的质量之间的关系。

（五）教职工能力得以强化

师资培训是提高学习质量的必然阶段，是实施这一战略支柱和实现其目标的主要选择之一。实际上，教育工作者的培训目标在于提高专业性，以及增加课程和参与者的多样性，以及教学培训方法的持续创新。然而，有组织的培训课程将考虑到不同受众的接受水平，比如新学员的接受水平，以及已经完成初始培训的老学员的接受水平。因此，完成培训课程的教师人数逐年增加，2011 年达到 243 555 名教师，其中有 39 597 名女教师。

（六）审查课程

国家教育部门的学习战略规定了一个过程，该过程旨在确定和跟踪每个学生的长处和需求。这主要归功于对学习服务工具的持续评估以及一系列教育方法的正确选择、所有学生的个性化资料以及教学评估得以保留。

因此,教育部门已经采取行动来审查课程内容,这意味着将为各级初等教育制订基本技能和学徒指导方针,并重新安排初等教育的时间表,以减少分配给学科教学的时间,并将一部分时间分配给学校支配。

教学工作者不断努力所取得的成绩令人鼓舞。随着这些专业人士对教育中提到的原则和战略的积极认同,他们将为国家教育部门提供必要的帮助。

在此情况下,扫盲部门根据技能参考起草了新的扫盲课程,即:

(1)成年人基本培训课程,如"就业常识"。

(2)法语课程。

(3)"教育基本培训"课程。

(4)制作与阿拉伯语识字项目相关的两张教育光盘以及一张关于法国通识教育的光盘。

(5)准备电视识字班课与阿拉伯语阅读和写作相关的 150 个视频课。

(6)在与意大利专业大学合作的背景下,课程在摩洛哥频道和意大利卫星频道播出。

(7)通过电台在一些地区启动远程教育课堂。

(七)精益求精促进创新

根据合同目标,通过建立有利于优秀学生的动态机制来促进优秀和刺激创新以提高教育质量。

"数字摩洛哥 2013"战略旨在实现互联网对公民的开放,便于公民进行交流和学习知识。这个项目也是促进大学内部质量提升和发展的一部分。

这项计划从 2009 年开始实施。将近 15 000 名工程系学生、科技硕士接受了国家的上网资助。2012 年,又有来自 44 个教育机构的学生获得了相关资助,具体包括:

(1)10 000 名注册硕士生。

(2)3 500 名在博士研究中心(CEDOC)注册的博士生。

6.2 目标实施进展

一、国情

学校的教育质量很难通过指标来系统衡量,采用一些特定指标能够在一定程度上反映教育质量。

教室密度是一个平均值指标。对于大部分摩洛哥师生而言,教室密度的高低会影响学习氛围。对于初等教育来说,教室密度反映了教育质量。调查显示,历年全国基础教育的教室密度稳定在 28~29 人/间,中学和职业院校的教室密度为 33~37(人/间)。

如图 3-37 所示。

生师比也可以反映教育质量,因为它反映了教师对学生的教学关注程度。图 3-38 显示,中小学教育的生师比基本令人满意,但就职业技术教育而言,生师比从2001/2002 学年的 15 增长到 2011/2012 学年的 20,表明学校缺少职业技术教育教师。如图 3-38 所示。

由于衡量教育质量的指标很少,教科文组织使用初等教育毕业率这一指标来反映初等教育的完成情况。

2011/2012 学年,摩洛哥初等教育的毕业率为 86% 左右,中等教育的毕业率为 65%,职业技术教育的毕业率为 38%。自 2008/2009 学年以来,初等教育的毕业率增长了 10%,中等教育增长了 13%,中等职业技术教育增长了 12%。如图 3-39 所示。

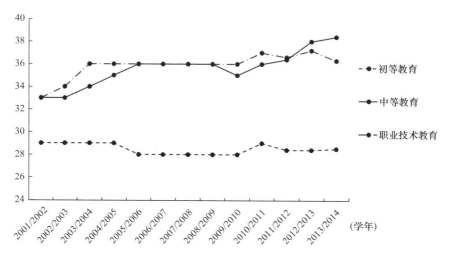

图 3-37　各教育阶段教室密度

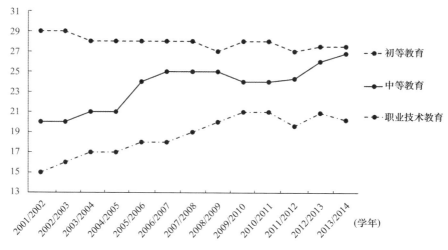

图 3-38　各教育阶段生师比

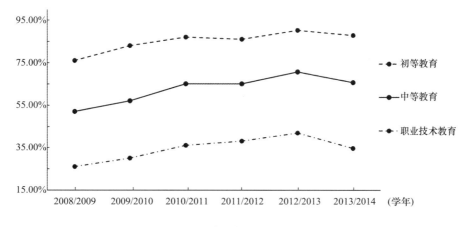

图 3-39　各教育阶段毕业率

另一个关于教育质量的重要指标是学士学位授予率（本科毕业率），在 2008 年到 2012 年，这一比率从 44％上升到 62.80％，反映出政府近年来在教育方面所做出的努力。如图 3-40所示。

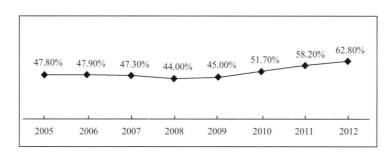

图 3-40　学士学位授予率（本科毕业率）（％）

然而，衡量教学质量最直接的方法是对各阶段的教育成果进行评估。许多其他国家的研究帮助我们形成了关于摩洛哥教育质量的评估方法。

高等教育委员会制订了国家学习评估计划，并在 2008/2009 学年对 26 520 名学生进行了第一次调查，以评估学生对于阿拉伯语、法语、数学和科学的学习效果，这些学生包括小学 4 年级和 6 年级的学生以及初中 2 年级和初中 3 年级的学生。

表 3-30　　　　　　不同学科与年级的合格率（％）

学科	初等教育		中等教育	
	4 年级	6 年级	2 年级	3 年级
阿拉伯语	27	36	42	43
法语	35	28	31	33
数学	34	44	25	29
理科	39	46	23	29
物理/化学	—	—	34	35

本次调查结果表明,学生的学习成果较差,其中阿拉伯语的合格率为 27%～43%,法语合格率为 28%～35%,数学合格率为 25%～44%,理科合格率 23%～46%。义务教育阶段中高年级比低年级的合格率略高。见表 3-30。

教育部门的重点战略之一是促进各类校园文化平等。学校是文化传播最民主的载体,主要通过校园内的艺术文化教学场地来呈现。在这个背景下,教育部门为学生、其他青年和成年人制订了文化行动计划,在校园内为他们提供机会感受艺术文化。见表 3-31。

表 3-31　　历年剧场举办演出次数及参与学生累计数量

年　份	剧场举办演出次数(次)		参与学生累积人数(人)
2012	城市	5	16 200
	乡村	7	
2013	城市	5	26 400
	乡村	9	
2014	城市	6	35 000
	乡村	14	

1. 剧场

(1)组织儿童剧场。

(2)组织塔扎国际儿童戏剧节。

(3)音乐社团学生将参加各演出的闭幕式。

(4)组织学校的戏剧讲习班。

2. 视觉艺术

(1)组织青年画家的区域聚会。

(2)组织青年画家的全国聚会。

(3)组织艺术展活动。

(4)组织文化机构的学生讲习班(媒体中心、文化中心和文化家园)。

(5)组织展览。

3. 阅读

(1)2014 年 4 月 28 日至 5 月 4 日在杰拉迪达举办儿童图书展览。

(2)与教育和职业培训部区域学院合作,举办书展。

(3)组织书籍、杂志等阅读活动。

4. 音乐和舞蹈

(1)给予年轻人展示音乐和舞蹈才艺的机会。

(2)为了在民族音乐中逐步融入文化创意产业,文化部门呼吁在音乐创作领域设立赞助机制,支持推广和销售音乐产品。

(3) 对举办的国际音乐和教学歌曲节予以支持。

5.摩洛哥音乐教学改革方案

音乐教学改革主要是针对音乐学院及其办学环境的改革,涉及人力资源、教育结构、教学内容和评价体系等方面。

发展现状

①约有 10 500 名学生就读于音乐学院。

②教育部直属的音乐学习中心共有 31 个。2013 年音乐学校的教师总数为492 人,其中只有 81 名教授(约占 16%)。

二、国际对比

表 3-32　2011 年国际数学与科学发展研究的调查结果(8 年级数学的国际平均值为 500)

国　家	国内平均水平值	国际排名
黎巴嫩	449	27/45
突尼斯	425	32/45
卡塔尔	410	36/45
巴林	409	37/45
约旦	406	38/45
巴勒斯坦	404	39/45
沙特阿拉伯	394	40/45
摩洛哥	371	43/45
阿曼	366	44/45

表 3-33　　2011 年国际数学与科学发展研究的调查结果
(4 年级数学的国际平均值为 500)

国　家	国内平均水平值	国际排名
卡塔尔	413	46/52
沙特阿拉伯	410	47/52
阿曼	385	48/52
突尼斯	359	49/52
科威特	342	50/52
摩洛哥	335	51/52
也门	248	52/52

表 3-32、3-33 显示,所有阿拉伯国家的 4 年级和 8 年级的数学平均成绩均低于国际平均值(500),摩洛哥在参与调查的国家中分别排名第 43 和 52。

6.3　主要问题和挑战

毋庸置疑,在过去十多年中,摩洛哥教育体系的发展成就主要集中在数量方面,而非质量方面。尽管自 2007 年以来,通过不同的项目和计划,在提高教育系统质量方面取得了突破,但要均衡发展教育,仍面临许多挑战。

第一个挑战与教学语言有关。现实情况是,减少使用方言,运用教学语言和外语进行教学对教师和学生都是严峻的挑战。掌握语言仍然是一个亟待解决的问题,需要得到更多的关注。掌握语言也有利于学生获得和发展其他技能。

第二个挑战与教师培训相关。虽然采用了许多创新措施,诸如建立区域培训中心和开设高等教育专业来进行教师短期培训,但多数教师仍需接受长期、持续的教学指导和培训。

第三个挑战是实施国家学习评估计划。事实上,这种机制不仅对于教师和政府官员很重要,对于家长和公众也极为重要。定期的评估提供了关于学生在学校所学知识的精确和连续信息。因此,要想实现全民素质教育的目标,必须进一步关注国家学习评价方案的持续实施过程。

7 总 结

7.1 主要成就及问题和挑战

一、主要成就

在经济并不景气的社会背景下,作为国家战略的一部分,摩洛哥根据其千年发展目标和全民教育有关的国际承诺,成功地对其教育和培训系统进行了重要改革。与2000年实施改革进程之前以及摩洛哥六个全民教育目标相比,教育水平总的来说在向积极的方向发展。这一进展涉及以下方面:

1.基本实现了全民初等教育,中等和高等教育以及职业学校入学率有了显著提高。

2.加强了学校管理,增加了学校数量、完成了学校的升级改造,根据农村地区(社区学校)的限制和需要进行整改,使学习领域多样化,包括职业培训与高等教育。

3.通过支持有学习困难的学生,发展非正式教育,为这些学生提供再次接受教育的机会,防止了教育资源的浪费。

4.实施了针对各类文盲人口的扫盲计划,并根据参与者的个人和专业需要提供各种方案和认证计划。

二、主要问题和挑战

1.学前教育仍然是体制中的薄弱环节。到2015年为止,针对学前教育的资源配置仍然不足,也加剧了入学机会不平等的现象,尤其是城乡之间的差距。

2.6~15岁年龄段人口的辍学现象依然很严重。

3.初级到中级或职业培训的升学率低。

4.文盲率依然很高,特别是9~24岁的农村女性。文盲仍然占据了总人口的1/3;如果辍学问题得不到改善,文盲的比例还会持续增加。

因此,如果摩洛哥准备在其教育和培训制度改革方面攻克相关问题并取得进一步发展,就需要政府继续加强各类计划的实施力度。

7.2 截至 2015 年的计划方针和目标

2015 年计划的制订需要遵循国际与国内发展背景以及相关原则,具体内容包括:

一、国际背景

1. 联合国 2013 年《人权教育报告》

尽管全球教育总体得到了发展,但各国在教育机会、学生成绩、教育多样化方面的差距依然巨大。在世界许多地方,教育机会不平等正变得更加严重。因为不受管制的私人机构数量正在增加,财富或经济地位正成为获得优质教育的最重要条件。因此,我们必须提醒各国,首要义务是确保所有人不受歧视或排斥地享有接受教育的权利。各国必须在教育方面遵循机会均等的基本原则,如果要避免在未来重蹈覆辙,就必须注意到现实中资源和机会分布的不均衡现象。

此外,教育是所有发展中国家的发展杠杆,如果不能确保在竞争激烈的经济环境中储备优秀人力资源,这些国家就无法提高其经济绩效。由于教育具有改变个人和社会的能力,现在人们普遍认识到教育是"人类发展的关键部分,教育赋予人类可持续发展的特质"。

2. 实施全民教育目标的一些重要想法及经验教训

应认真处理教育数量扩张和教育质量发展的关系,许多国家牺牲教育质量来提高数量,导致学生学习效率低下、毕业率低、辍学率高等,这些要尽量避免。

二、国内背景

关于对国际社会的承诺,教育部门发展的进程必须考虑到当前和未来的全球趋势,以及国际环境的机会和制约因素。在未来的几十年里,教育也主要受国家背景因素及其发展的影响。当然,人口统计变量数据表明,教育体系中低年级(学龄前和小学阶段)中的人口压力正大幅下降。理论上,入学情况将有明显改善。

然而,将压力转移到小学、中学、高中和高等教育将需要调动更多的人力和财力。

同样,农村人口的下降趋势将减少教育的城乡差异。然而,随着需求和培训情况的变化,以及对质量的要求越来越高,城市和城市周边地区的教育部门将面临持续的人口压力。

提高教育和培训质量的要求还来自摩洛哥经济的发展和现有部门领域战略的影响,包括工业复苏战略(2014—2020),该战略在数年内创造了约 50 万个就业机会。

2015 年以后,广泛指导方针和优先目标将围绕一些基本原则来组织,这些基本原则构成了每个行动和每个项目的基础。

三、遵循的基本原则

自 20 世纪以来,摩洛哥的两部有关教育改革的创造性文本(《国家教育与培训宪章》以及在 2011 年颁布的摩洛哥《宪法》),均阐述了全民教育计划实施的基本原则。

(一)尊重所有人接受教育的权利

减少各类教育不平等和歧视现象,例如教育机会的性别歧视、区域差距、阶级差距等问题。改善这些问题将成为全民教育计划成功实施的关键。

(二)完善社会参与和民主监督机制

董事会和各方投资者在促进学校监管和改善绩效评估方面扮演着重要角色,因此确保这些社会力量的参与至关重要。教育作为一种公共产品对于提升公民的文化素质是很重要的,这也有利于学校发动社会各界的力量,例如家长或学生监护人、当地社区、私营部门、民间社会和地方政府等的力量。

(三)秉持"新公共管理理念"

对所有管理系统层级实施问责制。引入和设计评估工具,测量每一位教育相关人员的绩效。

(四)采用成果和项目驱动的管理方法

将权力分散,将中央政府的权力转移到省级和地方各级政府,加强学校管理。

四、2015 年的教育优先发展目标

鉴于全民教育背景下教育培训体制改革的成就,以及存在的主要缺陷和差距,可以将四个重点作为 2015 年之后阶段的优先发展目标,分别是公平的入学机会和公平的学术成就、教育质量、技能和就业能力等方面。

(一)确保入学公平

无可否认,教育的性别差异问题得到了改善;但是,如果能够通过改善女生的留级问题,促进针对女生的科学、技术、职业教育,问题的改善情况将会得到进一步巩固,使得计划的实施效果更好。

(二)确保弱势群体特别是农村地区人口的入学机会

(三)提高教育和培训质量

提高教育和培训质量一直是摩洛哥教育改革的重点。我们必须承认,一方面初等教育以及其他层次教育规模的快速扩大是以牺牲一定程度的教育质量为代价的;另一方面,教育规模扩张过快还会导致教育的基础建设和人力资源难以及时跟进匹配。2015 年之后的发展计划应该在保持扩大入学机会的同时,对提高教育质量给予更多关注。鉴于人力资源在提高学习质量方面的重要作用,要注重教师教学技能培养,特别重视教师和教育督导人员(包括招聘、培训、评价、激励、晋升等环节)的能力。

(四)提高技能和就业能力

应关注教育和培训的结果。教育和培训能够促进社会需求与专业设置相适应,除此之外,还需在以下方面加以关注:

（1）在通识教育体系和职业培训体系之间建立桥梁，同时需要考虑协调机制，因为全国教育与职业培训部门的统一是建立有效协调机制的大好机会。

（2）加强职业培训机构对受训学员的信息和定向系统建设，并采取援助措施，在考虑到工作市场需求发展潜力的情况下，选择与学员特质相应的职业。

（3）良好的治理和适当的融资是成功的关键。

提升教育和培训部门工作效率对于 2015 年后全民教育的成功具有重大意义。摩洛哥在先进区域化项目中的承诺是增加教育和培训系统去中心化进程的机会。根据前面所述的基本原则，可以通过制定可执行的管理机制来加强这一进程。

政府应着眼于后续评估机制的建立阶段。长久以来，对于执行项目进程的决定以及此类项目对于学生成绩和学习质量的影响都难以确定，而诸如针对进程和结果指标的测量工具使其成果的量化成为可能。

附 件

表 3-34　　2005—2013 年由国家人类发展倡议协会在农村和城市地区实施的教育计划

相关计划	农村地区计划数量	农村地区受益人数	城市地区计划数量	城市地区受益人数
初等教育	558	76 086	591	154 278
达尔塔利巴-女性学生	775	5 916	248	18 542
达尔塔利布-男性学生	620	54 140	241	25 102
学前教育	467	44 178	256	29 186
校车	625	59 009	92	10 068
向学校布局网络信号	342	34 957	197	26 830
围墙	350	57 080	58	13 182
卫生队	288	48 741	83	18 980
卫生教育	145	24 247	192	43 999
教师宿舍	315	4 966	4	181
援助中心	52	7 321	237	43 899
护士站	98	6 372	162	16 233
图书馆	114	18 941	119	25 359
幼儿园	95	7 460	111	10 075
多媒体教室	65	8 109	107	19 897
非正式教育机构	67	7 084	104	16 647
学校广场	122	16 322	49	8 157
自行车	99	10 126	60	5 789
IT 培训机构	21	2 322	128	15 414
IT 设备	55	8 293	71	10 842
宗教学校	77	7 213	47	4 630
初中学校	42	6 833	71	17 414
高中学校	17	3 120	77	17 051
寄宿学校	65	6 116	15	2 316
高等学校	2	173	28	5 370
教育帮助中心	5	734	21	1 906

表 3-35 全民教育战略目标汇总

目标	优先战略事项
目标 1	早期儿童教育和保护: 早期儿童保护和教育只有在当地社区、政府和民间社会共同参与下才能取得成功。鉴于传统学前教育的重要性,在这一战略发展计划中,必须特别关注传统教育机构,按照公认的标准对它们进行调查和升级,并协调差异,与不同的利益相关者合作,以确保其与教育部门组织管理的学前教育体系原则相吻合。 在创新方法途径中,提出: 基于将医疗融入教育体系与促进大学生生命健康的方针,为国家学校与大学健康项目以及青年医疗项目阐明新的政策趋势。 防治心血管疾病、癌症、糖尿病、慢性肾衰竭、心理健康问题和艾滋病的国家战略计划。 制订和实施农村卫生计划,目的是提高偏远地区医疗保健系统覆盖范围。 为社会弱势群体和学生提供基本医疗保障。 加强区域内各省卫生部门的特权。 鼓励多主体参与以改善人们的健康状况。
目标 2	通过在主要农村社区创建以社区为基础的学校来增加教育机会。在创建卫星学校的同时,进一步发展基于社区的学校战略,并特别注意每个农村社区的具体需要、性质和环境。 通过加强学校内部的援助机构,发现和跟踪有困难的学生,帮助他们入学,避免教育资源浪费,打击辍学和教育浪费行为。 实施有条件的财政支持计划。 国家人类发展倡议应该得到巩固,以便帮助农村地区居民获得教育和健康环境,特别是教育和卫生的综合方案。
目标 3	增加高等教育机会并使之多样化: 在 2016 年之前,通过新增 190 000 个区域名额,并升级现有基础设施,提高接纳能力,以面对高等教育日益增长的压力。 不断发展和提高高校人才培养的多样化、专业化水平。 发展非大学的培训机会。 发展民办高等教育,满足社会经济需求。 将民办教育部门的学生比例提高到高等教育学生总数的 15% 以上。 加强政府机构之间的协调以及与民间社会和国际组织的多样化伙伴关系。 鼓励对教育问题进行定性的科学研究,以实现高效制定教育决策。 巩固教育、培训、就业之间的联系。
目标 4	加快成就步伐,每年达到 100 万受益者,在 2016 年将识字率提高到 20%,为不同的反贫困部门的项目之间协同作用创造适当条件。 扩大多元化伙伴关系。 提高服务质量: 根据不同受益者的需要,实施多样化方法、程序。 为实现扫盲方案的良好实施,采用认证系统和链接机制。 提高课程实施的专业性(增强学习者的能力)。 建立多样化的跟踪和评估机制。
目标 5	通过以下方式促进男女平等并赋予妇女权利: 将性别分析系统化,将男女平等理念融入行动计划。 将性别层面纳入地方发展计划和两性平等和机会平等委员会的业务领域。 根据男女平等的理念合理分配预算。 建立性别平等评估机制。
目标 6	要求实行参与性强和以成果为中心的管理;所有这些问题都暗示着质量问题将长期保持重要地位。 改进信息系统,为各级教育培训系统的分析员和管理人员提供决策过程所需的相关和有用信息。 提高教育部门和区域一级的科研能力,以制定战略提高教育系统质量。

摩洛哥学前教育法

总　　则

第一条

1.学前教育是指 4～6 岁儿童接受的阶段性教育。

2.学前教育通过以下方式保证所有摩洛哥儿童享有平等受教育权利,同时保证其身体发育,提高认知能力,丰富情感,培养其自理能力及社会意识。

(1)开展《古兰经》教育。

(2)开展伊斯兰教教义和道德观教育。

(3)开展基本价值观、公民价值观及人类价值观教育。

(4)培养感官能力、三维空间理念、使用标点符号能力、想象力、表达能力。

(5)培养动手能力及审美能力。

(6)培养阿拉伯语的口语表达能力和基本文字读写能力,提供阿拉伯语读写的启蒙教育。

第二条

根据本法规定,政府自然人、法人及以下机构可创办学前教育机构:

1.地方团体。

2.公共机构。

3.依法创办的非营利性组织。

第三条

1.学前教育机构的设立或变更应事先向有关地方教育及培训部门申请,并按规定办理相关手续。

2.地方教育培训部门应在申请提交之日(以投递回执单记录的日期为准)起的 30 天内做出批复,超过此限,则该申请视为批准。

3.地方教育培训部门须对驳回的申请做出合理说明。

第四条

1.学前教育机构停止办学,须在该学年结束前 3 个月通知学生家长或其监护人。

2.如因不可抗力导致学前教育机构本年度的教育活动中断,该机构所有者须立即通知地方教育培训部门,该部门将为学前教育机构提供帮助,保证其完成本学年的教育工作。

3. 如学前教育机构校长未履行通知义务,地方教育培训部门将对其采取强制处理措施。

第五条

1. 为实现上述的学前教育目标,针对农村、城市及人口密度较低的地区,地方教育培训部门将现有条件下免费提供学前教育教学场地。

2. 地方教育培训部门将为该类教育机构配备教员并支付教员工资,同时教员与学校合约期满后可续约。

3. 符合条件的学前教育机构如遵守办学要求、收费规范,可根据入学儿童人数享受国家财政补贴。

4. 对于遵守本法规定的学前教育机构,予以相应扶持。

第六条

为促进学前教育机构发展,将制定适当的激励性税收制度。

学前教育机构的义务

第七条

1. 学前教育机构应根据自身情况履行教学义务。

2. 学前教育机构应使用地方教育培训的教材或其他满足教学要求的教学工具。

第八条

1. 学前教育机构应达到卫生防治标准。

2. 学前教育机构应积极参与国家规定的卫生预防活动,并积极配合学校卫生主管部门工作。

第九条

1. 学前教育机构校长应为全体学生投保事故险。

2. 学前教育机构校长应告知学生家长及其监护人相关保险合同条款内容。

第十条

私立学前教育机构应遵守摩洛哥《劳动法》,除非存在更利于实现双方权利和义务的规定。

第十一条

学前教育机构不得进行虚假宣传。

第十二条

学前教育机构应在其标识上注明"学前教育"字样,并注明办学日期及批文号,相关信息也应体现在学前教育机构所有文件上。

学前教育机构的岗位要求

第十三条

1. 学前教育机构校长应符合以下条件:

(1)具有摩洛哥国籍。

(2)年满 25 周岁。

(3)享有公民权。

(4)身心健康,能够胜任校长一职。

(5)符合法律规定的其他条件。

2.根据相关规定,地方教育培训部门有权向外籍人士授予校长职位。

第十四条

1.学前教育机构的教职工需要满足以下条件:

(1)具有摩洛哥国籍。

(2)年满 18 周岁。

(3)享有公民权。

(4)身心健康,能够胜任教员工作。

(5)符合法律规定的其他条件。

2.根据相关规定,地方教育培训部门有权向外籍人士授予教员职位。

第十五条

私立学前教育机构教员拥有免费参加培训的机会。

教学及行政监管

第十六条

1.学前教育机构受地方教育培训部门的教学及行政监管。

2.教学监管旨在监督学前教育机构遵守法律情况,重点监督教材及教学工具的使用情况。

3.行政监管旨在核查与教学机构、机构教员、行政人员及儿童相关的行政文件,确有必要,将对学前教育机构卫生设施及食堂运营状况进行监管。

违法调查及处罚

第十七条

1.对以下违法行为处以 1 000～5 000 迪拉姆罚款:

(1)任何人未经批准开办学前教育机构、进行业务扩展,或未经地方相关教育培训部门批准变更办学目的及办学方式。

(2)学前教育机构校长未切实履行职责或设立虚职,将对违法者处以相应处罚。

2.学前教育机构校长有权拒绝有碍于教学活动的监管。

3.累犯,处以 2 000～10 000 迪拉姆罚款。

4.累犯,指受过本法处罚,处罚做出的第二年又因同一原因接受本法处罚的行为。

第十八条

对于未符合卫生或监管规定条件的学前教育机构,地方教育培训部门可以根据调查报告撤销向学前教育机构颁发的办学许可。

第十九条

除法警调查外,地方教育培训部门还可以指派宣誓官员对违法行为进行调查。

其他条款

第二十条

1.本法适用对象仅限于摩洛哥本国的学前教育机构。

2.除前款规定的学前教育机构在达或合作协议时仍须接受地方教育培训部门的监督。

第二十一条

《古兰经》学校仅适用于第五条和第十五条规定。

第二十二条

1.本法生效前已获办学资格的学前教育机构,应在《官方公报》公布实施本法之日起4年内依该法办事。

2.自《官方公报》颁布实施本法之日起4年内,尚未具备必要教学资格且不符合本法第十三条及第十四条规定的学前教育机构管理人员和教员应具有相关资格。

第二十三条

即日起废除其他所有相关法律,包括1991年10月15日颁布的摩洛哥《私立教育法》。

阿拉伯语版法律在2000年5月25日发布的第4898号《官方公报》公布。

摩洛哥高等教育组织法

2000 年 6 月 1 日第 4800 号《官方公报》

（2000 年 5 月 19 日）

第 1-00-199 号国王诏令颁布

原则和目标

第一条

高等教育的基本原则：

1.高等教育恪守伊斯兰教信仰的准则与价值观，并以此为发展基础。

2.高等教育坚持受教育机会平等原则。

3.高等教育尊重人权，坚持宽容、思想自由和创造革新，严格坚持客观严谨、科学严肃和学术态度端正的原则和标准。

4.高等教育规定国家有责任根据本国经济、社会和文化需要对其进行规划、安排、发展、调整和引导，并且在科学领域、职业领域、经济学领域地区性组织的协作下制定政策。

高等教育为实现下述目标进行规划：

在各领域推行阿拉伯语教学，使用必要手段研究阿马齐格语言及其文化，并掌握其他外国语言。

高等教育包括公立高等教育和私立高等教育，高等教育旨在：

1.从各个方面培养和提高能力、传授知识。

2.以社会经济发展的需求为导向，促进国家的科学、技术、职业技能、经济和文化进步发展。

3.通过科技创新，掌握并发展科学技术文化。

4.促进摩洛哥文化遗产增值，弘扬传统价值观。

公立高等教育

第二条

公立高等教育的机构包括大学和大学以外的高等教育机构。

公立高等教育包括：学院、工程师学院的预科班、高等专业学校、高等技术学院、培训教育人才和专业技能或进行同等培训的研究院。

公立高等教育还包括为特定职业提供的专门课程，该课程可在大学或高等技术学院进行讲授。

大　学

第三条

大学的办学目标：

1. 提升学生的民族意识。

2. 开展通识教育和继续教育。

3. 传播和发展知识、信息和文化。

4. 为学生提供就业指导。

5. 研究科学技术。

6. 提供专业指导。

7. 促进国家全面发展。

8. 完善价值观。

9. 开展多方面教育和通识教育并发放相应的毕业证书。

10. 开展继续教育，以满足在职群体的需要。

第四条

创办大学须遵循摩洛哥《宪法》第四十六条规定：大学是具有法人资格及行政和财政自主权的公立机构。

大学受国家监管。具体来说，一方面大学的主管部门监督大学遵守本法规定（特别是关于大学的办学目标的部分）；另一方面在宏观上，保证大学遵守相关的法律法规。

第五条

大学依本法规定享有教学、科学和文化自主权。

大学可通过与国家签订合同，建立常设性培训和研究机构。

第六条

大学设立多门学科，如有必要也可成为专业性大学。大学由教学、培训、研究机构（合称"大学机构"）和大学服务部门及公共服务部门组成。

第七条

大学依照本法规定可通过签署协议提供资金，利用创业孵化器、发明专利来进行商品生产。

为鼓励科技创新，大学有以下权利：

1. 参与国有企业和私有企业的投资，且出资额不低于该企业注册资本的 20%。

2. 设立分支机构，该分支机构的主要任务是生产、开发商品并投放市场以及提供经济、科学、技术和文化领域的服务,大学应掌握不低于50%的分支机构注册资本。

本法第二条涉及的参与企业投资和创办分支机构应由主管部门批准。

第八条

1.大学机构在获得国家批准证书后,开展阶段性或单元性循环教学。

2.循环周期的时长和与之对应的证书名称应依据规章制度而确定。

3.教学课程包括为所有大学所共有的必修单元和体现多样性并供学生自由选择的选修单元。

以上教学应:

(1)包含核心课程及不同领域和不同机构之间的过渡课程。

(2)设立对学生的指导、评估和再指导课程。

(3)定期评估以了解学生的单元学习情况,统计已掌握的单元数量。

(4)在政府机关的监管下,促进高等教育与本法第八十一条相适应。

(5)大学可按照内部规章条例设置初始教育和继续教育的大学毕业证书。

经上述的高等教育国家协调委员会同意,该种证书可经政府机关认证。经认证的证书与国家毕业证书等效。

第九条

大学行政由理事会负责,理事会包括:

1.大学校长。

2.学区总长。

3.学区理事会主席。

4.学区市镇社区区长、省议会议长、大学所在省(州)议会议长。

5.一名或多名教育与培训学区主任。

6.七位经济和社会部门代表(包括多名专业领域人士和一名私立高等教育代表)。

7.三名不同类型的教育人士代表,由各大学机构的教学研究人士选举并在其中产生。

8.三名行政和技术人士代表,由大学行政和技术人员选举并在其中产生。

9.三名学生代表,由大学学生选举并在其中产生。

10.相关的大学及大学机构的负责人。

11.一名大学以外的公立高等教育机构的负责人,由本法第二十八条涉及的协调委员会任命。

大学校长可以以咨询的方式,寻求所有相关的专业人士帮助。

上述涉及的任命和选举成员的方式应依据规章制度而确定。大学的理事会成员根据被任命和被选举的成员相等的原则组建负责行政和财政的管理委员会,任命该委员会成员的方式应依据规章制度而确立。

经政府监管部门的批准,理事会主席职位可由除校长以外的负责人担任。

第十条

理事会的决议仅在选举成员符合法律规定时有效。

第十一条

行政管理部门赋予大学理事会相应的权限。理事会议由理事会主席主持,理事会经1/3以上成员的书面申请或根据实际需要而召开会议(每年至少两次):

1.第一次会议讨论年度财务的综合情况。

2.第二次会议研究制订次年的财务预算计划。

3.理事会在至少1/2的成员出席的情况下方可进行有效的决议。

如果无法达到会议法定人数,一周后可不考虑与会人数进行第二次会议。

理事会的决议应体现大多数与会成员的意愿。如果出现不同意见,由理事会主席做出最终决定。

第十二条

为保证大学有序发展,理事会可以采取以下措施:

1.完善大学的管理制度。

2.提出各种大学内部的教学改革方案,采取各种符合教学的措施以提高教学的质量水平。

3.建立理事会及大学的内部管理制度,在三十天内提交政府监管部门核准;逾期未核准的,自动视为通过。

4.对大学机构提交的认证申请提出意见。

5.批准制订培训性和研究性课程方案。

6.通过大学财政预算方案。

7.向大学机构、大学服务部门和大学公共服务部门提供经费。

8.制定本法第十七条第三款涉及的补助金制度。

9.为学生提供必要的指导和协议信息。

10.为学生提供就业指导以促进学生融入职业生活。

11.私立高等教育机构的课程认证。

12.根据理事会的提议,对初等教育和继续教育的毕业证书的设计和获取条件做出规定。

13.提议建立大学机构。

14.提议建立教学中心。

15.接受捐赠和遗赠。

16.向校长递交委托书,以接受或转让大学的动产性或不动产性财产。

大学的理事讨论决定以下事宜:

1.接受和转让不动产、向国有及私有企业贷款和投资、创办分支机构。经行政部门批准,在至多三十天的期限内,以上讨论方具有执行效力。超过期限,以上讨论则自动被视为具有执行效力。

2.大学理事会向本法第九条提及的管理委员会授予行政和财政权限。

3.大学理事会也可向大学校长或上述委员会成员授予特定的权限。

第十三条

如果大学运作出现重大困难,或无法按照法定程序、无法满足上述第九条的条件召开理事会,政府监管部门在征求国家高等教育协调委员会的意见后,在特殊困难时期内可破例做出决议,行使一切必要权力以促进大学和大学理事会正常运作。

由此做出的决议由国家高等教育协调委员会审理。

第十四条

1.大学的理事会在常设委员会中建立,如有必要可在特别委员会中建立。

2.大学理事会规定,委员中的代表按照第 07-00 号法律第六条第二款涉及的教育与培训学区的要求,负责协调高等教育。

3.常设委员会的数量、组成和运作模式由大学内部管理规定而确定。

第十五条

1.校长领导大学,任期 4 年。校长通常在负责大学发展规划的候选者中公开选举。

2.候选者资格和规划受政府授权的委员会审查,由此选出三名候选人,按照现行程序任命高等教育职位。

3.上述委员会的组成应依据规章制度而确定。

4.往任校长可以报名参选,进行下一次(也是最后一次)连任。

第十六条

1.校长领导大学的理事会,筹备和召开会议,接受提案和意见,并根据理事会内部规章制度和具体情况安排会议日程。

2.校长根据理事会的意见签订协定协议,采取一切保护措施。校长签署国家证书和大学机构颁发的毕业证书。校长象征大学的正义,并努力捍卫正义。

3.校长负责大学附属机构之间的协调工作。校长任命大学所有的教学研究人员和其他工作人员。

4.校长在大学机构、大学服务部门和公共服务部门中,分配教学人员和行政技术人员。

5.校长负责大学的财政收入和支出。

6.校长向大学机构的负责人在其管辖领域(尤其涉及运营预算和物资领域),授予全部或部分拨款审核的权限。

7.校长遵循法律、现行法规和大学内部法规,可根据现行法律采取一切措施。

8.两名副校长和一名秘书长负责辅助校长。

9.在两名副校长中至少一位是高等教育教师。两名副校长在校长推荐下,由政府监管部门授权任命。

10.秘书长由校长从高等教育第二阶段的任职者(至少具备行政管理经验)中挑选并推荐,再由政府监管部门授权任命。

第十七条

1.大学工作人员的地位和补助由法令确定。

2.根据相关大学机构的科学委员会的提议,经相等人数的委员会同意,决定教学研究人员的转正、晋升和惩戒事宜。

3.大学教员有资格以鼓励和竞争的名义,在基本工资(由研究工作和服务补贴构成)的基础上得到附加补助金。

第十八条

大学预算包括:

1.收入

(1)国家津贴。

(2)继续教育的收取费用。

(3)收益和其他符合现行法律法规的产品。

(4)产品及研究和提供服务的工作的利润(尤其是技术工作)。

(5)交易和遗赠的产品和利润。

(6)与国际财政组织的贷款产品。

(7)由出售产品或服务或其他任何原因得到的偶然性资源。

(8)国库的垫款。

(9)偶然性收入。

(10)国家之外的津贴。

(11)馈赠和遗赠。

(12)多种产品。

(13)多种收入。

2.支出

(1)员工的待遇、工资、津贴和补助金。

(2)上述第十七条第三节涉及的用于附加补助金的支出。

(3)运营和设施的支出。

(4)教学和科研的支出。

(5)用于学生的支出。

(6)组织文化和体育活动的支出。

(7)用于大学公共卫生的支出。

(8)贷款的清偿和相应的费用。

(9)多种支出。

高等教育机构

第十九条

大学组织以院系、学校和学院形式存在。它们共同构成高等教育和大学研究机构。

大学组织包含各种对应学科、学习和研究领域及服务的部门。这些部门可根据大学的理事会的协定创建教学、培训、学习和研究中心。

第二十条

1.大学机构通过法令创建,并由机构理事会管理。

2.院系、学校和学院分别由院系的院长和学校、学院的主任在四年的期限内管理,以上人员从大学机构中负责发展规划的高等教育教师候选者中公开选举。

3.候选者资格和方案由政府任命的委员会讨论和整理,并在校长的提议下,呈交给大学理事会审查,选取三名候选者按照现行程序任命高等教育职位。

4.往任院长或主任可以报名参选,进行下一次(也是最后一次)连任。

5.四名副院长或四名副主任及一名秘书长负责辅助院长或主任。

6.教学、培训、研修和研究中心的一名副院长或一名副主任也可辅助院长或主任。

7.副院长或副主任在院长或主任推荐下,由校长任命。其中至少三名是从高等教育教师和具有大学职称的人员中选举产生。

8.秘书长由校长从高等教育第二阶段的任职者(至少具备行政管理经验)中挑选并推荐,再由政府监管部门授权任命。

第二十一条

1.院长或主任保证大学机构的顺利运行,协调各活动。院长或主任管理机构理事会,并根据理事会内部规章条例和具体情况安排会议日程。

2.院长或主任管理机构所有人员。

3.院长或主任采取一切措施以保证教学管理和知识考核。

4.院长或主任谈判协定协议,并呈交给大学理事会批准。

5.院长或主任在校长的监督下,遵守现行法律法规及机构内部规章制度,可根据情况采取一切必要措施。

第二十二条

1.机构理事会包括当然成员、教员代表、行政技术人员代表、学生代表及校外人士。

2.机构理事会的组成、选举和任命成员的方式及理事会运作模式应依据规章制度而确定。

3.除本法赋予的职权外,机构理事会能够:

(1)受理一切与任务相关及促进机构良好运作的问题,并对大学理事会提出建议。

(2)建立机构拟议预算。

（3）保证在上述第十九条第二节提及的不同机构中进行预算分配。

（4）通过实验室创新方案。

（5）按照上述第八条提及的模式，建立学术考试和培训知识考核制度并呈交批准。

（6）在一定条件下，依据规章制度对学生组织执行纪律。

（7）向大学理事会提出正确意见以促进学生融入职业生活。

（8）向大学的理事会提出各种教学改革方案，采取各种符合教学的措施以提高教学的质量水平。

（9）向大学理事会提出各种措施以改进学生的指导和信息工作，加强组织文化和体育活动。

（10）讨论一切与任务相关的问题，以保证大学顺利运行发展。

（11）采取各种办法以改善大学的管理制度。

（12）申请建立教学中心，提交理事会批准。

（13）建立内部规章制度，提交理事会批准。

（14）建立内部常设委员会，包括研究委员会、教学委员会、预算监测委员会和科学委员会各一种。如有必要建立若干特别委员会。常设委员会的数量、组成和运作模式应根据本法下述第二十三条，按照内部规章条例而确定。

第二十三条

1.大学机构的科学委员会负责各种与教学研究人员相关的事宜（尤其涉及转正、晋升和惩戒制度）。

2.科学委员会的组成、运作模式、任命和选举成员的方式应依据规章制度而确定，同时保证被任命的成员和被选举的成员对等原则。

第二十四条

大学理事会在机构理事会提议下，确定大学机构的教学、研究及行政结构、组织安排和不同行政结构的任命条件。

大学之外的高等教育机构

第二十五条

1.大学以外的高等教育机构隶属不同的部级部门或其下属机构，其职能如下：

（1）进行初始教育和继续教育，尤其在机构隶属的领域内。

（2）为学生步入职业生活做准备。

（3）研究科学技术，传播学习领域相关的知识。

2.大学以外的高等教育机构与大学一同投身于学生接纳和培训工作，为推动基础设施优化使用和促进可用人才合理流动而贡献力量。

3.在负责人才管理培训的政府机关的监管下，上述第一节的机构名单通过法令确定。

第二十六条

上述机构在高等教育国家政策的范围内履行职责。该机构致力于国家高等教育系统的一体化、协调化和合理化,通过以下方式促进与大学机构互通有无:

(1)为大学机构开设的阶段性或单元性学习提供衔接。

(2)在培训和研究方面,实现和制订联合方案。

(3)促进教学中心和专业中心协调发展。

第二十七条

1.上述机构在获得国家批准证书后,开展阶段性或单元性循环教学。

2.对于任何机构,运作周期的时长和与之对应的证书名称应根据规章制度而确定。

3.定期评估以了解学生的单元学习情况,统计已掌握的单元。

4.接受阶段性教学的条件、学习制度和评估方式由相关机构的理事会提议,呈交给本法第八十一条提及的国家高等教学协调委员会后依据规章制度而确定。

5.大学以外的高等教育机构可按照内部规章条例,经协调理事会同意,在政府机关或机构所属部门的监管下,设置机构证书(尤其在继续教育方面)。

6.经本法第八十一条提及的国家高等教育协调委员会同意,该种证书在政府机关或机构所属部门的监管下可得到认证。已认证的证书与国家证书等效。

第二十八条

1.协调委员会在政府机关授权和领导下,以培养管理人才为主要任务。该委员会包括:

(1)负责高等教育的政府人士或其代表。

(2)负责科研的政府人士或其代表。

(3)负责中等教育的政府人士或其代表。

(4)负责公共服务和行政改革的政府人士及其代表。

(5)政府监管部门或机构所属部门或其代表。

(6)来自不同部级部门的高等教育机构负责人。

(7)各部门一名教学研究人员代表。部门和代表方式应依据规章制度而确定。

(8)三名经济部门人员,其中一名人员来自私立高等教育机构,该三人通过比较能力和资历择优录取。

2.主席可以咨询的名义,请所有重要人士参与理事会会议。

3.理事会在主席的召集通知下召开,每年至少两次,每次视情况而定。

第二十九条

1.协调委员会能够:

(1)建立内部规章制度,在至多三十天的期限内呈交给政府负责培养管理人才的部门。在期限内被批准,制度则被自动视为通过。

(2)在呈交给政府监管机关或机构所属部门之前,对机构内部规章制度提出意见。

（3）审核机构每年提供学生入学名额数量的意见，并呈交给政府负责培养管理人才的部门。

（4）对机构提交的认证申请提出意见。

（5）对建立培训和研究性课程方案提出意见。

（6）对创建大学以外的全新高等教育机构的方案提出建议或意见。

（7）力图促进大学以外的高等教育机构之间协调发展，以促进综合科技中心（以多学科的公立机构形式存在）的创建和发展。

（8）任命本条款提及的教员管理常设委员会成员。

（9）提出建议和措施以促进学生融入职业社会。

（10）审理一切以提高机构教学水平为目的的事项，审理一切创建新机构的方案。

2.协调委员会可向主席或上述理事会的一名成员授予某些职权。

3.成立教员管理常设委员会（不包括临时调动人员），该委员会负责教员的转正和晋升，由机构负责人和机构科学委员会提议，且需经上述理事会同意。委员会的组成、任命成员的方式和运行模式应依照规章制度。

第三十条

1.除上述第二十九条提及的教员管理常设委员会以外，协调委员会在常设委员会中建立，如有必要可在特别委员会中建立。

2.委员会的数量、组成和运作模式应按照协调委员会的内部规章条例而确定。

第三十一条

1.后续工作委员会每季度至少召开一次会议，对协调委员会主席工作进行协助，以保证协调委员会的建议的顺利执行。

2.后续工作委员会的组成、运作模式应按照协调委员会的内部规章条例确定。

第三十二条

1.大学之外的高等教育机构以学校、学院和教学中心的形式存在。

2.该机构可由各种对应学科、学习和研究领域的部门组成。

第三十三条

1.遵循现行法律法规，在相关部级部门提议下，经协调委员会同意方可创建上述机构。

2.上述机构的候选人资格和项目由委员会审查，委员会的任命方式应依据规章制度确定。委员会向政府监管部门推举三名候选人，他们将接受现行的关于高等职位的法律程序。

3.往任主任可以报名参选，进行下一次（也是最后一次）连任。

4.二到四名副主任和一名秘书长负责辅助主任。

5.副主任中至少一位来自高等教育教师或专任教师。副主任在主任推荐下，由政府监管部门授权任命。

6.秘书长由主任从具备高等教育资格证书的人员中挑选并推荐,再由政府监管部门授权任命。

第三十四条

1.主任确保机构顺利运行,协调组织各种活动。

2.主任负责下述第三十五条涉及的机构理事会,并根据理事会内部规章制度和具体情况安排会议日程。

3.主任管理机构所有人员。

4.主任采取一切措施以保证教学管理和知识考核。

5.主任谈判协定协议,并呈交给机构理事会批准。

6.主任遵守现行法律法规及机构内部规章制度,可根据现行法律采取一切措施。

第三十五条

1.如有必要,除行政理事会外,根据上述第二十五条,在每所机构中可建立机构理事会。该理事会包括当然成员、教员代表、行政技术人员代表、学生代表及机构外人士。

2.机构理事会的组成、运作模式、选举和任命成员的方式应依据规章制度而确定。

3.理事会受理一切与任务相关及促进机构良好运作的问题,并对协调委员会提出建议。

4.理事会提议建立培训性和研究性课程的方案。

5.理事会建立学术考试和培训知识考核制度。

6.根据本法第三十六条,理事会保证在不同机构中进行预算分配和确立机构财政预算的相关条文规定。

7.在一定条件下,在政府机关或所属部门的监管下,对学生组织执行纪律。

8.建立内部规章制度,提交理事会批准,并在不超过三十天的期限内呈交给负责管理人才培养的政府部门或所属机构,超过该期限,制度则被自动视为通过。

9.建立内部常设委员会,包括一个科学委员会和一个预算监测委员。如有必要建立一些特别委员会。常设委员会的数量、组成和运作模式应根据本法第二十三条,按照内部规章条例而确定。

10.公立机构的行政理事会应包括教员代表。

第三十六条

大学机构的教学、研究结构和组织安排经协调委员会同意,由机构理事会提议,在政府机关或所属部门的监管下确立。

第三十七条

1.公立高等教育包括全部综合科技中心(以多学科的公立机构形式存在)。其部门设置、组织方式和运作模式与大学相似。

2.以上组织和创办大学遵守同样的法律法规。

第三十八条

自本法于《官方公报》公布并生效之日起,相关条文将在三年期限内逐步推行。

私立高等教育

第三十九条

1.与公立高等教育相比,私立高等教育履行以下义务:培训,传授文化和技能,推动科研水平进步。

2.私立高等教育通过教学和科研规划的创新,促进国家高等教育多样化。

第四十条

高等私立教育在行政部门监管下履行义务。

第四十一条

1.私立高等教育机构可为学校、院系或教学中心命名。

2.命名私立学院和私立大学可根据具体情况,依据规章制度而确立。

第四十二条

1.命名私立高等教育机构应与其提供的教学水平和类型保持一致。

2.命名受现行法律法规保护。

第四十三条

1.经本法第六十一条提及的高等教育协调委员会同意,获行政部门批准,方可创办私立高等教育机构。

2.机构的批准和审核方式应依据规章制度而建立。当批准被撤销时,可实施相同的程序。

第四十四条

以下情况可通过行政部门批准(本法第四十三条涉及):经批准创办的机构需要扩张,对机构本身或就单个基础单位(须事先批准)进行调整。

第四十五条

私立高等教育机构的所有者对机构所有员工有义务实施摩洛哥《劳动法》。

第四十六条

私立高等教育的所有者应保证全体学生在机构内部,或后者在学校管理人员的有效监护下免于风险事故。

第四十七条

私立高等教育机构的宣传不能包含引诱学生及其监护人在文化、知识、教育和时间方面犯错的信息。

第四十八条

1.私立高等教育机构的所有者不能在学年结束之前关闭机构。

2.如在学年期间,受不可抗拒的因素干扰使得机构所有者无法确保机构继续运行,他应立刻告知负责相关事宜的行政部门,依据规章制度合理陈述以本人的可用资源,及本法第四十九条涉及的情况下的运作情形。所有者应及时通知学生及其监护人机构关闭。

第四十九条

如果机构不能确保在学年结束前以独立方式运作,将由行政部门依据现行法律法规,通过致力于所有私立高等机构发展的专门系统填补负担。

第五十条

1.行政部门对私立高等教育机构进行教学和行政考察。

2.教学考察旨在确保教学大纲实施、教学资源和教学手段可用。

3.行政考察旨在审查行政文件,范围包括机构本身、教学管理人员、雇员、学生。如有必要还检查公共卫生服务和网络运营情况。

第五十一条

1.私立高等教育机构可在私立高等教育协调委员会的提议下,通过行政部门批准设立一个或多个系列的培训课程。

2.培训课程通过认证得到高认可度。该分支机构在特定期限内被批准。

3.批准期限、情况和方式应依据规章制度而确立。

第五十二条

经认证的培训分支机构的证书依据规章制度并通过一定的方式颁发,可与国家毕业证书等效。

第五十三条

1.国家对私立高等教育机构提供的高质量高水平教学进行审查,经私立高等教育协调委员会同意并宣布。

2.国家承认的条件、方式及撤销应依据规章制度而确定。

第五十四条

1.由国家承认的私立高等教育机构的毕业证书由大学校长颁发,大学校长依据规章制度而命名。

2.以上毕业证书与国家毕业证书等效。

第五十五条

1.私立高等教育机构的教学主任全职履行职责,负责机构的教学与培训。

2.任命教学主任须呈交至行政部门并经其允许。

第五十六条

教学主任的职权和任命条件经私立高等教育协调委员会同意,依据规章制度而确定。

第五十七条

1.私立高等教育机构应设置常设机构,其数量和名称与性质和培训期限相关。

2.私立高等教育机构还致力于发展特定或专门的教学及公认的职业技能,以促进公立高等教育发展。

3.本条款实施方式应依据规章制度而确定。

第五十八条

公务员可遵循现行法律法规,派遣到私立高等教育机构。

第五十九条

私立高等教育机构可推荐学生参加公立高等教育机构的考试和知识考核。为此相关机构须签订大学合作协定,以明确每一部分的权利和义务。

第六十条

私立高等教育的学生遵循现行法律法规,持等效毕业证书或具有同等学力时,可被公立高等教育机构录取。被录取的私立高等教育机构的学生可在其专业领域内,以制度规定的方式进入课程学习并参加公立高等教育机构的考试。

第六十一条

在政府负责高等教育的机关的批准下建立私立高等教育协调委员会,该委员会的任务如下:

(1)对批准开放公立高等教育机构和认证申请提出意见。

(2)建立私立高等教育的严格规范,并确保其普及和实施。

(3)建立、实施、接受和遵守职业道德。

(4)实施监控机制,制定部门发展的战略和操作计划。

(5)促进各私立高等教育机构和其公立或私立的合作伙伴之间协调。

(6)按照第四十九条规定的条件,力图保证一切失灵的、暂时或长久无法继续独立运营的私立高等教育机构的运行。

第六十二条

1.私立高等教育机构的协调委员会由负责高等教育的政府机关或其代表授权。该委员会包括当然成员、私立高等教育机构的当选代表和机构外人士。委员会组成、成员的任命、选举方式和运作模式应依据规章制度而确定。委员会秘书长受行政部门管理。

2.委员会主席可请一切有资格的重要人士召开会议。

3.委员会根据具体情况召开,每季度召开一次。

第六十三条

1.对于具有以下行为的人员,将被处以五万到十万迪拉姆不等的罚金:

(1)未按照上述第四十三条,即无行政部门批准而创办和运营私立高等教育机构,或批准撤销后仍保持开放或继续运营。

(2)未经行政部门批准而对经批准创办的机构进行扩张,包括扩张机构本身或单个基础单位,以及增添部门。

(3)除不可抗拒的因素外,在学年结束前关闭机构。

(4)擅自修改行政部门批准的方案和时间表。

(5)未遵循本法第五十四条规定,颁发未经批准的毕业证书。

2.如屡次违法,罚金的最小额和最大额双倍计算。

3.此外,负责人将被禁止在十年内创办和管理私立高等教育机构。

第六十四条

1.如在机构中故意雇用不满足本法第五十七条的条件的教员,雇主将被处以20 000～50 000迪拉姆不等的罚金。

2.如屡次违法,罚金的最小额和最大额双倍计算。

第六十五条

1.如私立高等教育机构的负责人不能定期有效地履行职能,或他未满足担任此职位的资格,或此职位由机构所有者虚设,他将被处以20 000～50 000迪拉姆不等的罚金。对于最后一种情况,上述机构所有者将被处以同样的罚金。

2.此外,负责人将被禁止在十年内管理私立或公立高等教育机构。

第六十六条

1.对于具有以下行为的人员,将被处以两万到九万迪拉姆不等的罚金:

(1)拒绝接受或妨碍执行上述第五十条提及的教学或行政审查。

(2)私立高等教育机构所有者未实施上述第四十六条提及的法规。

2.如屡次违法,罚金的最小额和最大额双倍计算。

3.屡次违法指:已违反本法第六十三条或第六十四条并已被处以不可撤销的惩处,在判决公布的五年内再次出现同样的违法行为。

第六十七条

除司法警官外,由行政部门任命并经专门培训的宣誓官员同样负责检查是否存在与本法相违背的行为。

第六十八条

1.如果私立高等教育机构未经批准而开放,行政部门可强制要求上述机构关闭。由执法部门负责执行该权力。

2.如果严重违反本法规定,应有的教育水平或卫生条件受到损害,行政部门可决定撤回批准。如果在学年结束之前撤回批准,行政部门应按照上述第四十九条采取相应措施。

学生的权利和义务

第六十九条

根据本法,学生是教育和科研服务的受益人,且此两种服务需在公立及私立高等教育机构定期注册以筹备初始教育的毕业证书。

第七十条

任何学生可在高等教育机构和公共服务内部,享有信息自由和表达自由的权利。在行使自由权利时不能干扰教育机构和公共服务的正常运行,不能干扰大学生团体生活,亦不能干扰教学、行政和技术人员的活动。

第七十一条

1.按照本法和实施的条文,学生参与他们所在机构和社会服务部门的管理。

2.在按规定建立并根据其地位运作的协会中,学生可组织文化和体育活动。以上协会可得到国家物质和财政支持。

第七十二条

根据现行法律规则,学生可成立保护自身利益的协会或组织。

第七十三条

1.学生必须遵守他们所在的教育机构和社会服务部门内部的规章条例。

2.学生不能干扰其他法律条规的实施,如果有人做出与以上规约相违背的行为,他将依据规章制度和程序受到纪律惩罚。

第七十四条

遵循保护残障人士的相关法律法规,教育机构应为有身体、心理或认知障碍的学生提供特殊帮助。

为学生提供的社会服务

第七十五条

1.为学生提供的社会服务是大学生活中(尤指住宿、餐饮、公共卫生、奖学金和助学贷款方面)提供的服务。

2.为学生提供的社会服务的资金源于:国家、当地集体或高等教育机构的补贴,受益者分担的费用、自然人或法人的各种自愿捐助。

第七十六条

国家遵循现行法律法规,对学生提供以下优惠:

(1)为学习优异家境贫困的学生准备的奖学金系统。

(2)与银行系统相连的较为优惠的助学贷款系统。

(3)在当地集体协会和专业部门中,负责特定的学生的住宿和餐饮的机构。

(4)医疗卫生和疾病保险的保障系统。

监管机制

第七十七条

1.高等教育系统呈交定期的整体性评估,包括各领域的教学、行政和科研成果,以保持内部同外部的营利性。评估以审核教学、财政和行政为基础,除此之外采用各教学机构和各培训机构自我审查的方式,并对科学界、文化界和艺术界等的教育人士和合作伙伴进行阶段性的意见调查。

2．审查年度财政法案时,政府在议会两院前做财务报告(即上述的评估),进行财务总结和公示资产平衡情况和财务预算情况。

3．根据上述第二十五条,大学校长和高等教育机构的负责人于每年九月通过区域理事会在相关讨论上做类似报告。

4．负责高等教育和培训管理人才的政府机关,在国家和地区公布上述报告的简要记录,以保证公共舆论畅通。

第七十八条

公立高等教育机构和私立高等教育机构设置自我评估系统。

第七十九条

为实现上述审查和本法第七十七条提及的评估,将对创立专门的监管机构事宜进行表决,该机构尤指国家评估机构和致力于高等教育与经济和职业环境协调发展的组织,并享有必要的自治和独立权。

第八十条

实现上述第七十七条提及的评估的方式和条件应依据规章制度而确定。

第八十一条

成立国家高等教育协调委员会,该会负责:

(1)对创办大学及或其他公立或私立高等教育机构提出意见。

(2)确立教学大纲及其认证的标准和有效机制。

(3)调整学生在不同阶段的录取和注册标准,及连续评估、考试、论文答辩和科研深造招收的标准。

(4)建立和运行信息网络。

(5)提高科研水平和鼓励人才培养。

(6)提议学习制度和考试制度。

(7)鼓励团结,促进财政互助。

第八十二条

国家高等教育协调委员会的组成和运行模式应依据规章制度而确定。

税收激励

第八十三条

在不违背现行法律的前提下,高等教育机构可享受税收激励政策,特别对于履行义务时所获的必要的物质财富和不动产财富。

第八十四条

相应的税收激励系统旨在鼓励高等教育公益机构将其全部盈余用于投资教学发展，以提高教学质量水平。

第八十五条

行政部门和受益机构通过签订协议，并由后者定期呈交教学成果和行政财政管理的评估情况，可实行本法第八十三条和第八十四条提及的税收激励政策。

第八十六条

自然人或法人在大学城、住宿和校园建设方面进行投资，可享受特别税收激励政策。

第八十七条

税收激励政策充分考虑学生的切身利益，向学生提供贷款以资助学业，贷款利息从银行机构扩展到筹资公司。

第八十八条

在摩洛哥《财政法》的范围和限度内，允许从税基和所得税中扣除学费与培训的费用。

第八十九条

本法第八十三条至第八十八条措施通过摩洛哥《财政法》确定实施。

第九十条

在本法生效期内，在大学及大学机构的国家在职人员根据其职务转任到各个大学中。在对大学员工资格进行批准（本法第十七条提及）的期间，上述人员受原属的职务管理。

第九十一条

根据本法第九十条，在任何情况下，转任人员被授予的职位高于在他们转任期间的法定职位。

第九十二条

根据本法第九十条，以上人员在大学、大学机构和行政机构的工作被视为已在大学的工作。

第九十三条

在任何情况下，已转任或已加入大学的人员在实施本法过程中，自正式进入机构之日起，继续向退休金管理机构缴纳费用，以确保享受退休金待遇。

第九十四条

在行政部门任职的教学研究人员和临时调动的人员自正式进入机构之日起，根据其需求，并由大学员工的职务确定，得以纳入所属大学的编制。

第九十五条

1.根据本法第九十四条，在任何情况下，加入大学的人员被授予的职位高于他们在加入期间的法定职位。

2.根据本法第九十四条，以上人员在加入大学之前的工作被视为已在大学的工作。

第九十六条

为保证大学履行相应义务,国家对大学全部免费地提供为国家所有的动产和不动产资源,以满足大学开展各项必要活动。

以上转任不应以任何形式进行征税和收费。

第九十七条

本法第九十六条提及的为国家所有的动产和不动产资源名录由法令而确定。

第九十八条

1.本法自《官方公报》公布之日起生效。

然而,本法与大学及大学机构相关的条文作为过渡法律,根据下节条文,自公布之日起将在至多三年的期限内逐步推行。

在三年的期限内,于回历 1395 年 2 月 13 日(1975 年 2 月 25 日)颁布的第 1-75-102 号关于大学组织的《国王诏令》及实施的法律文本依然生效,并可根据需要进行调整和补充。

2.自本法于《官方公报》公布并生效之日起,废除第 15-86 号关于私立高等教育机构中涉及私立教育的章程。

在本法于《官方公报》公布前被批准的私立高等教育机构,自本法生效之日起,拥有三年的期限以推行本法和与私立高等教育相关的条文,以此确保私立高等教育严格遵循法律规范。否则批准将失效。若该机构继续开展活动,将依据本法对机构所有者予以惩处。

第九十九条

本法条文不适用于 Al Akhawayne 大学、高等军事院校和职业培训机构。它们受相应规章制度的管理。

第一百条

1.在三年期限内,在各个高等教育机构和全部课程的参与者及其在科学、文化和职业领域的合作者之间进行广泛的协商,以调整当前的教育结构,具体内容如下:

(1)以各区域的最高水平为限,组织和协调后学士教学中目前较为分散的不同机构设置。

(2)优化基础设施和管理型可用人力资源。

(3)在教学培训、高等职业技术培训和大学培训中,设置有机连接、核心课程、过渡课程和可随时进行的再指导工作。

(4)在大学宏观的、跨学科的和多样化的(科学和职业专业化的要求)系统范围内,简化和协调当前冗繁的机构、课程和毕业证书。

2.本次高等教育的调整以大学和不同专业培训的高等教育机构之间的协商为基础,特别考虑到大学课程重新设置的必要性,即纳入了一般性、学术性或职业性的课程结构。

3.本法阿拉伯语版本于回历 1421 年 2 月 21 日(2000 年 5 月 25 日)在第 4798 号《官方公报》上颁布。

埃塞俄比亚

　　埃塞俄比亚联邦民主共和国,简称"埃塞俄比亚",非洲东北部内陆国。东与吉布提、索马里毗邻,西同苏丹、南苏丹交界,南与肯尼亚接壤,北接厄立特里亚。高原占全国面积的 2/3,平均海拔近 3 000 米,素有"非洲屋脊"之称。首都为亚的斯亚贝巴,阿姆哈拉语为联邦工作语言,通用英语,主要民族语言有奥罗莫语、提格雷语等。

　　埃塞俄比亚具有 3000 年文明史。公元前 8 世纪建立努比亚王国。公元前后建立阿克苏姆王国,10 世纪末被扎格王朝取代。13 世纪,阿比西尼亚王国兴起,19 世纪初分裂成若干公国。1889 年,绍阿国王孟尼利克二世称帝,统一全国,建都亚的斯亚贝巴,奠定现代埃塞俄比亚疆域。1987 年 9 月,门格斯图宣布结束军事统治,成立埃塞俄比亚人民民主共和国。1995 年,埃塞俄比亚联邦民主共和国成立。

　　埃塞俄比亚实行民族区域自治基础上的联邦制和三权分立制下的议会内阁制。总理掌握实权。总统为国家元首,行使《埃塞俄比亚联邦民主共和国宪法》赋予的荣誉职责,由议会选举产生。埃塞俄比亚全国实行 10 年义务教育制,包括小学 8 年、初中 2 年。共有小学 2.1 万所,综合性大学 21 所。

注:以上资料数据参考依据为中国外交部官方网站埃塞俄比亚国家概况(2020 年 10 月更新)。

埃塞俄比亚成人教育战略

一、背景介绍

埃塞俄比亚是一个和睦的多民族国家。1999 年,埃塞俄比亚人口约 7500 万,在非洲国家中排名第二,其中 80％人口生活在农村地区。根据 2006 年联合国教科文组织出版的《全球全民教育监测报告》,埃塞俄比亚 15 岁及以上的人口中,文盲占比为 58.50％。

教育是国家发展的核心要素,不仅如此,每个人不论肤色、宗教、经济条件如何,都享有受教育的权利。关于公民的受教育权以及实现教育产生的经济和社会福利,埃塞俄比亚通过教育部门计划实施教育培训政策(ETP),开展了一项大规模的运动。

教育培训政策的主要目标是培养不同层次的、训练有素的人才,从而为埃塞俄比亚的经济、政治和社会事业做出贡献。为了实现这一目标,国家不断努力解决教育长期存在的质量和公平等相关问题。

教育部门实施了发展计划,学生获得普通学校教育的入学机会显著增多。然而,迄今为止,成人教育的地位仍然很低,成人教育计划的实施并未帮助学生改善现实问题,教学内容与学生的生活毫无关联。此外,未能整合不同发展部门和合作伙伴共同发展教育事业也是一个遗憾。

为了缓解成人教育问题,第三份教育部门文件强调,将要大力实施基于技能的,以工作为导向,以社区为基础的成人教育计划。众所周知,成人教育是政府实施一系列计划的组成部分,主要是为了消除贫困,提高社会生产力,实现快速可持续发展。因此,制定成人教育战略已成为扩大和加强成人教育的重要条件。

成人教育的重点是在成年人中传授知识和技能,促进成人识字技能计划的实施和完善。此外,成人教育使成人学会阅读和书写,从而获得生产、生活、文化教育等方面的知识和技能。为了使埃塞俄比亚的成人教育活动顺利开展,对于没有机会参加正规课程的成年人来说,接受成人技能基础教育非常重要。因此成人教育战略需在所有利益相关者参与下共同制定。该战略文件概述了成人教育的现状、成人教育的战略方向以及成人教育的管理组织等方面。

二、成人教育现状

成人教育旨在以有组织的方式开展教育活动,从基本的阅读、写作和计算技能开始,提高 15 岁及以上公民的知识和技能。

埃塞俄比亚的人力资源开发将摆脱低水平发展模式,加速和可持续发展将作为首要任务。国家在多元化发展战略中明确指出,要通过教育和培训来提高人口素质,从而提高生产力。但是,成人教育仍然存在多年积累的问题:

(一)成人教育的普及水平较差

为了确保收入的公平分配,确保公众公平积极地参与政治,确保公民积极参与治理,确保社会经济的发展,有必要为整个社会提供成人教育服务。

在政府的计划推动下,公民获得了更多的教育机会,也取得了令人鼓舞的成就,文盲率已经下降到 58.50%。

在过去数年里,各地区的成人教育计划在其连续性和可持续性方面存在缺陷,且实施计划的地区覆盖范围小。大多数计划是在没有计划程序和缺乏连续性的情况下进行管理的。由于增加教育服务对成人的社会经济活动影响有限,文盲率始终无法降至标准要求;另一个问题是成人教育目前存在很多不真实信息。

为了使成年人能够参与和胜任政府的发展工作,设计成人教育计划至关重要,该计划符合政府发展战略,有利于计划的开展。

(二)成人教育机会分配不公

教育公平是指在城乡之间、男女之间以及各地区之间教育服务的均衡分配。地区之间以及城乡之间的共同进步提高了公民的自信心,并为民主制度提供了坚实基础。但在为国家加速发展所做努力中,大约一半的人口被排除在外,无法实现国家的快速发展。教育妇女是家庭教育和社会进步发展的可靠基础。

尽管成人教育具有各种优势,但过去几年只有一些地区在推出成人教育计划,大多数地区没有推出该计划。即使在推出该计划的地区,由于错误的传统观念,以及在家中工作满负荷的方式,妇女的受教育率极低。此外,在大多数地方,成年人没有机会接受教育。因此应缩小参与教育的性别差异和地区差异以降低文盲率,使成年人受益,让他们为消除贫困和实现社会的可持续发展做出贡献。

(三)成人教育质量较差

优质教育的基本投入之一是提供所需数量的有资质的教师。由于成年人有许多经验,因此教学需要特殊的方法。但是,过去几年招聘成人教育教师的情况仍然不理想,没有制定系统的加强培训制度。

与教育质量有关的另一个问题是教师课程准备不充分以及教科书和教具的缺乏。由于计划的终止,人们发现教学材料的开发和出版也未完成,大众媒体(电视、广播等)也不支持成人教育。

因此,为了向成年人提供高质量的教育,国家有责任在现有发展方案和成年人的生存需求基础上开展大规模的识字教育。这预示着需要建立一个制度化的培训体系,拥有足够数量的协调员,并为他们提供包括多媒体教学在内的多种学习途径。

(四)成人教育缺乏有效的组织领导

如果社会创造有利条件,集体履行责任,成人教育事业将取得成功。根据在埃塞俄比亚全国各地的分权管理系统负责实施包括教育在内的所有部门的发展计划,根据过去几年各部委在青年、妇女和成人教育培训方面的成功发展方案,政府组织从伊朗的经验中获得了一些启示。

不同部委和组织努力的最终目标是提升社会生产力,成人能够改善生活和有效参与国家发展。成人教育还将在传播并宣传相关教育计划方面发挥重要作用。然而由于协调不当和领导组织不够努力负责,教育管理者或领导者缺乏关注意识等问题,无法充分利用现有的资源。

成人教育计划不能仅由一个部门实施,需要发展组织和合作伙伴,且工作协调一致,建立一个成人教育的专门组织是必不可少的。

(五)成人教育资源分配不平衡

如果要促进教育系统良好运行并实现最终目标,就应满足其基本的人力、物力和财力要求。虽然政府提供给教育部的预算时有增加,但是成人教育分摊到的相应份额非常低。因此,协调和加强成人教育的实施需要公平的预算和合理的人力资源分配。

战略意义:

教育部门能够为战略实施提供教育支持,为不同社会组织生产部门制订发展方案和计划,以消除贫困,确保可持续发展。

国家将各地区成人教育计划结合起来,以可持续发展方式实现受益人的需求和教育发展统筹规划。

开展全面持续的教育计划,将成年人文盲率降低50%,从而实现促进其他教育目标的实现。

促进以实践为重点的成人教育计划的推出,通过掌握知识技能使成年人有效参与国家发展,支持社会生产。

三、成人教育的战略目标

(一)总体目标

建立一个有计划、有组织协调的成人教育系统,为成年人提供获得优质学习方案的机会,使他们能为埃塞俄比亚的社会、经济和政治发展做出贡献。

(二)子目标

(1)通过扩大成人教育,建立民主和善治文化。

(2)通过扩大成人教育,改变社会生活。

(3)通过提升成人教育质量,确保经济可持续发展。

(三)实施战略目标的方向

(1)扩大成人教育范围。

(2)建立成人教育质量相关体系。

（3）提高成人教育公平覆盖率。

（4）建立成人继续教育的机制。

四、战略方向

（一）提升成人教育覆盖范围

通过教育培训努力减少贫困，确保可持续发展，是政府发展社会生产力的主要方向。因此，为了扩大成人教育规模，提升覆盖范围，各部门应将满足教育部门需求作为首要任务。

1. 树立成人教育的重要性意识

为了实现成人教育战略计划，国家的各局和部委，政府和非政府组织达成共识，执行实用识字方案，在成年人中实现有意义的改变。

在沃埃达和韦雷克拉级地区开展大规模活动，各部门就成人教育在加速发展、创造民主文化、消除贫穷方面的贡献及其对提高个人和社会生活水平的重要性方面达成共识。

通过运用不同的宣传和广告手段（大众媒体、印刷、讲习班、会议等），提高执行机构、合作伙伴和社会公众的认识。

通过鼓励社会团体、经济发展署、非政府组织以及民间团体参与执行该方案，为成人教育提供财力和物力支持，扩大覆盖范围。

2. 有组织实施所需的分配预算和人力资源

为了实施成人教育并扩大其覆盖范围，必须适当分配以及经济有效地利用预算和人力资源。在成人教育中使用资金的不同之处在于其影响在短时间内是显而易见的。因此：

（1）可能增加联邦区域和沃埃达地区的预算来弥补短缺，并增加分配给成人教育的资金，制定和实施从其他来源寻找资源的战略。

（2）增进各级部门协调，增加对教育部门的支持，教育部门应与合作伙伴和利益相关者一起制定资源生成利用战略。

（3）在实施该计划和扩大覆盖范围时考虑职责，在教育部门的所有层面分配合格的人力资源。

（4）确保联邦、地方办事处以及成人教育和培训机构的预算流动适当和一致，使之能够可持续地完成重要活动。

（5）树立社会主人翁责任感，确保成员积极参与成人教育中心的建立和管理。

（6）利用其他机构（农民培训中心、卫生站、替代性基础教育中心）作为成人教育中心，以便更好地利用稀缺资源。

（7）创造有利条件，在居民区附近使用学习中心，特别是农民培训中心、卫生站、替代性基础教育中心等。

(二)建立有质量的成人教育体系

1.课程

成人教育应培养学生的实践技能、创造力、远见和民主文化意识,在制订和构建课程的同时应适当考虑社会和经济发展。课程应通过加强学生的知识、技能和态度来帮助改善成年人的工作和生活方式。一般而言,要使成年人成为注重发展和生产力的公民,应理解其所处的社会环境。

(1)制订计划,同时考虑目标群体的社会、经济和教育条件,并结合受益者的需求。

(2)课程内容充实,这将有助于培养能够承担社会经济和政治责任的有能力的公民。

(3)在所有利益相关者(部委、培训机构、国家地区、政府和非政府组织、民间社会和私营部门)的参与下设计课程,并遵循基本课程开发程序。课程应侧重于以下领域:

①职业导向的成人教育。

②创业计划(附属于技能培训)。

③适用于创造就业机会和增加收入的职业教育培训计划。

(4)成人教育中心为成年人提供信息服务,以适应不断变化的国际市场环境。

(5)成人教育将包括为特殊社会群体设计的计划。

(6)开发示范课程,为居住在边远地区有需求的公民提供教学材料。

2.加强教职工能力培养

优质教育的一个重要投入是有能力的教师。众所周知,由于成年人具有丰富的社会经验,因此教学需要特殊的方法。协调员的能力对于成人教育的传递和有效性也非常重要,体现在以下方面:

(1)提高计划管理、培训机构、协调人员和专家能力。

(2)建立一个培训管理系统,并为教师培训机构提供培训。

(3)招募来自周边社区的协调员,他们的专业等级至少是10级,并被社区所接受。可根据具体情况,基于区域发展标准进行调整。

(4)在检查协调员的工作能力和计划后,由一些以成人教育闻名的培训学院提供不同的教师培训,满足基本培训需求。

(5)为沃埃达地区高等教育机构的成人教育的主管和专家提供培训。

(6)制定战略,鼓励大学和培训机构的院士开展研究,并对专家进行适当培训,使他们能够提高成人教育质量。

(7)提供预算和其他支持,使大学和其他培训机构能够开展适当的成人教育计划。

3.通过提供适当的教育材料和教具,创造有利的学习环境

当提供有利的学习环境时,任何学习过程都将更有效。教育材料和教具对于保证教育质量非常重要。因此:

(1)根据教学大纲编制教学和学习阅读材料,要考虑成人及其周围环境的生活方式

和需求。

(2)提供教学辅助材料和教育材料(包括学习内容和实践经验),使教师能够在课堂内外使用和进行教学设计。

(3)为确保提高写作和阅读技能,为新读者准备额外阅读材料,发展阅读文化,避免文盲再现。

(4)将村庄阅读中心作为文化和会议场所,向其提供书籍,发展用户阅读文化,加强民主文化建设。

(5)落实必需材料,以保证成人教育在社区中实行。

(6)通过向各中心提供适当的阅读材料,利用替代性基础教育学校和农民培训中心作为教学和阅读中心。

(7)通过广播和信息通信技术支持成人教育中心,以促进社会获取信息和通信技术。

4.成人教育战略和技术改进

(1)为不同的成人教育计划提供合适的方法和应用技术。

(2)提供技能发展培训,使各级管理和协调人员能够通过有效的方法有效管理,促进成人学习过程。

(3)根据成人教育提供方法,编写培训手册。

(4)准备教育水平认证的标准化框架。

(三)扩大成人教育覆盖范围

(1)扩大居住在易受影响且没有基础设施发展的社会群体的基础教育,使他们能够参与发展计划,获得平等接受教育的权利。

(2)为农村地区的居民和城市地区的低收入群体制订适当的教育计划。

(3)为妇女制订实用的扫盲方案,特别是那些需要增加家庭收入的妇女。

(4)提供学习场所,并采用适合具有特殊需要公民的交付方式。

(5)通过制订适当的教育计划,提高有特殊需要的公民、不同生活条件的居民的参与率。

(四)成人教育的可持续发展

1.成人教育计划的管理

成人教育是建立在受益者需求的基础上的,需要多部门合作。当学员发现成人教育计划能够解决他们的生活问题并且能够改变其生活方式时,成人将会积极去学习。然而,过去开展的成人教育计划与此不一致,无法带来预期的结果。因此,从以下方面加强组织管理协调会进一步推进成人教育计划发展。

(1)各部委对农业和农村发展、卫生、妇女、青年体育、劳工社会等相关事务进行协调管理,从而在国家分权管理制度基础上,协调成人教育管理。

(2)设立一个全国成人教育领导管理机构,明确各部委职责,对成人教育提供指导。

（3）根据政府的分权结构划分职责，在各级制订具体计划，以加强和支持不同的成人教育计划。

（4）地方成人教育管理机构的组成与联邦机构类似，当地的一些办事处会参与管理，各区域可根据实际情况改变机构结构。

（5）加强各级教育部门与成人教育机构之间的协调。

2. 建立持续有效的伙伴网络关系

（1）强化参与成人教育的政府和非政府组织机构，以及那些愿意且有能力在该部门工作的组织和机构之间的伙伴关系。

（2）开展咨询研讨会，决定成人教育中不同活动的责任机构，明确划分责任。

（3）组织论坛以分担责任，建立伙伴关系，提高对成人教育的认识，并签署协议。

（4）建立论坛，分享思路和经验，开发和研究共同的计划流程。

（5）组织论坛，合作完成成人教育活动，讨论工作程序，制定分配不同活动的共同战略。

（6）尽可能将地区、联邦和民间社会的资源分配给政府和非政府组织，成人教育部门和其他利益相关者共同监测和评价成人教育。

3. 建立有效的监测评估体系

（1）建立信息管理系统。

（2）建立参与式的评估体系。

（3）在利益相关者和合作伙伴的参与下，对计划实施情况进行定期监测和评估。

（4）确保及时向利益相关方发送监测和评估报告。

（5）监测和评估计划实施过程，确保在成人教育原则的基础上顺利完成计划。

埃塞俄比亚全民教育回顾

一、背景介绍

1990 年,埃塞俄比亚通过了《全民教育行动宣言和纲领》,这份文件旨在评估 1980—1990 年教育工作的进展并加强对未来基础教育的管理。

埃塞俄比亚在 1991 年前一直处于内乱之中,任何新措施的施行都举步维艰。新政府自上台后则加大了施行力度,于 1991 年 5 月筹备出台新的教育和培训政策,经过中央、地方、乡镇和学校之间的各级协商反馈,该政策(ETP)得以顺利出台并实施。

二、全民教育发展状况

在埃塞俄比亚发展过程中,教育始终处于重要战略地位。《埃塞俄比亚联邦民主共和国宪法》指出:在资源承载范围内,国家旨在为所有埃塞俄比亚公民提供公共健康、教育、水、住房、食物和社会保障,并且对于"教育、公共和隐私"不含有任何政治、宗教影响和文化偏见,该法还强调"国家有义务优先将资源分配到公共卫生、教育和其他社会服务领域"。

在 1994 年出台《埃塞俄比亚联邦民主共和国宪法》前,教育法规体系极不完善。1994 年的统计数据显示,只有 23.40% 的 10 岁及以上公民接受过教育,只有 25% 的小学适龄儿童接受了小学教育。小学 1~8 年级学生的总入学率为 24.10%。只有 1/15 的适龄人口接受过中等教育。本科教育只针对小部分完成中等教育的学生开放。不同地区及不同性别间教育差异巨大,教育系统的内部效率极其低下。

效率过低和教育质量下降是导致辍学率和复读率居高不下的重要原因。1 年级学生中有 1/3 选择中途辍学,余下的学生中还有近 1/5 选择复读。教育质量下降的原因包括教育投入和教育设施不足(国家早期因内战导致校舍受损,需重新修缮),缺少教学资料(仅 1/5 的学生有课程教材)和不完备的教师培训体系(仅 80% 的小学教师、30% 的中学教师、40% 的高中教师符合相应教学资质要求)。地区文化、语言差异、过高的教室密度以及缺少明确的教学计划也是导致教育质量下降的重要原因。

综上可见,埃塞俄比亚的教育系统中存在许多问题,主要包括教育机会匮乏,教育的地区、性别差异巨大,教育质量低下,教育资源严重不足,管理过于中心化,教育计划的实施力度不足,社会参与度过低。上述问题亟须改善。

三、国家政策

为了解决上述问题,政府着手进行一系列的政治、经济及社会改革,并于 1994 年制定了一项新的教育培训政策。该政策的主要目标在于重新调整和扩大教育系统,并使其与现有及未来的国民资源需求相匹配。政策的范围包括从学前到本科的正式教育、特殊教育和非正式教育。教育培训政策的明确目标有：

(1)通过正式与非正式教育项目促进相关的教育教学。

(2)培养并丰富学生的好奇心并提升学生的创造力以及审美能力。

(3)确保所有类型的学生能够学有所得。

(4)用不同水平的职业性训练为学生提供基础教育并整合知识。

(5)通过不同水平以及不同种类的技能培训来满足国家对于技能型人才的需求。

(6)将教育、培训、研究与发展紧密结合在一起。

(7)提供长期教育。

(8)将教育作为发展传统技术、运用现代科技的工具。

(9)发展教育以促进民主、包容、和平，同时提升人民的社会责任感。

(10)发展教育以促进人民拥护民主、自由、平等、自尊和公正，并树立正确的道德观念。

(11)发展教育以发扬工作中互相尊重的风格，展现积极的工作态度与工匠精神。

(12)意识到学习本族语言的重要性，同时将一种语言作为民族语言，将第二种语言作为国际交流语言。

(13)加强教育以转变社会对于女性在发展中所做贡献以及所充当角色的态度和观念。

(14)发展教育使人民拥有对于国家以及全球的环保意识，保护自然资源和历史遗产。

(15)发展教育，促使人民能够具有与时俱进的态度和技能，能够准确地使用私有和公共财产。

四、主要成就

自 1994 年以来，埃塞俄比亚教育领域的重大发展为优化小学教育创造了良好的环境，包括政府给予人力资源开发的高度优先权、关于小学教育规划和管理的去中心化进展，以及 1997—2002 年教育行业发展项目(ESDP)的制定。

ESDP 是一项通用教育战略和行动计划，它将政策声明转化为行动，涵盖了 20 年教育发展战略中的最初 5 年，该项目于 1997 年在政府资助下启动，并得到持续的捐助与援助。该项目的框架提交协商会议于 1996 年 12 月开启，随之而来的是对于项目细节的制定。在联合国机构以及多边和双边捐助伙伴的积极参与下，联邦和地方政府共同开展 ESDP 项目。

ESDP 是一种全方位的教育发展模式。它致力于解决基础设施发展的严峻挑战及国家教育部门的质量和公平问题。该计划旨在提高人口的总体教育水平，同时实现更大的社会公平。ESDP 的预计成本约为 18 亿美元(约合 122 亿埃塞俄比亚比尔)，该资金预计将由国内和外部资金共同提供，政府承诺出资 73% 的项目成本。在本项目中，初等教育具有最高优先权,占总预算的60%左右。

五、全民教育的目标

在众多教育问题的背景下,埃塞俄比亚的教育现状以及未来教育发展的目标包括以下几点:

(1)扩大教育机会,特别是发展偏远地区的初等教育,小学入学人数从1996年的450万提升至2002年的700万,初等教育的总入学率达到50%,并以在2015年之前实现全民初等教育为根本目标。

(2)通过提升弱势群体的入学率来提升教育公平性,将女性接受初等教育的占比从1996年的36%提升至2002年的45%;提升偏远地区的入学率,将两个地区(阿法和索马里)总入学率分别从8.40%和11.60%提升至25%。

(3)在以下方面提高教育系统的效率:①将1年级的辍学率从28.50%调整至14.20%;②将初等教育的总辍学率从8.40%调整至4.20%;③将4年级到8年级的平均复读率从12.80%调整至6.40%。

(4)将教育占国民生产总值的比例从3.80%提升至4.60%,加强教育的资金支持,促进私营部门和社会援助对教育的支持,将1年级到8年级的女性平均复读率从16.20%调整至8.10%,将教育系统的效率从60%提升至80%。

(5)提升教育质量和教育相关性,提升小学学生的考试通过率,将8年级考试通过率从62%提升至80%。

(6)将教育在预算中的占比从13.70%提升至19%,将初等教育占总教育预算的比率从46.20%提升至65%。

(7)保证学生主要学科的教科书持有率为100%。

六、计划实施战略

为促进埃塞俄比亚教育发展的目标,提出以下战略:

1.通过免除10年级之前的学费来减少家庭财政负担,通过采用灵活的学校日程,避免务农的高峰时期与学校教学时期重合,使学生有时间完成家务。

2.通过在不发达地区建立学校来增加民众受教育机会,减少乡村和城市之间初等教育入学率和毕业率的差异。其他方式包括建立2 500所小学、重新修缮现有3 000所学校并增加教室等以满足250万新入学学生的学习需求。

3.采取目标人群定位和施行地方相关政策的方法来提升女性在初等教育中的参与率,以减小入学率以及升学率中的性别差异。提升女性教育的方法包括:通过在偏远地区建立新学校来缩短学生居住地与学校之间的距离;规定为女性贫困生提供教科书、练习本以及文具;提供省时省力的器械,例如紧邻学校的磨粉机、供水器;加强的围栏设施为女性安全护航;为女性专门建设符合卫生标准的独立卫生间;提倡教育优势,特别是女性教育,雇用并培训更多女性教师来增大小学中女性教师比例,鼓励女性教师认真教学,成为学生学习的楷模。

4.高质量的初等教育可以通过课程改革、教师培训、教学设施改善、主要学科的课本持有率提升,将低年级(1~4年级)教师合格率从85％提升至95％、将高年级(5~8年级)合格教师人数从5 700扩增到20 000等方法实现。其他方式包括:将当地语言引入学校课程,作为使学生了解学校的媒介,以此促进学生适应学校生活,将家庭氛围融入学校环境来提高学生学习积极性;提升教师的专业竞争力和教育教学技能;改善学校学习环境;为教师和班主任提供专业性帮助以增强教师在"教授—学习—评估"这一环节中的影响力。其他方式包括:教师培训机构的升级和扩展,以确保教师在初等教育的第二个阶段有足够的教学资质;修订教师培训课程以反映初级阶段课程改革效果;通过远程教育教师培训,为偏远地区教师的专业提升提供在职培训机会;对班主任进行学校管理方面的培训。

5.加强校外学生教育培训项目。强调为没有入学机会的校外学生建立并发展学习中心,为青少年和成年人建立学习机构和项目,为辍学人士等订立扫盲计划。

6.提升远程教育的质量和覆盖率。方法包括:大量使用无线电传播网络来增大教育广播系统覆盖范围,支持小学课堂教学,为在职教师、失学儿童、青少年和成年人提供接受教育的途径。

7.通过制定政策保证现有资源的使用效率,例如:3年级之前禁止留级,将生师比例提升至可观水平,通过轮班制更好地利用教学资源。

8.通过对所有层级的行政人员和班主任进行教育管理方面的培训来加强教育计划和管理能力,制定指导方针,建立监管和反馈机制以确保责任承担。

9.将地方语言作为连接学校和地方社区的媒介。

10.提升专业能力和培训质量,提高教师及专家素质。

11.将管理与教育系统相结合,使教育去中心化,更协调化,更具参与度,更具效率及专业性。

12.通过鼓励社区参与,引进成本共享机制,将私营部门引入教育管理来增强教育资金支持。

13.增强教育行业和其他相关行业间的合作。

14.教育和培训政策改革将会注重以下四个方面重构教育体系:

(1)针对4~6岁孩子的学前教育体系。

(2)包括第一阶段(1~4年级)和第二阶段(5~8年级)共8个年级的初等教育。

(3)9~10年级的中等教育和11~12年级的高等教育,职业技能教育体系与本科教育平行运作。

(4)非正式教育、成人教育、远程教育以及其他特殊需求教育同其他教育体系协调一致。

15.扩大初等教育公平性。

16.使课程改革同教育方针保持一致,增强教育相关性以满足人民需求。

17.改善教育系统的整体质量。

七、决策与管理

全民教育计划(EFA)是教育行业发展项目(ESDP)的一部分。埃塞俄比亚的教育行业发展项目是为实践去中心化的系统量身定做的。从某种程度上来说,此项目已经同联邦教育部、主要专业机构、地区教育部门建立了良好的合作关系,并同社区建立了合作咨询关系。因此,主要的执行机构对于此项目及其目标有着极强的支配权。

在决策层面及政府对于教育发展项目的框架中,应当把所有相关者的想法考虑进来,应当重点强调地区和中央的合作伙伴关系。项目执行是各级教育部门的责任,联邦区域联合指导委员会的成立是为了对执行过程进行监督和协调,同时为政府在项目相关问题上提出指导意见。除此之外,技术委员会、咨询小组和论坛的成立也尤为重要。

在项目的执行过程中,社区的参与为项目带来了新的管理机制,这种新机制包括组织社区会议、为家长在学校的管理中提供新角色、将社区成员纳入新学校的建设与监管中、直接的劳动力参与、对校园的美化及维护、帮助增加学生的入学率以增强教育质量。社区成员在教育发展项目中的策划和参与极大促进了民众对于教育的重视以及对于女性教育的重视,促进了地方建设以及可持续发展。制度化和非正式的基层社区组织负责促进对初等教育决策及管理的社区参与度。

对教育发展项目目标执行情况的监管将通过每季度和每半年报告反馈的方式实现。审查的过程(联合审查团及年度审查会议)为所有股东提供重要的清点机会,该过程反映项目的执行进度,交换意见经验,为问题的解决和项目的重新定位提供较好的帮助。

八、教育投入

(一)初等教育投入

为实现 ESDP 以及 ETP 政策的目标,政府修正并调整了项目计划。部门融资增加了其分配额。教育预算的份额从 1992 年的 12.20% 上升至 1998 年的 15.30%。见表 4-1、4-2、4-3、4-4、4-5,尽管政府对教育预算投入增加,然而教育预算占政府总预算比例并没有呈现出显著上升趋势。尽管政府还要投资其他行业并且需要偿还债务,仍应坚持增加教育投入。

表 4-1　　　　　　　　　　教育预算占政府总预算百分比

年份	政府总预算(十万比尔)	国家教育预算(十万比尔)	国家教育预算/政府总预算(%)
1992	5 931.9	724.90	12.20
1993	8 447.1	1 102.50	13.10
1994	9 964.6	1 297.20	13
1995	9 667.35	1 339.22	13.90
1996	10 923	1 496.60	13.70
1997	11 360	1 563.50	13.70
1998	13 676.30	2 098.10	15.34

表 4-2　　　　　公共初等教育投入占国民生产总值百分比

年份	国民生产总值(十万比尔)	初等教育预算(十万比尔)	初等教育预算/国民生产总值(%)
1994	33 507.5	811.4	2.42
1995	37 662.2	846.4	2.25
1996	41 241.4	804.2	1.95
1997	44 887.4	918.24	2.05
1998	48 896.2	1 187.02	2.43

表 4-3　　　　　人均初等教育支出占人均国民生产总值百分比

年份	人均国民生产总值 (比尔)	人均初等教育支出 (比尔)	人均初等教育支出/人均国民生产总值(%)
1994	627	216	25.20
1995	690	223	20
1996	731	180	27.20
1997	772	180	23.30
1998	816	208	18.30

表 4-4　　　　　中等教育预算占国民生产总值百分比

年份	国民生产总值(十万比尔)	中等教育预算(十万比尔)	中等教育预算/国民生产总值(%)
1994	33 507.5	131.5	0.39
1995	37 662.2	136.89	0.36
1996	41 241.4	185.28	0.45
1997	44 887.4	151.7	0.34
1998	48 896.2	184.56	0.38

表 4-5　　　　　人均中等教育支出占人均国民生产总值百分比

年份	人均国民生产总值(比尔)	人均中等教育成本(比尔)	人均中等教育成本/人均国民生产总值(%)
1994	627	335	56.60
1995	690	440	63.80
1996	731	434	59.40
1997	772	324	42
1998	816	354	43.40

表 4-6　　　　　初等教育预算占国家教育总预算百分比

年份	国家教育总预算(十万比尔)	初等教育预算/国家教育总预算(%)
1994	636.2	48.80
1995	680.7	50.80
1996	691.3	45.20
1997	954.5	61.10
1998	1 337.2	63.70

据表 4-6,除 1997 年数据有明显下降外,初等教育单项预算和其占教育总预算百分比在 1994—1998 年显示出巨大上升趋势。在 1998 年,政府把将近 2/3 的教育预算分配到初等教育阶段,这明显反映出初等教育在国家教育政策和资源分配上所占的巨大优势,这样的优势也将会体现在短缺资源的有效管理上。

(二)非财政性预算安排的教育经费

见表 4-7,从 1993 年到 1996 年,非财政性预算安排的教育经费占初等教育总预算百分比呈现逐年下降趋势。政府如果想要实现加强教育质量的承诺就必须为基础教育增加非财政性预算。尽管学校在入学率增长方面取得的进展十分可观,在对提升教育质量至关重要的教育输入问题上依然存在不足之处。非财政性预算的绝对值虽然在增长,但其占初等教育总经费的百分比从 1993 年的 8.50% 下跌至 1996 年的 7.10%,这对学校追求高质量输入的现有资源产生影响。鉴于学校对于高质量基础教育的追求,此份额比例的递减应该被列为有待解决的问题之一。

表 4-7　　　　　　　历年非财政性预算的变化趋势

年份	NSB/PEB(%)
1993	8.50
1994	7.90
1995	7.30
1996	7.10

注:PEB,初等教育财政性预算安排的教育经费;NSB,非财政性预算安排的教育经费

尽管政府目前为学校建设投入了大量资金,但非财政性预算的下降必然对教学质量产生影响,并且政府需要出面扭转当下局势。或许在未来,政府将会为财政性预算的有效分配提供与现有机制完全不同的有效解决方案,比如引入奖励机制以促进学校教学质量提升,政府应为那些有着高入学率和低辍学率的学校提供更多的预算奖励支持。

(三)其他教育经费

为了减少公共行业对教育投入的压力,政府通过了私立学校合法化的法案。在 ESDP 项目中,管理者将把私有行业和非政府组织在所有资源中所占份额的 5% 用于该项目的实施。例如,政府规定了对 125 家学前教育机构和 69 所小学实施财政监管。1995 年教育经费构成见表 4-8。

表 4-8　　　　　　　1995 年的教育经费构成

经费来源	经营成本占比(%)	资本成本占比(%)	合计(%)
政府	81	48	71
家庭	19	0	14
外债	—	48	14
外部协助		4	1

为了加强初等教育学校对资源的使用，并考虑到创收和学校资源管理问题，教育部门推行了加强对现有学校管理的政策。

1997 年，非政府组织对总教育支出所占比例为 6.40% 左右。

九、全民教育进程

(一)早期儿童教育

几个世纪以来，埃塞俄比亚的儿童教育体制建立在宗教教育的基础之上。相较于集中阅读和写作能力培养的传统教育，这种宗教教育体制起到了良好的作用。埃塞俄比亚的学前教育项目仍处于实践期，所有现存的学前教育机构大部分都由私企、非政府组织和其他宗教组织运作，只有少数的孤儿院由政府运作。大多数的学前教育机构位于市中心，原则上，政府和公立学校不需要孩子参加任何形式的学前教育以升入 1 年级。除此之外，学前教育机构，特别是由传统教会在偏远地区运作的学前教育机构主要为孩子提供阅读和写作辅导。

为了努力实现全民教育，政府在不同的民族及社会经济机构中寻找能够为孩子提供良好学前教育的环境。长久以来，学前教育学校以及初等教育学校所使用的语言为阿姆哈拉语，这种语言不是埃塞俄比亚大部分孩子所使用的语言。学校依然需要为孩子建立起他们所熟知的语言环境来填补由于语言差异给家庭和学校带来的巨大鸿沟。现在教师能够用孩子们的家乡话与他们沟通，并且教授他们知识和经验以及他们的家乡文化。

政府已经在 1991 年 12 月 9 日批准了《儿童权利条例》，这一条例的实施印证了政府对于正确解决埃塞俄比亚儿童问题和福利问题的承诺。为确保公众知晓儿童权益以及促进儿童关怀正向发展，条例已经被翻译为阿姆哈拉语，从长远角度来看，政府还需要在有关福利组织的帮助下，将此条例翻译为其他地方语言以便让全国人民知晓此条例。

在 1992 年，政府曾通过以下措施来提高学前教育质量：新增受过专业培训的学前教育监督员 87 名、学前教育服务人员 400 名以及在职教师 172 名。

儿童的早期活动将会在不同组织的监管下进行，比如，卫生部门，教育部门，儿童、青少年和家庭福利组织，劳动和社会事务部以及民间社会等。新的教育培训政策需要在其他行业从业者的共同帮助下完成，关心儿童和女性问题的人士将提供慷慨的帮助。尽管政府建立了青少年和家庭福利组织来解决儿童成长中面对的问题，正在开展的儿童早期发展活动仍缺少灵活性、关注度、中心性、协调性以及高质量口碑。政府将会通过制定(幼儿保育和发展)政策、提升家庭项目的质量与影响力来审查现存政策的完整度。以下是埃塞俄比亚 ECCD 政策所面对的挑战：

(1)几乎所有现有学校都缺乏体育和娱乐设施。许多学校还缺乏医疗协助、食物和安全的饮用水。

(2)在埃塞俄比亚的学校中几乎没有明确的、针对不同年龄组的孩子所做的情况分析。

（3）学前教育教师还没有接受足够的培训。他们大多只接受过 3 个月的定向训练课程，而几乎接近 40％的人没有经历任何类型的训练。

（4）联邦以及地方政府对于 ECCD 活动缺乏管理。

（5）迄今为止，没有任何组织或研究机构对 ECCD 在埃塞俄比亚的活动进行过有影响力的评估。

教育部门对学前教育的传统投入包括课程标准化、教学材料的规范化、教师的岗前培训和监督检查，以此促进学前教育的数量增长。

1. 入学机会

埃塞俄比亚学前教育的入学率非常低。在 1998 年，大约有 793 个中心为 90 321 名学生服务，仅占 530 万学龄前儿童的 1.70％。学前教育需求与供给之间存在巨大差距的主要原因可以归纳如下：

（1）发展学前教育是埃塞俄比亚近年来较为普遍的现象，但是尚未完全成为主流教育的一部分。

（2）政府已经认识到学前教育的重要性，但由于资源限制和其他优先事项，如小学学龄儿童的基础教育事项，政府无法承担为学前教育学校提供设施和其他配套服务的责任。

2. 学前教育计划的录取规模

学前教育计划的录取规模是指具有学籍的学前教育在校生总数。该指标衡量了幼儿参与儿童早期发展计划的水平。

表 4-9　　　　　　　学前教育机构相关数量指标（1998）

地　区	学生人数		教师人数		生师比	学前教育机构数量（所）
	总数	女性占比（%）	总数	女性占比（%）		
提格雷	5 198	49.90	143	89.50	36	62
阿法	639	46.80	13	30.80	49	5
阿姆哈拉	17 387	49.90	314	99.40	55	185
奥罗米亚	20 410	49	502	99.60	41	202
索马里	852	53.30	13	84.60	66	4
古木兹	872	51.10	12	91.70	73	9
南方地区	14 119	46.90	357	89.10	40	112
甘贝拉	110	54.50	2	1	55	1
哈拉里	965	49	29	19	33	7
亚的斯亚贝巴	28 203	49.20	1051	93.20	27	192
迪雷达瓦	1 566	47.80	49	92.50	32	14
合计（平均）	90 321	49（平均）	2487	92.50（平均）	36（平均）	793

1994 年以来,学前教育的生师比基本没有下降,始终保持在 36 左右。目前,学前教育机构在学习成绩方面的教育质量还没有任何数据可以进行评估,许多中心缺乏有资质的教师以及娱乐设施。1998 年学前教育机构相关数量指标见表 4-9。

(二)初等教育

1.入学机会

埃塞俄比亚拥有全球较低的社会和经济指标。在教育方面的特点是入学率较低。在 1994 年,只有 1/3 的初等教育适龄儿童进入学校学习,接受中等教育的适龄人口仅占 1/10 左右,而只有 0.5% 的人口接受过本科教育;女性学生一直处于劣势地位。

埃塞俄比亚初等教育的主要问题之一是总入学率低。埃塞俄比亚初等教育的入学人数从 1993 年的 241 062 上升到 1999 年的 5 708 319,年平均增长率为 16.50%。

初等教育入学率从 1994 年的 89.30% 上升到 1999 年的 91.60%。另一方面,1993—1997 年初等教育的女生占比与 1994 年的数据相比没有显著变化,平均值占比约为 37.40%。在一些入学率较低的地区,女生占比更低,例如索马里地区为 27.70%,古木兹地区为 33%,但也有地区的女生入学率超过男生,例如亚的斯亚贝巴地区为 52.20%。初等学校女生入学率见表 4-10。

表 4-10　　　初等教育女生入学率

年份	女生入学率(%)
1993	39.30
1994	37.90
1995	36.80
1996	36.40
1997	36.70
平均值	37.40

(1)入学率

入学率是所有 1 年级新生数占全国 7 岁儿童总数的比值。这一指标在 1994—1998 年从 56.3% 增长至 92.0%,表明初等教育入学机会已经有显著增加。表 4-11 反映了男生和女生的入学率差距,女生入学率在所示年份区间内有缓慢提升,男生入学率在 1998 年略微下降。

表 4-11　　　小学 1 年级入学率(%)

年份	男	女	平均
1994	72.5	39.5	56.3
1995	98.3	53.9	76.5
1996	110.9	63.4	87.5
1997	111.2	69.1	90.5
1998	108.7	76.6	92.9

目前,63%的1年级儿童年龄在10岁及以上。农村1年级学生的平均入学年龄高于城市。由于入学延迟,学生年龄在年级内的变化可表明实施一些基础教育政策的重要性。

(2)净入学率

净入学率是指全国所有7岁儿童中1年级新生所占百分比。在1994/1995学年和1998/1999学年,女生的净入学率从10.60%增加到22%,男生的净入学率从14.50%增加到26.70%,见表4-12。这表明初等教育入学机会以及小学1年级的教学状况都有了显著提升。虽然净入学率显著提高,但是1998年的情况表明,7岁的儿童中有大约75%选择辍学,这表明了政府面临着巨大的改善入学机会的挑战。此外,总入学率和净入学率之间的差距更大,这意味着需要更大力度鼓励家长将他们的孩子在适当的年龄送入1年级以改善教育状况。

表 4-12　　　　　1 年级新生的净入学率(%)

学年	男	女	平均
1994/1995	14.50	10.60	12.60
1995/196	19.30	14.30	16.90
1996/1997	21.70	16.20	19
1997/1998	24.10	18.50	21.40
1998/1999	26.70	22	24.40

(3)毛入学率

一些地区正在尝试通过各种手段增加初等教育的毛入学率,包括提供教育材料和学生的日常生活用品,以及在学校附近提供安全水资源,这样学生就可以有更多的时间接受教育。

政府也在偏远地区建立低成本寄宿学校,以避免游牧社区的儿童在从一个地区迁移到另一个地区时发生教育中断,并鼓励那些居住在偏远地区的学生接受初等教育。

女生入学人数逐年增加,同估计在2002年底实现缩小性别差距百分比至10%的计划相比,初等教育阶段的性别差距仍然很高。为此,政府对如何缩小性别差距展开了广泛的讨论,并制定了各种机制来改善女生接受教育的情况。毛入学率的性别差异见表4-13。

表 4-13　　　　　毛入学率的性别差异(%)

年份	男	女	平均
1994	28.90	19	24.10
1995	39.80	24	32
1996	46.40	27.50	37.10
1997	51.70	31	41.60
1998	55.90	35.30	45.80

由于上述努力和教育需求的增加,入学率一直在不断提高。因此,在 2002 年底初等教育达到 50% 入学率的国家目标成为现实。然而,在低入学率地区(阿法和索马里)政府应毫不懈怠地提高他们的入学率。除了索马里地区以外,所有地区的入学率都有所上升,见表 4-14。

表 4-14   1998/1999 学年分地区分性别的入学率(%)

地区	提格雷	阿法	阿姆哈拉	奥罗米亚	索马里	古木兹	南方地区	甘贝拉	哈拉里	亚的斯亚贝巴	迪雷达瓦
女	53.80	6.50	36.70	30	5.10	49.50	37.70	66.50	75	83.50	53.40
男	63	7.40	44.10	59.60	10.30	99.30	75.60	110.70	104.50	86.10	66.40
平均	58.40	7.10	40.40	45	8	74.90	56.80	89.10	90	84.70	60

2. 教育质量

埃塞俄比亚和其他发展中国家一样,在过去的几十年中增加了初等教育的机会,但同时也面临着提高教育质量的迫切需要。

初等教育质量下降是一个严重问题,原因有两方面:其一,对于大多数埃塞俄比亚人来说,初等教育是他们唯一希望接受的正式教育;其二是初等教育质量决定了高等教育的质量。

提高教学质量和管理水平是提高初等教育质量的关键。教师和主管人员将在其中起到举足轻重的作用。过去,大多数举措是把教育投入作为教学的先决条件,而并没有重视那些旨在直接影响学生在校行为的提案。然而,如果学校无法提供高质量教育,任何实质性的变化都不会发生。

教育质量的提高不仅是教育体系中的某单一方面或某机构的简单变化,教育质量提升包括一系列的变化与举措,这些改变包括所有教育服务和教育系统运作方式的转变。在下面的内容中,明确了一些与教育质量有关的关键领域,如课程、学习材料、学校环境和课堂教学,并且评估了为满足学习者基本需求的 ESDP 项目目标。

(1)课程安排

大多数教育工作者均比较认可在 1994 年之前的所有课程都过于学术化、与学习需求相关性不大的观点。为此,教育部门开始了课程审查的程序。课程开发者、教师和课本编写人员都在其中,并且评估方法也完全投入开发和应用。新课程已在初等教育的所有年级实施。对于所有初等教育课程的完整修订已经在 2000 年之前完成。所有的教科书和《教师指南》都已分发给相关人员。

根据 ETP 政策,初等教育将持续 8 年,并提供基础教育和通识教育。基础教育将侧重于"识字,数字,环境意识,以农业、手工艺为基础的社会技能,健康和公民意识"。新一轮基础教育课程旨在传授基本技能(数学和语言)、生活经验(健康教育、社会科学、环境意识、人口问题、艾滋病预防和公民意识)和性格培养(艺术、音乐和物理教育)。

初等教育课程主要集中在基础技能培养方面，它为重要课程提供了更多时间，比如小学教育的第一周期（1～4 年级）有 4 个广泛的研究领域，而冗余课程已经被删减。同样，在第二个周期（5～8 年级），语言、数学、科学和综合社会科学成为课程的主要部分。因此，同以往课程安排相比，新课程为基础教育分配了更多课时安排。

课程资源注重以学习者为中心，注重主动学习和解决问题的能力。教科书的内容、设计和制作质量在过去几年有所提高。教材内容和教师教学更加注重运用资源来培养学生的高阶思维技能。

新课程的主要特征包括以下几方面：校园环境，以学生为中心的教学方法（识字、口头表达、计算和解决问题能力培养）和知识、技能、价值观以及态度培养等基本学习内容。

为了监测和评估教育投入和干预措施的教学效果，政府在该地区创建了试点学校。所有参加此项目的试点学校需要提供新课程的反馈，这有助于修订新课程，并将其推广到其他学校。

教师和学生对新课程和质量把控措施的反馈在国际争端解决中心的指导下进行，该机构在国家和地区层面培训了一些课程人员。作为形成性考核的结果，反馈效果十分振奋人心，新课程将根据研究结果和总结性评估结果继续细化与改进。教育部门还成立了一个联邦课程委员会，其成员由区域教育局局长、大学教师、教师协会、主流教育者等组成，来负责监督课程和教材的质量。

初等教育新课程的形成性考核已经完成，考核结果表明"新课程已经本地化并且适应社会需求"，课程安排、课程大纲、为第一阶段初等教育编纂的教科书都同新课程的思想与目标相符。同时一些实施中的困难也随之出现，然而无论过程中涌现出多少难题，这些问题都将被逐渐解决。

地方教育人员将参与课程准备和课程设计。社区人员、学生、教师和其他教育人员都会通过评估课程和教师的表现来参与到此项目当中。教学语言需要使用母语，此外，所有的新开发课程都将促进学生学习的积极性。

最后，由于课程发展是质量提升措施的关键，若以扩展全民教育视野的精神来评价课程质量提升的过程，以下定性指标将证明这一点：

①对提升区域性课程发展的尝试。

②加大对区域技术性人员发展的支持。

③发展对教育投入影响力的反馈机制。

④提升教学内容和教学质量的影响力。

这些地区已经发展了大量的技术人员，以便能够继续开发、测试和修订课程。私营企业已经开始为诸如教材、教学仪器等教育物资的分配服务扩大竞争力。课程开发的主体聚焦在科学研究方法论、远程教学以及传播发明创造的精神等方面。相关学习交流计划已经实施。通过远程教育课程实施的硕士学位培训计划正在进行中，此计划将为 ICDR 和 REB 项目中的人员提供学习帮助。

（2）教职工

①教师培训

通过对师范院校的改革、教师教育技能和学校社区关系等方面的实践性培训以及更好的教师入职前和在职培训来提高教学质量。以下几点将会有效提升学校教师及管理者的能力：

1）在职培训。

2）针对监管学校表现的管理信息系统的介绍。

3）能够确保教师履行职责的后勤支持。

教师水平是评估教育质量的关键指标，水平低的教学对学生学习的影响是负面的。正是认识到这一重要事实，教育部门把注意力集中到了教师和教育人员的相关培训上。

计划实施后，教师因为标准的提高而得到更好的培训，这些培训包括提高教师以学生为中心的教学技能、提高测试技能、针对 1～8 年级课程大纲的学科领域教学、体验过度拥挤的课堂以及体验自主教学。此项目提供了更好的教科书，以及对教学实践更有效的监管。

之前的教师培训脱离了初等教育的实际情况，TTI 计划的出现是为了让教师培训更贴近课堂实际，满足学生的需要。TTI 计划的实施对学员产生了积极影响。比如，在南方地区 TTI 中女性毕业学员的数量从 1995 年的 4％上升到 1997 年的约 10％，男性的数量从 27％上升到 44％。

根据阿姆哈拉地区的培训经验，参加 TTI 培训计划的教师教学能力显著提高，有信心尝试各种各样的教学方法，其中包括强调学生主动参与和解决问题的教学方式，并在基础教育第一阶段的教学中对用母语学习的学生进行学习情况的评价。

管理者将通过建立更严格的入学标准以及赋予 TTI 招收学员的权利来提升 TTI 学员的表现。

进入并完成入职前教师培训的女性学员数量将通过以下方式提高：

1）为教师培训提供各类支持保障（如对教师在学术领域的帮助，为教师提供咨询和健康服务）。

2）施行可使 TTI 招收更多女性学员的积极举措。

见表 4-15，通过一系列努力，接受到 TTI 培训的女性教师的比例在 1998 年提高到了 44.8％。

表 4-15   参与教师培训的女性教师比例

年　份	女性教师比例（％）
1993	31.20
1994	37.70
1995	36.60
1996	38.30
1997	42.10
1998	44.80

实施 TTI 计划以来,教师的培训质量得到了显著提高。通过让 TTI 培训内容更接近初等教育的实际情况,TTI 培训计划体系也得以优化。

TTI 计划实施以来,录取了许多优秀的学员,一些教学能力较弱的学员通过接受培训在教学能力方面也有了显著提高。许多毕业的学员都成为了很有竞争力的教师,这是以往实施各类计划所难以企及的成就。

除了要求培训内容贴合教育实际,TTI 计划还提出了一些新的要求,主要包括:

1)开放与课程内容相关的微型教学实验室。

2)让学员到周边小学的课堂中实地观察学习。

3)为学员设置专门的教学材料开发中心。

②教师资源的有效利用

提高教育系统效率的手段之一是适当调整生师比。因此,无论从教育系统的成本效益还是其对教育质量影响力方面考虑,国家标准规定的 50 都是最优选择。在这方面,1998 年已基本达到国家标准,见表 4-16。

表 4-16　　　　1～8 年级生师比

年　份	生师比
1994	33
1995	37
1996	42
1997	47
1998	51

然而,这一数据随地区不同而变化,某些地区生师比较小,见表 4-17。

表 4-17　　　1～8 年级不同地区的生师比

地区	生师比
索马里	20
哈拉里	25
阿法	26
甘贝拉	37
迪尔达瓦	42
亚的斯亚贝巴	46
奥罗米亚	47
古木兹	51
阿姆哈拉	55
提格雷	55
南方地区	59
总水平	51

③初等教育机构的教师资质

所有毕业于教师培训机构的教师都有资格在低年级(1～4 年级)任教,而高年级(5～8 年级)的教师要求最低需获得大专文凭。1998 年的数据显示,112 395 名小学教师中有 91.30％达到最低学历要求。但是,按照国家标准,对教师资格档案分级是必要的。1998 年符合国家标准的低年级小学教师比例约占 91.90％,高年级小学教师比例约占 31.10％。

(3)教科书及教学材料

ETP 政策已承诺使用母语作为学前教育及 TTI 培训计划的教学语言。它证实了孩子们需要通过使用母语来体验自身的文化生活,以便能流利地用母语来表达自身语言和民族文化。研究表明,在小学和学前教育学校中,使用母语有益于教学,同时显示夯实的母语基础是流利地掌握第二语言的关键。在初等教育教学中,以母语为教学媒介具有良好的教学效果,可以帮助弥补家庭和学校之间的文化差异,尤其是当孩子们刚入学的时候,可以帮助孩子们轻松适应新的环境。语言学习政策对教师培训机构、教材编写和其他教材准备等方面具有重要的意义,对教育质量有着重要的影响。

埃塞俄比亚学校教育质量低下以及由此导致的高辍学率和复读率的原因之一在于针对小学低年级的教材供应量很低。在埃塞俄比亚,教科书是教师在教学中使用的主要教学材料;同样,对于学生,没有教科书就意味着无法学习。只有教师有足够数量的教学教材,学生的学业成绩才可能达到可接受的标准。

对此,政府已经通过五年教育部门发展计划(ESDP)迈出了解决此问题的第一步,此计划将教育材料供应作为提高初等教育质量的重要投入。

因此,在新修订的课程基础上,政府以 19 种不同的地方语言印发小学教科书。根据教学教材印发机构出版表,在 1998 年,出版大约 1 250 万本教科书,这极大提高了教科书人均持有率。

增加学校教科书储备的方式包括:

①制定相关的保证教科书数量的政策。

②避免国家对教科书出版和印刷的垄断。

③鼓励私人出版商参与教科书开发和市场营销。

④将母语作为小学教学语言。

教育材料生产和分销机构(EMPDA)作为国家唯一的教科书出版商和印刷商,已对其垄断优势做出让步,同其他私人出版商和印刷商在开放市场上公平竞争。政府也鼓励出版商共同为国家教育系统提供高质量教科书。

由于各地方涉及大量地方语言,受限于有限的出版资金,筹备和出版多种语言的教科书可能会面临巨大挑战。

使用多种语言印发教科书和教育材料的相关问题:

①有些民族语言可能无法引入教科书中。

②资源匮乏使新语言阅读材料的准备过程变得艰难。

③教材采用多种语言印刷会增加印刷成本。

④著作费和编辑费与所使用的语言数量成正比。

⑤很难找到新增语言的合格的作者和编辑。

这些问题会引发学校制度中的公平问题与质量问题,除非政府将这些语言作为书面交流语言进行发展。政府、非政府组织和国际组织应协助提高文化教育机构的能力,以便其进行科学研究及教材出版,并培训教师和行政人员在正式和非正式输送系统中学习学校使用的教学语言。

埃塞俄比亚的教育家们十分积极地参与了教材的编写和传播,这些活动包括针对远程教学的新提议以及大力增加小学教师对初等教育教学材料研发的提议。

(4)初等教育的教学环境

许多农村地区的小学缺乏适当的学校环境。许多学校甚至缺少最基本的设施,如供水设施和卫生设施,以及最基本的教室与教学设备。在1998年,只有2.60%的小学校园中有诊所,42.90%的小学有图书馆,但自从行业发展计划启动以来,情况有了很大改善。

在20世纪90年代,学校规划者们已经将校园环境(如水资源供应和公厕设施建设)及其对学生幸福感的影响列为重要问题。1997—1999年编纂的《教育统计年度摘要》也强调了关于学校设施,比如厕所、水资源以及诊所在学校中的可用性,这是人们对校园环境重要性的意识逐步提升的标志。拥挤的课堂教室(容纳80人的教室或更多)使诸如呼吸道感染、皮肤和眼睛感染等常见疾病更容易在学校中蔓延。

3. 学生的就读情况

高水平教学质量是ETP政策和ESDP项目所追求的目标之一。影响教育质量的因素有哪些?教育质量的概念如何与实现高效率的课堂教学相关?对此,教师是其中主要的参与者。

(1)复读率和辍学率

复读率和辍学率是衡量教育系统是否健康的两个重要标志:见表4-18和表4-19所示,高复读率和辍学率表明初等教育教学效率较低。表4-20和表4-21比较了不同年级间的比率,可以看出,1年级和高年级的问题更为明显。

虽然小学低年级(1~3年级)的政策是通过持续评估而不断促进的,但并不适用于所有地区,且高年级的情况也会有所不同。

改善教学质量和课本持有率,为学校提供图书馆和实验室设施能够从长远角度减少学生复读率,且同样应该注意减少教育资源浪费。

表 4-18　　　　初等教育阶段(1~8年级)复读率(%)

年　份	男	女	平均
1994	11.50	15.60	13.10
1995	9.30	12.20	10.30
1996	10.60	14.10	11.90
1997	11.20	14.90	12.50

表 4-19 　　　　初等教育阶段(1~8 年级)辍学率(%)

年份	男	女	平均
1994	13.77	13.78	13.77
1995	15.99	15.18	15.68
1996	15.80	15.6	15.8
1997	15.35	14.86	15.17

表 4-20 　　　　1997/1998 学年初等教育复读率(%)

年级	男	女	平均
1	16.29	18.98	17.31
2	8.98	11.68	9.92
3	7.34	9.85	8.2
4	6.59	9.84	7.73
5	7.08	11.36	8.61
6	4.87	7.24	5.75
7	12.74	21.47	16.27
8	19.19	26.33	22.16

表 4-21 　　　　1997/1998 学年初等教育辍学率(%)

年级	男	女	平均
1	27.24	26.54	26.97
2	10.91	9.33	10.36
3	9.15	7.9	8.72
4	8.71	7.32	8.23
5	9.76	7.51	8.95
6	4.95	1.12	3.53
7	13.81	12	13.08
8	14.39	18.53	16.73

表 4-22 　　　　1 年级复读率和辍学率汇总(%)

年　份	男	女	平均
1994	28.60	28.40	28.50
1995	29.30	29.50	29.40
1996	28.90	29.40	29
1997	27.20	26.50	27

　　见表 4-22,1994—1997 年 1 年级学生复读率和辍学率汇总的数值在减小。具体而言,1994 年男生辍学率为 28.60%,女生为 28.40%,平均为 28.50%。但在 1997 年,这些数字分别下降到 27.20%、26.50%和 27%。虽然辍学率有下降的趋势,但其数值仍较高,说明复读和辍学现象依然严峻。因此,学校必须采取适当的措施来降低复读率和

辍学率。

（2）5 年级就读率

5 年级就读率是一项基于 5 年级学生人数而进行衡量的指标。该指标极具代表性，因为顺利完成初等教育初级阶段（1～4 年级）是继续学业的先决条件，它衡量了初等教育系统的健康程度。1998 年 5 年级总就读率达到 48.10％，女生和男生就读率分别为 48.80％和 47.70％。这意味着不到一半的小学生完成了小学 4 年级的课程，表明埃塞俄比亚的初等教育仍然需要不断提高质量。

4. 缩小性别及其他差距

如何帮助偏远地区女性接受初等教育成为教育普及中的一个关键问题，原因是女性初等教育的社会效益逐渐被重视起来，公民中母亲的受教育程度在健康和经济发展方面影响颇高。

政府在建立针对女性的基础教育政策方面取得了显著的进步，颁布《埃塞俄比亚联邦民主共和国宪法》，进行妇女政策与教育培训。因此，许多地方机构已经开始促进学校增加对女性的招收比例。

女性的低入学率缘于多种原因，包括经济原因、文化和社会原因。早婚、交通不便、治安危险因素、学校对女性的轻视和家务琐事促使家长不愿意送他们的女儿上学。

1997 年的数据显示，1 年级女生辍学率为 26.50％，男生为 27.20％，女生 19％的复读率则明显高于男生 16.30％的复读率。

教育差异不仅表现在性别差异上，也表现在如地区差异等方面。城市地区，特别是大城市中心的入学率很高，而农村地区入学率极低。初等教育的城乡差距见表 4-23。

表 4-23　　　　　　　初等教育的城乡差距

指标	招生规模	学校数量	教师数量
1994/1995 学年			
总计	3 098 422	10 506	94 657
A. 城市			
城市占比（％）	43.70	19.50	41.90
女性占比（％）	47.20	—	34.10
B. 乡村			
乡村占比（％）	56.30	80.50	58.10
女性占比（％）	32	—	22
1998/1999 学年			
总计	5 708 319	11 051	112 405
A. 城市			
城市占比（％）	33.30	14.90	40.50
女性占比（％）	45.30	—	33.90
B. 乡村			
乡村占比（％）	66.70	85.10	59.80
女性占比（％）	34.10	—	23.70

1995 年,乡村女生在初等教育学校招生人数中所占百分比为 30.70%,城市地区女生占比为 47.20%,见表 4-24 所示。

表 4-24　1995 年初等教育入学率、辍学率和净入学率的城乡差距(%)

指标	城　市		乡　村	
	男	女	男	女
入学率(%)(1~3 年级)	52.80	47.20	69.30	30.70
辍学率(%)(1~3 年级)	9.50	10.80	31.20	29.60
升学率(%)(1 年级)	83.40	76.30	60.80	54.10
净入学率(%)(初等教育)	62	58	10	5

尽管埃塞俄比亚政府颁布了保障女性接受教育的相关政策,但男生和女生入学率之间的差距似乎并没有缩小,埃塞俄比亚农村地区的性别差距更大。

埃塞俄比亚的教育失衡不仅仅是性别问题,城乡差距也十分严重。例如,在 1994年,农村的初等教育招生率是 61.70%,而根据 1994 年的住房和人口普查,埃塞俄比亚农村人口的比例是 86.20%,因此得出乡村差异指数为 0.72。在社区技能培训中心的相关数据中也能看到类似的性别差距。

在小学教师队伍中,性别差距更大,在 1999 年,只有 27.80% 的教师是女性教师。但教师培训机构的情况正在改善,其中 44.60% 的学员是女性。

5. 校址选择

虽然新学校地址通常是根据政府提供的最新人口信息和所有地区正实行的区域选址标准进行选择的,但这种做法并不令人满意。随着学校选址系统的引入,学校的选址方式将会得到改善。在南方地区、提格雷、阿姆哈拉和本沙根地区已经安装了能够准确辅助学校选址的软件,其他地区也要求学校选址系统在其区域内部署。这无疑将提高教育部门与地区的信息和规划质量。

6. 膳食计划

营养不良和各类疾病的发病率在学龄前儿童中特别高,饥饿在干旱易发的农村地区学校中十分常见。研究表明,在学生中,营养不良和饥饿会对认知、解决问题和注意力集中产生不利影响。鉴于此,政府在世界粮食计划署的帮助下建立了校园膳食计划,并逐步增加了学校膳食计划所覆盖的儿童数量。世界粮食计划署是参与膳食计划的最大机构,其基于在阿法、阿姆哈拉、奥罗米亚和提格雷四个地区的活动收集相关数据见表 4-25,可以说明政府为减轻儿童的营养不良问题所做出的努力。

表 4-25　　　　膳食计划的受益学生数

年　份	受益人数
1997	90 122
1998	118 099
1999	162 919

在学校供餐方面,世界粮食计划署在 1994—1996 年在上述四个地区实施了试点项目,共计拨款 500 万美元。按照试点方案,上述地区进行了全方位改革,为学校膳食计划拨出了 2 420 万美元,这大大增加了粮食短缺地区的初等教育入学率。

(三)特殊教育

特殊教育是教育部门的关注点之一。在 1999 年,有 15 所初等教育办学水平的特殊教育学校,其中包括 5 所盲人学校,8 所聋哑人学校和其他类型的两所学校。此外,在正规学校中有 203 个特殊教育班。特殊教育学校、特殊教育班级共招生 3 800 人,其中教师 229 人。对于全国大约 273 万名有特殊教育需求的孩子来说,目前的师资力量远远不及要求。

虽然 ETP 政策明确规定"将为有特殊需要的人提供专门的教育和培训",但由于资源限制,满足该群体中儿童和青少年需求的进程将极为缓慢。项目已经对 161 名特殊教育教师进行了培训,数千名小学教师受到需要特殊教育儿童的认可。此外,一些特殊教育学校还配备了专业的基本教学工具。

此外,教会、人道主义和非政府组织在向有特殊需要人群提供基础教育方面做出了巨大的贡献,但是全国仍有数千万儿童无法接受特殊教育。

(四)教学成果

为了关注学生的学习成果,ESDP 项目把重点放在提案改革上。这样的方式加强了人们对教师和社区的关注,以此促进问题解决和未来方案实施。

正如前文所述,埃塞俄比亚政府计划以多种方式解决教育质量的问题:在职培训和教师能力培训实现了教学质量的提升,政府将通过校园翻修粉刷的方式改善校园环境;制订新课程,出版新教材和其他教学材料;为学校评估教育提供提高学生学习质量的帮助。学校教学成果的重要性在之前从未引起过广泛重视,而现在教育从业者会将更多精力放在这一方面。

政府正规划最大限度地利用现有资源来提高学生的学习质量。ESDP 项目的成功与否将由学生的学习质量来衡量。

应对学生的学习情况进行定期评估,以确保他们"学到有用的知识、获得分析能力和树立正确价值观"。因此,基础教育将伴随着对学习成果的关注一同发展。传统的埃塞俄比亚教育除了为 8 年级和 12 年级设置年度考试外没有任何的质量监控手段,因此学校需要通过其他途径来评估学生学习成绩。如全国学生学业成绩评价,将持续评估学校教学成果。

自 1994 年以来,社会对学生学习评价体系建立的重要性以及不同教育机构在此评价体系中所拥有的重要地位已达成共识。教育界人士一致认为应执行教学评价体系以评测学校制度的绩效,并将试点评测的重心放在南方地区以及提格雷地区,以便未来建立全国学生评估体系。评估体系将涉及各种问题,如测试开发、样本收集、数据分析等。大量的工作程序将包含在 ESDP 项目学习评价方案的制订过程中。

测试是对学生学习成绩的考核,因此也代表着教育教学质量。1995 年的 8 年级全国考试成绩(总成绩合格率为 61.70%,女性合格率为 24.50%)明显低于 1996 年(总合格率 69.70%,女性合格率为 65.50%)。这一成就表明,教育质量水平有明显改善。尽管不能以偏概全,但可以从 1996 年的结果中看出女性合格率有显著提升。

新考试机构的建立旨在将所有考试活动集中,并把考试重点放在绩效考核上而不仅是为了升学筛选。NOE 计划建立一个考试系统,以对学生学习表现进行年度测评,并提供反馈来改进课堂教学,为教育规划者和决策者提供成绩数据。

目前政府正在构建 NOE 机构,为改善现有公共考试制度,将会执行以下措施:

(1)政府对统一考试进行拨款。

(2)制定并规范考试内容。

(3)针对公共统一考试的学校评价结果开展可行性专题研究,以便通过数据比对进行决策。

(4)在提格雷和南方地区实行学习评价体系试点项目,以便构建全国初等教育教学评价体系项目蓝图。

十、非正式教育(NFE)

(一)非正式教育的管理

非正式教育是在正式教育框架之外开展的一项活动。大多数教育行动,包括扫盲运动,已经成为各地区的责任。

非正式教育项目的政策启动和管理职能完全取决于地区的具体情况。在大多数情况下,地区委员会是区域管理单位,负责非正式教育项目的规划和管理。地方政府为课程材料的准备和印刷以及监测和评估分配必要的经费。此举加强了从地区到乡镇级别的组织建设。非政府组织提供财政和物资支持。社区还为学习中心的建设提供资金、物质和劳动力支持。他们鼓励女性参与到教师的选拔和评估当中。

联邦政府在非正规成人扫盲计划中的作用是发布政策、提供指导,并为那些促进非正式教育的人提供培训。自 1992 年起,为促进非正式教育发展,已开展下列活动:

(1)为非正式教育参与者编写教学准备材料及成人教育、失学儿童教育方法材料。

(2)开展非正式教育研究工作。

此外,教育部门组织和开展了各种关于非正式教育研讨会,以便地区间的意见交流和经验交换。

(二)非正式教育的构成

1.非正式基础教育

鉴于埃塞俄比亚目前初等教育入学率低、辍学率高等教育状况,政府需要减少成人文盲,让更多的成年人接受教育将会增加他们后代接受并持续接受教育的机会,政府也认识到成人识字对经济和社会发展的重要性。

某些地区的民族开始使用拉丁语作为初等教育和扫盲计划中的教学文字,这意味着出版新的学习材料,因此在 20 世纪 90 年代初,大部分地区都没有准备好开展成人扫盲计划。此外,在内乱时,现有的成人扫盲计划基础设施已被破坏殆尽,因此大部分参加早期扫盲计划的人们所取得的成果由于缺少阅读教材而前功尽弃。

地方政府负责制订各地区的扫盲计划。在这种情况下,并不是所有的地区都同时开展了扫盲计划,取得的成就也各不相同。例如,亚的斯亚贝巴、提格雷和阿姆哈拉于 1994 年启动计划,南方地区于 1995 年启动计划,奥罗米亚、甘贝拉、哈拉里与迪尔达瓦分别在 1996、1997 和 1998 年启动计划。参与人数见表 4-26。

表 4-26 各地区扫盲计划的参与人数

区域	参与人数			
	男性	女性	合计	女性占比(%)
提格雷	368 658	228 093	596 751	38.22
阿法	—	—	—	—
阿姆哈拉	896 324	550 408	1 446 732	38.04
奥罗米亚	531 043	195 604	726 647	26.92
索马里	—	—	—	—
古木兹	39 547	17 883	57 430	31.14
南方地区	64 828	46 156	110 984	41.59
甘贝拉	25 077	19 563	44 640	43.82
哈拉里	3 411	927	4 338	21.37
迪尔达瓦	5 286	2 106	7 392	28.49
亚的斯亚贝巴	25 706	32 834	58 540	56.09
总计	1 959 880	1 093 574	3 053 454	35.81

所有地区的起始数据规模较小,但在政府采取同全民教育目标相一致的教育行业发展项目后,数据呈现加速增长趋势。

然而,地区的财政和人力问题使该项目受到限制。除此之外,地方政府需要解决中小学的管理及发展问题和编写民族语言教材与其他教育资料问题,与此相关的问题还有专业教材编写与课程设计发展人员短缺,这些现存问题都使得识字计划的实行变得异常艰难。同时,各地区的困难程度不尽相同,有些地区情况较好,比如提格雷、阿姆哈拉和奥罗米亚,而甘贝拉、阿法和索马里地区情况则不乐观。由于多民族多语言,扫盲计划在南方地区、不同民族地区甚至整个国家的开展均受到严峻挑战。

此外,扫盲计划的实行是在教育行业、政府与非政府组织,如农业部、卫生部、劳动部和社会事务部等部门的合作下共同努力完成的。

(1)成人识字率

成人识字率定义为在年龄为 15 岁及以上人群中能够阅读理解并书写日常生活中简短语句的人群所占百分比。

据联合国教科文组织估计,1995 年,埃塞俄比亚超过 15 岁的人口中有 64.50% 的人是文盲,其中女性占比高达 74.70%。在许多农村地区,女性文盲率如今已超过 80%,不足 36.70% 的人参加扫盲计划。然而,在一些学习中心,比如在亚的斯亚贝巴,女性参与者(53.10%)比男性多。埃塞俄比亚现在的文盲率比非洲大多数国家要高,并且文盲率在不断上升。

1999 年,15~24 岁青少年的识字率为 62.80%(男性为 51.70%,女性为 66.10%)(据联合国教科文组织 1998 年年鉴估值)。识字率是初等教育系统影响力的综合衡量指标。15~24 岁的青少年识字率高则意味着人们接受初等教育意识增强。它也显示了学校在传授阅读和写作基本技能方面的有效性。埃塞俄比亚的识字率水平很低,这反映出埃塞俄比亚基础教育成果并不显著。

(2)识字率的性别平等指数

成年女性与男性识字率之比衡量了女性同男性相比的学习机会水平。女性识字率性别平等指数(女性与男性识字率之比)低至 0.57,这表明女性比男性的识字能力要低。超过 90% 的未接受教育的人群生活在农村地区。由于人口增长和低水平的初等教育参与率,文盲人数逐年增加。

在复杂多变的 21 世纪,残缺的知识和普通的识字教育将无法满足时代的发展和人民的需求,新的文盲的出现则是对于文盲率降低的另一种阻碍。识字率降低的现象正在出现,这样岌岌可危的情形在揭示了自然发展规律的同时,无疑成为未来发展的主要挑战之一。

识字计划有两个组成部分:基本识字计划和后扫盲计划。两者均是以发展为导向的扫盲计划。

非正式教育主要是为 7~14 岁的失学儿童提供第一阶段的初等教育。据报道,在 1995 年,有 18 277 名儿童(33.90% 女生)在奥罗米亚、亚的斯亚贝巴、南方地区和提格雷地区参与此项目。这种培训为边远地区儿童提供了接受基础教育的机会。

无年级差别的初等教育项目专门为超龄失学人士设立。此项目在志愿者教师的协助下,1993—1996 年为 1 050 名儿童提供了第一阶段初等教育。此项目使用了正式教育课程。

夜校也由城市中心的小学开办。阿姆哈拉、奥罗米亚、亚的斯亚贝巴、南方地区和提格雷地区共计招生 199 744 人,其中女性占比 47.50%。事实上,亚的斯亚贝巴地区的女性参与率更高。

2. 必备技能培训

(1)远程教育

埃塞俄比亚在远程教育方面有着丰富的经验,主要是以无线电为媒介。教育媒体局(EMA)在全国 11 个地区都设有广播电台。在埃塞俄比亚的许多偏远地区都有很多失学儿童。遥远的距离和人口稀少的游牧土地使得满足人们接受正式教育的需求非常困难,因此政府采取远程教育的方式,既提高了在校学生的教育质量,又为校外人士提供接受继续教育的机会。政府还利用远程教育来培训教师,特别是偏远地区的小学教师。EMA 还协助区域教育媒体单位设计并传播教育项目，这对初等教育学校的本地语言项目极其重要。

远程教育（教育广播节目）的主要内容：

①基础教育课程。

②识字。

③教师在职培训。

④满足偏远地区女性教师的学习需求。

ESDP 计划的核心目标之一是协助 EMA 和区域教育媒体单位。1992—1994 年，教育部门推出了新的政策，即建立分散式结构以实现全民教育目标、儿童入学策略、性别差距意识和幼儿教育。ESDP 项目有利于促进社区合作伙伴关系，建立社区教育中心，积极参与学校的建设、维护和管理。

（2）社区技能训练计划

社区技能培训计划是 1975 年实施的大众教育计划中的一部分。社区技能培训中心（CSTC）的培训计划宗旨是提高专业素质并增加农村社区的社会参与度，为继续发展教育做出有益贡献。

CSTC 促进了校外青少年和社区成人接受基础教育。其行政组织已转入区域委员会，日常工作由 CSTC 协调员负责。区域委员会负责整体活动的计划、监督和指导并确保中心的正确管理和执行。

CSTC 开发了一个为青年和成人提供基本技能（如木材、金属制品、缝纫、皮革制品、陶器等）训练的项目。此外，人们会接受在农业、家庭经济、家庭规划等方面的培训。1997—1998 年此项目在全国共 224 个社区技能培训中心共培训了 8 185 人，其中 37.30％为女性。

根据 ICDR 在埃塞俄比亚一些地区进行的研究，非正式基础教育和社区技能培训的学员数量从 1994 年到 1998 年逐渐增加，但五年期间的辍学率为 17.70％，这是一个很高的数字，原因有很多：缺少培训时间，家长不愿意将孩子参加到培训计划中，缺少参加动力。

亚的斯亚贝巴市议会在 CST 开展的活动是值得注意的，其中超过 53％的参与者是女性。2010—2015 年共有 562 名参加者在此毕业，其中女性占 75％。受训者包括家庭主妇、失业青年、成年人以及辍学者，他们的训练包括刺绣技能训练、编织技能训练、服装制作、皮革加工、缝纫。此外，他们还获得与人口、计划生育、健康和性别教育、预算和簿记等方面相关的知识，以提高他们的生活质量。

尽管种种活动可以满足人们诉求，然而迄今为止还没有任何相关手段用来定义和衡量此项计划的充分性、有效性以及能够引起人们行为变化和改进的影响力，比如在健康、就业率和生产率方面的改善。

当人们尝试观察此项计划地区性分配时，除阿法和索马里以外，其他地区在非正式教育的数量和规模上都有不同程度的差异。阿姆哈拉地区的基础教育课程的招生率最

表 4-27　　　　　　　　社区技能培训中心相关数据

地区	培训中心数量（个）		学员数量（人）			
			男		女	
	1997/1998	1998/1999	1997/1998	1998/1999	1997/1998	1998/1999
提格雷	23	23	397	195	185	180
阿法	—	—	—	—	—	—
阿姆哈拉	64	97	2 274	3 096	1 179	1 315
奥罗米亚	95	153	1 851	2 644	951	1 268
索马里	—	—	—	—	—	—
古木兹	8	11	176	129	75	81
南方地区	26	559	282	347	244	278
甘贝拉	2	2	32	29	16	45
哈拉里	—	1		36		
迪尔达瓦	—	—	—	—	—	—
亚的斯亚贝巴	5	6	147			422
总计	224	352	5 146	6 587	3 039	3 589

十一、教育改变生活

认识到教育的重要性,为了更好地生活、健康及可持续发展,政府正在运用社会媒体的力量以增加家庭和个人的教育参与度,从而不断实施和完善正式与非正式教育项目。

除 NFE 活动之外,还有提高认识的项目,例如,阿姆哈拉地区 NFE 项目中包含了两个重要的意识提升项目,分别是健康教育和家庭生活教育。

由于缺乏电力,埃塞俄比亚电视的覆盖面仅局限于城市中心。但自 1992 年以来,电视覆盖率大大增加,埃塞俄比亚电视广播的平均播放时间工作日从 3~4 小时增加到 7~8 小时,周末从 5~7 小时增长到 10~11 小时。在废除新闻审查制度后,有 70 多个新的教育广播公司涌现出来,并专门为教育建设了大量的基础设施,这其中包括 14 个发射机,其中 10 个发射机有两个频道、两个发射机有一个频道、一个发射机正在建设中。全国的广播覆盖面积达到 85%~95%。除此之外,还有 12 个录音棚来协助节目播出。

EMA 还采取了一项新举措,将埃塞俄比亚电信公司 TVRO 装置安装在 21 个城镇中,其覆盖范围将从 208 个镇扩大至 229 个镇。此外,为了提高向学校传输节目的质量,EMA 正在与世界空间公司合作,该公司发射了 AfriSat 卫星,此卫星将从太空传输数字信号。埃塞俄比亚也获得一个专用的广播频道。为开始使用新的设备,EMA 已经上传了大约 400 个广播节目,这些节目涉及传统习俗、艾滋病防范、自媒体、性别问题和小学教师培训等内容。

政府官员和私人出版商提高了他们在不同问题上的倡导力和社会动员力。政府需要大力扩大媒体宣传来实现大众对于儿童和女性基础教育态度的积极转变。例如,埃塞俄比亚电视台和"埃塞俄比亚之音"将针对妇女、儿童、人口和环境问题开办大约 30 分钟的周播节目。

教育媒体机构将策划以下节目内容:

(1)在 1999—2000 年持续播出两档关于女性和环境的非正式教育的节目。

(2)在 1999—2001 年策划一部关于女性和环境的非正式教育纪录片。

(3)在 1988—2002 年播出 8 档关于家庭教育的节目。

此外,计划播出关于如下主题的纪录片:

(1)非法和不安全流产。

(2)女性教育中的问题。

(3)女性问题。

(4)女性割礼。

(5)女性教育倡导。

(6)性别平等与女性赋权。

(7)在阿姆哈拉地区传播教育节目,向 8 000 名未经培训的第一阶段初等教育教师传播英语、教育心理学和教育学节目。

(8)英语广播节目。

十二、策略、计划和项目影响力评估

ESDP 是一项综合性计划,其目标和多样性战略是可实现的,为了在 2015 年之前实现全民基础教育,该项目经周密筹备,致力于扩大教育机会以及实现公平基础教育。项目需要大量资源和充足的执行能力以实现项目目标。在咨询股东以执行项目的同时,问题也显现出来,主要集中在政府如何提高所有阶层执行者能力方面。

教育成果、教育质量和教育公平

自 1992 年以来的两个重要成就之一是实现多种适当资源协助的、全面的、有针对性的政策改革,以促进教育质量和公平性改革,此项举措将对初等教育产生重大影响。

社区学校补助项目的主要活动包括:

(1)设立女性教育咨询委员会。

(2)制订女性入学奖励计划。

(3)鼓励建立更多的女子友好学校。

(4)加强社区和教师对鼓励女性接受教育的意识。

参与此项目的学校现在已达到 900 所。所有学校的女性复读率都有所降低,学校环境更有利于女生,学校与社区的联系得以改善。

第二个主要成就是达到基础全民教育的需求,教育行业发展项目的行动计划经过周密筹备实现了对政府做出的预期承诺,即扩大基础教育机会以实现在 2015 年之前的全民基础教育。因为坚信教育发展是重中之重,政府将投资 1 223.5 千万比尔,政府资助占主要份额(72.50%)。计划的成功实施将对许多埃塞俄比亚人,特别是女性和青少年的生活产生巨大的积极影响。

十三、教育过程的综合评价

ESDP 计划前五年的目标是提升初等教育入学率,提高教育质量,通过降低辍学率及维持 50 的生师比来实现教育机会公平分配和教育效率有效提升。评估指标及结果见表 4-28。

表 4-28　　　　　　　　　　　　　评估指标及结果

指　标	1995/1996 学年	1998/1999 学年	增(降)幅(%)
学前教育入学人数	70 255	86 104	22.56
初等教育入学人数	3 788	5 708	50.69
毛入学率(%)	30.10	45.80	52.16
8 年级升学率(%)	61.70	69.70	12.97
1 年级辍学率(%)	28.50	27	−5.26
生师比	38	51	34.21
4~8 年级复读率(%)	12.80	12.10	−5.47
4~8 年级女生复读率(%)	16.20	15.20	−6.17
教育预算份额/国家总预算份额	14.90	14	−6.04
初等教育预算份额/教育预算份额	49.70	51	−2.62

所有课程修订完成,根据 ETP 政策目标,8 年级教科书已经编写完成。

在建立学习成果评价方面取得了很大进展,新的国家考试组织对学习评价方面进行了加强,以发展能够衡量基本技能水平的全方位高效能测试。

TTI 介绍了多种质量提升方法,包括学生教师选择和高水平教师比例提升。TTI 雇用了更多女性教师并进行更多培训。

EMA 机构开展诸如交互式教育电台项目的新计划。

学生、家长以及社区对于教师业绩的评价经报告表明已经取得良好的预期成果。

区域教育能力和教育部能力得到巩固加强。

工资结构改革和教师教学的专业性支持鼓舞了教师士气。

私立学校合法化,相关批准流程已经建立。

十四、公众意识、公共政治意愿与国家能力、基础教育的支持与需求

一项 1996 年的调查显示,群众对基础教育的需求很强。偏远地区的人们也愿意鼓励他们的女儿接受基础教育,并在业余时间参加非正式教育。社区还通过对学校建设的资金和劳动力援助来支持基础教育和非正式教育发展。某些社区还雇用在由政府和非政府组织合作创建的新学校任职的教师。该项目主要致力于改善教育机会、教育质量和教育公平性。

政府对基础教育的保证

政府对实现 EFA 计划的保证可以从以下两个方面得到体现。

(1)ESDP 中所阐述的关键问题与 EFA 文件中所表达的"扩展视野"相同,包括诸如普及基础教育、关注质量和公平性、关注基础教育教学成果、关注教育相关性、关注资源的有效利用以及教育能力建设。规划的框架同 Jomtien 宣言针对全民教育所提出的要求相似。

(2)Jomtien 宣言呼吁动员伙伴关系并加强共识建设。ESDP 的支持者和联邦联合指导委员会的组成,反映了广泛的合作伙伴关系。政府实现了五年计划期间总教育投入占 73% 份额的承诺。

十五、未来规划

(一)政策制定

以下是未来部分政策制定的方向。

1. 扩大基础教育机会

政府基于对基础教育的供给与需求分析制定了短期政策,基础教育也将在未来教育事业发展中处于优先地位。

2. 预算

在未来,学校非公共财政预算的拨款将受到更多关注,因为这对提高小学教学质量至关重要。

基础教育的公共财政预算主要用于教师的工资支出。因此,教师的时间、知识和技能的有效利用至关重要。政府认为,任何缺少教师绩效奖励的工资结构都会扼杀教师的士气,从而影响教学效率。

3. 促进教育公平

政府将加大女性基础教育的入学率并缩小城乡之间、游牧地区与非游牧地区之间的教育质量差异。未来,教育公平性将得到进一步改善。

4. 加强市场参与

政府认识到在教育服务领域,加大社会积极参与度以及私有产业和社区参与度能够促进全民教育进程。

法律政策同样鼓励私人组织参与到教育行业中,为积极促进教育行业发展,政府在未来将会制定一系列相关政策来吸引更多私人投资到教育行业中。

5. 关注学生的就读情况

要努力降低学生的复读率和辍学率。为了在这些方面取得成绩,基于成功减少辍学率和复读率的地区的试点也应运而生,目的在于将其成功经验运用到其他地区的实践当中。

6. 提高边远地区的基础教育入学率

埃塞俄比亚有数量庞大的牧民,通过常规方法将教育普及到牧民人群中确实是困难的。因此,尽管运用其他策略花费的时间比完成基础教育要多,教育部门依然在通过探索创新方法将教育普及到牧民地区。解决方案之一是发展寄宿式学校,并配备专业的当地教师。

(二)加强区域执行力度

政府正在采取一切必要措施促进各地区全民教育计划的顺利开展。

1. 创新与实验

政府将继续支持 ESDP 项目采取实验性和试点性的创新教学方法和策略,这些策略已经在非洲其他国家及世界其他地方成功地尝试,并扩大了教育机会、提高了基础教育正式和非正式教育的质量。

2. 加强教育实践研究

教育部门今后将继续发挥教育科研机构的优势。教育活动的实践以及儿童学习需求的相关问题的研究将得到重视。比如大量的研究可以着眼于支持免除学费的提议、加强学校影响力、提高教育质量的自动提升以及教育机会的公平。

3. 学前教育及其发展

包括传统和宗教论坛在内的大部分传播媒体,都并没有大力宣传儿童早期教育和发展的重要性,以及建立学前教育中心以促进儿童的情感和社交能力发展的必要性。未来,政府需要建立适当的论坛,以动员社区来满足社会对于扩大儿童早期教育和学前教育的迫切需要。政府会提供更多的有利条件来鼓励私人企业、非政府组织、地区机构以及社区参与到学前教育中心的建设当中。

今后将进一步落实学前教育机构工作人员培训,以实现学前教育项目的有效执行。

由 MOLSA、CYAO、MOH、MOE 组织做出的努力、协调支持和监督等工作目前非常有限。考虑到儿童早期教育计划的发展,今后政府机构对学前教育机构的协助、监督以及伙伴关系将进一步加强。

学前教育机构将着眼于为社区提供大量帮助,其中包括学习和阅读材料的印刷与分发,同时机构将采取适当措施来加强协助。

目前对少数几个 ECCD 机构的学习教学过程的监督和监测较为薄弱。今后机构将采取措施加强监测和评价。

政府机构、非政府组织、传统教堂以及清真寺教育机构几乎没有对 ECCD 机构数据进行系统化整理、记录以及监管。例如,对 1 年级儿童入学率与接受过 ECCD 项目学习的学生数量尚不清楚,各种学前教育项目的计划内容也无从得知。今后,政府将努力优化所有机构的有效数据收集方法。

4. 非正式教育

埃塞俄比亚政府充分意识到当前的教育不能满足全民教育的需要。因此,政府将继续充分支持和鼓励 NFR 项目作为同正式教育水准相当的替代项目,以满足教育机会受限或没有机会接受正式教育儿童的基本学习需求。

5. 加强数据采集和分析能力

当前,教育活动相关领域的数据是不完整的,由于数据缺失会弱化教育部门的政策制定能力,因此,要加大对数据收集和分析能力的力度,同时加强基础教育以及教育系统中的其他教育形式的样本调查执行能力。

埃塞俄比亚是一个数据丰富而信息贫乏的国家,信息贫乏体现在数据覆盖率不足上,同时由于针对社会状况的即时可靠指标的缺失,使得任何针对社会发展影响的研究的开展变得异常艰难。

正如ESDP项目发展中需要不断更新其对信息产生、收集、处理和传播中所运用的方法,埃塞俄比亚政府目前采取的数据活动发展方式与之类似,同时信息仍需要被不断开发,例如:

(1)信息需求和探索信息的方式尚不明确。

(2)由于尚未建立信息系统以及信息传播指标,无法实现常规信息的收集与处理,使其成为目标确立、问题分析、政策制定、政策执行与监管的阻碍。

(3)由于缺乏对信息的常规性与即时性收集,导致无法根据时间序列对教育进程进行监管。

各地区要加强战略规划和管理职能。由于缺少针对发展业绩与政策影响评估方面的关键信息,地区将受到决策约束。社会经济发展的复杂性和政策制定的分散性加大了对数据收集、处理和分析的需求。

许多地区面临的一个主要问题是缺乏在设计、实施和维护信息系统方面具有高技能及高资历的员工。改进基本行政单位(如学校)的数据收集将提高数据收集、解释和报告的质量,对相关数据和定性数据的重组和分析为决策和讨论提供事实基础。相关数据应具备对基础教育的主要组成部分进行现象描述和特性衡量的能力。从媒体或采访和讨论中系统性收集相关数据信息的能力需要通过特殊培训获得。

大多数人认为数据收集只代表着收集定量数据。定性数据与定量数据这两种类型的数据收集都是非常重要的。一旦收集到数据,就必须对其进行统计、处理和分析。最后,书写报告并将数据和报告进行保存。

基于EFA 2000年评估的数据收集经验表明,埃塞俄比亚的相关信息非常少且可靠性不高,针对教育数据收集与分析的能力建设提案包括以下几方面的样本调查基础步骤:

(1)执行需求评估。

(2)通过对话方式使利益相关者相信现有的相关信息即时采集能力较为薄弱,需要通过重新拟订和优化来增强信息生产、收集和分析的能力。

(3)依据需求评估结果确定培训方向和制订培训计划。

(4)完善基础设施建设、软件培训和信息分享机制。

南　非

　　南非共和国,简称"南非"。位于非洲大陆最南端,东濒印度洋,西临大西洋,北邻纳米比亚、博茨瓦纳、津巴布韦、莫桑比克和斯威士兰,另有莱索托为南非领土所包围。比勒陀利亚为行政首都,开普敦为立法首都,布隆方丹为司法首都。官方语言有11种,英语和阿非利卡语为通用语言。

　　南非在历史上曾在白人殖民者统治下建立四个政治实体:两个英国殖民地(即开普、纳塔尔殖民地)及两个布尔人共和国(即德兰士瓦共和国和奥兰治自由邦)。1910年四个政治实体合并为"南非联邦",成为英国自治领。1961年退出英联邦(1994年重新加入),成立南非共和国。1994,曼德拉出任南非首任黑人总统,非国大、国民党、因卡塔自由党组成民族团结政府。

　　南非属于中等收入的发展中国家,也是非洲经济最发达的国家之一。自然资源十分丰富。金融、法律体系比较完善,通信、交通、能源等基础设施良好。矿业、制造业、农业和服务业均较发达,是经济四大支柱,深井采矿等技术居于世界领先地位。但国民经济各部门、地区发展不平衡,城乡、黑白二元经济特征明显。南非自1995年1月开始实施7~16岁儿童免费义务教育,学制分为学前、小学、中学、大学、研究生5个阶段。现有中小学27850所,公立高等院校23所,私立高等学院90所,继续教育学院和培训学院150所。著名的大学有金山大学、比勒陀利亚大学、南非大学、开普敦大学、斯坦陵布什大学、约翰内斯堡大学等。

　　注:以上资料数据参考依据为中国外交部官方网站南非国家概况(2020年10月更新)。

南非基础教育的 752 则公告

（本文件由两部分内容组成，其中 A 部分是 2014 年基础教育行动计划的概述，B 部分阐述了该计划的具体内容。）

1　A 部分

一、目标概述

其中目标 1～13 是关于招生与学习的内容，目标 14～27 为前 13 个目标的实现方式。

1. 增加达到 3 年级语言和数学成绩要求的学生人数。

2. 增加达到 6 年级语言和数学成绩要求的学生人数。

3. 增加达到 9 年级语言和数学成绩要求的学生人数。

4. 增加具备上大学资格的 12 年级学生人数。

5. 增加 12 年级通过数学考试的学生人数。

6. 增加 12 年级通过物理考试的学生人数。

7. 提高 6 年级学生的语言平均成绩。

8. 提高 6 年级学生的数学平均成绩。

9. 提高 8 年级学生的数学平均成绩。

10. 保证所有儿童在 15 岁前完成入学。

11. 增加儿童接受优质学前教育的机会。

12. 通过 9 年制的学校教育提高学生成绩。

13. 增加 9 年级以上学生接受继续教育和培训的机会。

14. 每年招聘一批年轻而有活力的且经过专业培训的教师。

15. 保证教室密度不会过大。

16. 提高教师专业素养、教学技能、学科知识以及计算机能力。

17. 着力打造人民满意的教师队伍。

18. 确保学生完成每一学年的学习任务。

19. 确保学生获得符合国家标准的课本和作业本。

20. 增加学生使用电脑等多媒体的机会，丰富教育内容。

21. 确保全国所有学校开展年度管理工作，以发挥学校的作用。

22. 在学校治理方面，通过网络实现教育信息公开以实现家长与社区参与学校治理。

23. 确保所有学校依法设立，同时保证资金投入的透明有效。

24. 确保学校的基础设施和学校环境满足学生的学习需求。

25. 确保学校为学生提供公共卫生和脱贫知识的教学。

26. 落实普及教育政策，增加特殊教育学校数量。

27. 提高监管的频率和质量，支持地方办学以及网络教育教学。

二、实施 2014 年基础教育行动计划的意义

2010 年，南非基础教育部宣布在南非实行"2014 年教育行动计划"以及"2025 年学校教育计划"。所有的南非公民，尤其是作为学生及学生的家长或监护人，或者是作为一名教师或学校校长，了解这两个教育计划是十分重要的。"2014 年教育行动计划"之所以重要，是因为它介绍了政府所采取的行动以及实现这两项计划的具体措施。

基础教育行动计划的核心内容是实现上述 27 个国家目标，前 13 个目标旨在提高学校办学质量和入学率，后 14 个目标是对前 13 个目标的保障。这些目标是南非政府所采取的具体改革措施。

这些计划涉及了教师、校长等所有的学校教职工，会随着时代变迁以及经验积累而做出相应调整，整个调整过程会邀请各方利益相关者参与。

三、建立南非基础教育机构的必要性

自 1994 年获得民主解放以来，南非的基础教育机构发生了很大变化。首先，1～9 年级义务教育的毕业率显著提高（1994 年毕业率为 80%，2010 年毕业率达到 99%），南非与其他经济发展水平相似的国家相比处于优势地位。其次，民主解放后关于种族歧视的相关法律被废止，使得教育机会不再受种族问题的影响（1994 年，政府对黑人学生的教育投入是白人学生的 1/5。2010 年，政府对两类学生的教育投入几乎相同）。

但是，南非很多学校都存在安全隐患，学校无法保证学生和教职工的安全；很多学校的建筑和基础设施不达标，不能满足学生和教职工的需求；最重要的是，许多学生不能学以致用。研究表明，很多小学毕业生，尤其是来自贫困地区的小学毕业生连基本的语言和算术知识都无法掌握。

学校低质量教学水平以不同的方式影响着学生及其家庭，导致学生更难进入继续教育与培训学校及其他大学，同时减少了学生的就业机会，此外还会影响国家的整体发展。南非的发展取决于民族技术和教育水平，如果每个人都接受高质量的基础教育，就更有可能使国家和平发展并走向富裕。

四、广泛参与的重要性

该计划已经过教师工会和省级教育部门讨论而实行，利益相关者对于计划当中的所有目标和采取措施都表示认可。这一计划的目的是使更多的利益相关者参与其中，引起基础教育部门对学校管理机构、校长和学生的关注。鼓励高等教育机构、继续教育与培训学校、有组织的商业机构、宗教信仰团体和非政府教育组织参与其中。教师工会

的持续参与更有助于该计划的顺利实施。

由于南非庞大的人口及其他复杂原因，该计划并未对教育的所有方面都进行明确规定。基础教育部对学校改革发挥着重要的作用。

为了更好地参与到计划制订与实施的工作中，参与者需要具有敏锐的洞察力，不仅要了解当地学校发生的事情，而且还要了解整个教学体系。基础教育部每年都会出版一份关于学校教育制度的报告，其中包括教学系统、学习和教学方面发生的事件、政府财政支出情况、部门与教师工会的合作等内容。这份国家报告包括地方、省和国家的官员收到投诉的具体内容以及面对这些问题采取的措施或将要采取的措施，这一年度报告被广泛使用。如果该计划被改变，有关部门会向学校和家长说明情况，以防混淆计划内容。

教育部门的电子教育战略是通过使用电脑和互联网来提高办事效率的。作为整体战略的一部分，有关部门将确保在互联网上可以查询到 2025 年学校教育计划参与人员的信息。尽管年轻人的上网率正在快速增长，但这种趋势并没有普及到整个南非（南非目前只有 1/4 的家庭可以上网）。

五、2025 年基础教育计划的实施愿景

2008 年的柯利普城（1956 年自由宪章诞生地）制订完善了教育体系实施计划，《教育质量法则》于 2008 年施行，旨在推动素质教育教学活动，以实现"2025 年学校教育计划"，其副本在文件的结尾处。

确保南非人接受优质教育是十分必要的，但是不能一蹴而就，需要确立一个明确的目标，保证每年都有所进步，由量变引起质变，争取在 2025 年之前全面完成计划。到2025 年，南非学校要在以下方面实现目标：

1. 学生

学生不能迟到，无故迟到会受到处罚。此外，学生还要按时完成作业，在学校学习更多知识。3 年级以上的学生要学会使用电脑。学生在学校交友、就餐，由教师来指导他们学习，同时在课余时间参加学校组织的文体活动。

2. 教师

教师要进行必要培训来不断提高教学能力和专业素质。教师要明确教师职业对于国家发展的重要性，并且尽可能地为学生提供良好的教育。学校也要为教师提供相应的工资和服务条件。

3. 校长

校长按照国家课程标准保证学校教学工作正常进行，同时作为领导者，要促进学校社区关系和谐，发挥自身创造力，提高职业道德水平。

4. 家长

家长了解学校情况，并且可以定期收到孩子的成绩单，孩子的成绩是按照学校的评价标准来进行评价的。如果家长认定学校没有履行义务，学校有关负责人就要听取家

长的意见同时采取相应措施。

5.材料

要有高质量的教科书和讲义。国家"最小书包政策"是指每个学生要获得最低标准的学习资料,同时,电脑也是学生和教师获取信息的重要工具。

6.学校

学校的建筑和基础设施要符合教学要求。学生和教师要合理使用学校建筑和设施。

六、目标和具体内容

2009 年,祖玛总统公布了提高政府绩效的文件:我们的方案是呼吁所有政府部门更加关注南非人民的生活质量。例如,教育部门要求更加关注学生在学校的学习内容。比如改善学校基础设施、教师培训和学校午餐等,如果他们不能培养出优秀的学生,就无法实现预期目标。

以下内容介绍了计划当中的前 13 个目标,每一个目标都介绍了政府与个人的行为。如果认为政府没有履行职责,首先应该在学校管理机构的会议上与教师或校长进行沟通。学校领导可以向民政事务总署反映该问题。如果通过学校无法达到预期效果,可以直接联系地方办公室或省部委。作为行动计划的一部分,每个地区和省级部门都要有一个官员接受申诉并为这些申诉人提供建议,告知他们所享有的权利,或是将这些申诉提交有关部门人员,保证采取合适的解决措施。如果申诉未起到作用,国家有关部门也会接受其申诉。电子教育策略中会将必要的信息和详细的申诉措施公布在网上,或通过拨打电话进行申诉。

(一)目标 1:增加达到 3 年级语言和数学成绩要求的学生人数

1.主要问题

在南非,过去人们关注的焦点是学生如何通过 12 年级的考试。近年来,人们更加关注低年级学生的学习水平,部分原因是要从提高所有年级的成绩出发,进而提高12 年级学生的成绩。教育专家认为,如果学生不进行 1～3 年级的基础教育,将会影响后续学习,尤其是贫困地区的 3 年级学生学习成绩不理想,只有不到 50% 的人通过了语言和数学考试。

2.采取措施

2008 年,政府创设了学习基金会。学习基金会为学生提供小学学习资料,使他们能更好地获得课程内容。2008 年政府开始实施国家年度评估,该评估包括了 1～6 年级学生学习的主要科目的考试内容。国家年度评估正在进行改进以确保政府可以采取更好的教育措施,后文将说明实施国家年度评估的意义。不仅如此,政府也正在通过其他手段来改善 3 年级学生的学习状况。

3.国家年度评估的实施办法

所有学校 1～6 年级的学生每年年末都要进行语言和数学测试。语言测试包括母语和一门外语,对于南非学生来说多指英语。教师将根据基础教育部提供的评分细则来打分,在年底的家长会上家长将收到学生的国家年度评估测试结果和包括其他成绩在内的年度报告。每年年初学校治理委员会将收到来自各地区办事处的报告。各地区的国家年度评估报告,可以帮助每所学校了解其他学校的情况,担任学校治理委员会委员的家长将与其他家长分享国家年度评估报告内容并与家长和学校讨论如何提高学生成绩,所有国家年度评估报告都可以在南非互联网上查到。

国家年度评估报告不对外公开各地区学校学生的平均成绩,只在学校内部公开同时与其他地区学校进行对比。研究表明,如果国家年度评估测试系统存在过多竞争性,各地区的学校可能会通过作弊展示竞争力。因此,国家年度评估测试系统不是要分出学校的优劣,而是要让学校和家长了解学校、学生的自身发展水平。

2011 年,国家年度评估测试在 9 年级学生当中进行。

采用国家年度评估测试系统是为了在全国形成评价教育质量的统一标准,让校际的比较具有可操作性,同时当学校出现严重的教学和学习问题时也更容易被发现。

除此之外,还有一个由国家有关部门直接操作的国家年度评估系统,它类似于以往的评估系统,功能更加全面。国家有关部门会派代表去学校组织 3、6、9 年级的学生进行测试,随后发布一份报告,说明国家和各地区的教育改革进展情况,同时验证各学校自行组织的国家年度评估测试是否准确,报告还会说明国家和各地区教育目标的实施进展情况。

要说明的是,不是每个学校都要确立目标。国家和各省的教育目标已经确定,下一步将精确到各个地区。

4. 角色转变

家长在该计划中起到重要作用,保证学生按时完成家庭作业、每天按时上学。家长也要和教师沟通以便了解学生学习中存在的问题,家长要清楚学校的办学水平。如果学生出现了学习问题,家长、教师、校长要进行讨论并制订解决方案。如果学生的国家年度评估测试结果很理想,家长也要有所作为,站在国家的角度,努力为提高所有学校的办学水平做出贡献。

(二)目标2:增加达到6年级语言和数学成绩要求的学生人数

1. 主要问题

和 3 年级学生一样,6 年级学生当中有很多人都没有掌握基本的知识。例如,2004年的系统评价和 2000 年的南非质量监测联合会报告都表明,6 年级学生当中仅有不到1/4 的人数学成绩达标。

2. 采取措施

和对待 3 年级学生一样,政府全面支持 6 年级学生的学习计划。此外,6 年级学生群体也是国家年度评估特别关注的群体之一。这项计划的目标旨在提高学校所有年级学生的学习质量。

（三）目标3：增加达到9年级语言和数学成绩要求的学生人数

1. 主要问题

2002年南非的学校对学生进行校际的语言和数学学习质量测试，所有9年级的学生都会在教师和校长的参与下进行相同的测试，但质量检测的结果存在很多不足，因此，从2011年开始，国家年度评估测试代替了质量检测。

2. 采取措施

为了提高7～9年级学生的成绩，在普通教育和培训课程方面，政府将加大对教师的培训力度。

3. 角色转变

父母参与学生的学习过程对于学生成绩的提高十分重要。酗酒、吸毒以及无保护措施的性行为等问题也不利于学生成绩的提高。政府对学生的教育及其健康的生活方式十分关注，这更需要成年家长的以身作则。

4. 进展观测

国家年度评估测试反映9年级学生成绩。

（四）目标4：增加符合升入大学条件的12年级学生人数

1. 主要问题

在南非，每8个青少年中只有一人完成12年级教育，这意味着他具备了接受大学教育的资格，换言之，每8人只有一人能够成为医生、工程师、特许会计师或教师。12年级学生人数不足是导致南非人才缺失的重要原因，政府的目标是在2014年接受大学教育人数达到毕业生人数的1/5，2025年能达到1/3。

2. 采取措施

当增加12年级学生人数存在困难时，政府将通过报纸、直接发送材料或者是通过广播电视宣传的方式加大力度为学生和老师提供学习指南和试题。为使学生更好地进行12年级的学习，政府为10年级和11年级学生提供相应的学习资料。

3. 角色转变

正如南非《质量教育法则》中所提及的，家长在激发12年级学生潜能、保证他们有足够的学习时间和适当的学习空间方面起到十分重要的作用。

4. 进展观测

12年级学生的考试成绩将在报纸上公布，同时基础教育部会在每年公布12年级学生成绩的详细报告。此外，各地区将公布所有12年级学生的考试报告，工会联合会成员通过与地区、省以及国家层面的其他学校进行对比后了解该学校的整体水平。

(五)目标 5 和目标 6：增加 12 年级通过数学和物理考试的学生人数

1. 主要问题

南非面临着一个非常严重的问题就是在毕业时很多学生的数学和物理成绩不合格。这就导致某些行业如医药和金融领域人才短缺。目前大约只有 1/7 的毕业生数学成绩合格。该计划的目标是在 2014 年每个科目通过考试的人数达到毕业生人数的1/5，2025 年达到 1/3。

2. 采取措施

多年来，政府一直致力于提高 10～12 年级学生的数学和物理成绩。政府的一项重要计划于 2001 年在迪纳莱迪实施。在 2007 年，这个计划覆盖了近 500 所学校。近几年的专家评估发现，特别是对于身处贫困地区的学生而言，迪纳莱迪学校提供的额外培训和教学资源对 12 年级学生的成绩产生了影响，接下来需要做的是进一步改进迪纳莱迪教学方法，以使其适用于更多的学校。

3. 角色转变

父母要督促 12 年级的学生进行数学与物理学习。

4. 进展观测

新城区的学校检测报告将帮助学校管理机构了解他们在 12 年级的数学和物理方面取得的成绩。

（六）目标 7～9：提高 6 年级学生的语言和数学平均成绩，提高 8 年级学生的数学平均成绩

1. 主要问题

目标 1～6 是使学生的成绩符合最低标准。然而，如果想改善教育状况，必须使更多学校和学生在各方面都做出努力。数据显示，在国际测试参与者当中，南非前 10% 的学生不如肯尼亚、印度尼西亚和智利等发展中国家前 10% 的学生。如果想要南非出现世界一流的科学家、设计师、分析师，提高国际测试平均成绩，就要保证每个人的成绩，进而取得顶尖的成绩。

2. 采取措施

政府在公共典礼上表彰优秀的学生和学校，让杰出的学生优先进入重点学校。在少数省份建立了重点学校，同时开设艺术或数学等重点科目，教师对学生进行培训，使学生投入更多的时间在这些科目上。需要重点关注学校，使全国所有的学校都能正常开展教学活动。

3. 角色转变

家长和教师根据学生日常表现及其潜力，来为其提供帮助，从而进一步发挥他们的优势。

4. 进展观测

南非参与的两项重要的国际测试项目，可以使人们了解南非在实现上述目标方面所取得的成就。其中一个项目由非洲南部和东部教育质量监测联盟负责，他们对十五个非洲国家 6 年级的学生进行了语言(主要是英语)和数学方面的测试;另一项测试由国际数学和科学研究组织负责,他们对多个国家的 8 年级学生进行了数学和科学水平测试。

(七)目标 10:保证所有儿童在 15 岁前完成入学

1.主要问题

南非《学校法》律规定所有孩子都应该在 15 岁之前入学,完成 9 年制教育。在 2009 年,7～15 岁的孩子中只有大约 2.5% 没有上学。然而,这 2.5% 意味着大约 20 万孩子在其义务教育阶段没有上学。这些孩子不上学的原因有很多,有些住处离学校很远;有些是需要特殊教育的孩子;几乎所有不上学的孩子都来自贫困家庭,甚至没有家长监护。

2.采取措施

政府已采取多项措施,确保所有 7～15 岁的儿童和青少年能够上学。免费上学可以为贫困家庭学生提供帮助。政府将继续提供免费教育,并保证免费教育的质量。为鼓励贫困家庭的孩子上学,政府增加了提供午餐的学校数量。政府在某些地区推行全员服务型学校和特殊教育学校,使学生更容易获得特殊教育。同时完善了卢里茨系统,这个系统覆盖了一半以上的学校,是一个包含了学生姓名和特殊学校信息认证号的计算机系统。这个系统的设计是为了使有关部门更容易掌握在 15 岁之前退出教育系统的学生信息,从而采取后续措施。

3.角色转变

家长和社区对儿童教育起到重要的作用。家长应当保证子女按时上学。如果发现孩子没上学,应当向就近的教育区办公室报告,以使所有义务教育阶段的孩子或是有特殊需要的孩子接受教育。

4.进展观测

南非统计局每年都会调查南非居民住所。南非统计局收集的信息表明几乎所有的 7～15 岁儿童和青少年都接受了学校教育。2011 年的人口普查对于南非实现目标也具有重要意义。

(八)目标 11:增加儿童接受优质学前教育的机会

1.主要问题

来自世界各地包括南非在内的研究都说明了接受优质早教可以让孩子更容易接受小学教育。然而,并非所有南非儿童都有机会接受学前教育,不过近些年来情况有所改善。2003—2008 年,接受学前教育的学生比例从 60% 上升到 80%,政府的目标是可以达到 100%。

2.采取措施

政府在学前教育方面的支出比其他任何教育阶段的支出都要多。到 2011 年,学前教育的支出是 2006 年实际支出的 4 倍。大部分额外资金已转入公立学校,以使学校可以雇用学前教育教师并购买学习资料;一些省级部门也在公立学校聘请了学前教育教师。政府致力于确保所有学前教育教师符合职业标准,以保证学前教育的质量。

3.角色转变

政府不可能同时在所有公立小学中提供学前教育。那些没有提供学前教育的学校将根据省级行政部门确定的时间来提供课程,时间安排方面会优先考虑贫困地区。虽然学前教育是非强制性的,但为了使孩子以后的学习更轻松,建议其接受学前教育。

4.进展观测

家庭调查可以使我们了解2014年的目标完成情况,政府也将进行更多的调查研究确认学前教育是否有助于以后的学习。

(九)目标12:通过9年制的学校教育提高学生成绩

1.主要问题

多年来,虽然公立学校学生成绩一直很高,但是整体而言仍处于下滑状态。2009年有9%左右的复读率(1、10、11年级复读率最高)。复读问题导致学校的班级量增多,也导致学校出现更多超龄学生。如果有过多超龄学生,就会出现扰乱纪律等各种各样的问题。这项计划重点在于提高3、6、9年级和12年级学生的成绩,对于学校为了提高重点年级学生的成绩而让其在学前教育阶段接受不必要复读的情况应予以禁止。

2.采取措施

政府认为复读现象不应该被禁止。在某种程度上说,复读对学生有利。学生复读次数限定为每三年一次。降低复读率的最好方式就是提高学习和教学水平,使更多学生学以致用。地方办公室也将审查学校是否利用复读来提高学校学生的整体成绩。

3.角色转变

家长支持学生接受教育,提高学习成绩。对于学校故意提高复读率的情况,应向校长和学校管理机构反映或向有关部门申诉。

4.进展观测

2009年开始对学校的复读情况进行调查。通过学校的年度调查信息和学校所收集的信息分析学校在减少复读率方面取得的成绩。2025年学校教育计划的最终目标是到2025年学生的复读率降为5%。

(十)目标13:增加9年级以上学生接受继续教育和培训的机会

1.主要问题

南非约有40%的学生从学校获得国家高级毕业证书,只有1%左右的学生获得了9年级的非国家级的毕业证书,这意味着超过一半的南非学生没有9年级的毕业学历,这会导致学生很难找到工作,很难上大学,或者很难学到知识。如果想要更多人获得9年级毕业学历,就要满足他们对继续教育和培训的需求。按照国际标准来讲,9年级以上学生的入学率越高越好。政府的目标是10年级学生的入学率达到75%,11年级学生的入学率达到65%,12年级学生的入学率达到50%。更大的挑战是让更多的学生完成 12 年级学业,并获得国家高级证书,同时让更多的学生从继续教育和培训学院获得资格认证。

2. 采取措施

继续教育和培训是基础教育部(负责处理 10～12 年级事务)和高等教育培训部(负责处理继续教育和培训学院事务)所负责的。继续教育和培训学院为青年提供的机会有所增加,同时授予了国家标准委员会资格以及每 3 年一次的培训,并且增加了政府对于学校的资助。未来几年必须加强对中学生在学校、继续教育和培训学院以及其他方面选择上的指导。最重要的是,对于中学教师和学生来说,将有更多的机会接触到从继续教育和培训学院毕业的员工以及公司和组织当中的员工。政府正与企业、工会和高等教育机构合作,制订一项新的计划,应对青少年毕业后将要面临的问题以及他们毕业后的职业选择问题。这个新计划将影响行动计划和 2025 年学校教育计划的发展趋势。

3. 角色转变

政府正在完善 12 年级考试中的科目组合,拓宽家长和学生获得信息的途径,确定继续教育和培训学院最好的专业,发布从小学到大学的最佳年级和最佳上学年龄等信息。

4. 进展观测

国家的统计数据工作除了要收集人口的学历信息,还要加强建设企业和高等教育机构的信息反馈机制。如果大学学生增多,用人单位肯定毕业生能力,该计划就取得成功了。

(十一)目标 14:每年招聘一批年轻而有活力的且经过专业培训的教师

1. 主要问题

多年来,新晋教师数量较少,平均每年约有 10 000 名教师退休,但仅有 5 000 名新教师入职。教师整体数量没有下降是因为很大一部分公立学校教师都是从私立学校调来的。导致新晋教师数量不足的原因有很多。一方面是由于随着经济的发展,南非年轻人有许多其他就业机会;另一个原因是教育体制本身还没有培养出足够多的大学生(例如教育学士学位)。在未来,如果我们要避免严重的教师短缺,就要保证每年都有足够的合格教师进入公立学校。

2. 采取措施

为了鼓励更多人接受教师培训后在公立学校任教,在 2007 年实施了芬萨-卢沙卡助学金计划。超过 9 000 名接受教师培训的学生已接受了芬萨-卢沙卡助学金。近年来为了使教师职业成为更有吸引力的职业,政府也提高了教师的工资。2000 年到 2009 年间,教师的平均工资提高了约 40％。值得注意的是,除了工资,还有其他因素影响教师的满意度(详见目标 17)。

3. 角色转变

多年来,教师职业的发展情况一直在变化,这与人们所了解的情况有所差别。现在的教师有更多的选择空间。

4. 进展观测

政府人事档案显示,政府的目标是让每年进入公共教育体系的毕业生人数等于退休或离职的教师人数。

(十二)目标15:保证教室密度不会过大

1. 主要问题

虽然教学岗位数量与学校的数量比例大致相同,但不同学校的班级规模却有所不同。大约一半的南非公立学校中每间教室可容纳 40 名学生,大约 15％的学校中每间教室容纳超过 50 名学生。显然大型班级会使学习和教学更加困难。存在超大型班级的原因主要有三点:其一,很难吸引教师到一些地区教学,例如偏远的农村地区,教学岗位就会出现严重空缺。其二,一些学校的时间安排和教师的时间冲突。其三,许多学校教室数量不足。

2. 采取措施

2007 年政府制定了偏远农村地区教师额外工资补助政策,由于资金短缺等各种原因,这项政策很难落实。之后几年,政府将特别关注这项政策的落实。根据该政策,每个学校都更加清楚如何利用教学时间。地区办事处会监督学校合理制订时间表。如果由于超大型班级导致学校时间安排出现问题,地区办事处就会采取相应解决措施。

3. 角色转变

在有关部门、校长和学校管理机构之间建立良好的工作关系,从而保证学校里有足够多的合格教师以保证教学时间。家长可以监督学校管理机构做出相应决定。

4. 进展观测

如果学校年度调查报告显示,学校不存在超大型班级,该计划就成功了。

(十三)目标16:提高教师专业素养、教学技能、学科知识以及计算机能力

1. 主要问题

南非的大多数教师,都没有接受职业培训。公立学校里超过 90％的教师仅有 3 年以上的培训经验,这与其他类似国家相比情况虽较好,然而这种培训往往质量不高,因此形势依旧不乐观。值得注意的是,大多数教师是在 1994 年前就已经在岗,南部和东部非洲联盟教育质量监测和其他一些测试不仅测试了学生,还测试了教师,测试发现教师往往都缺少丰富的知识。政府和教师工会一致认为,这个问题需要去重点关注。

2. 采取措施

上述问题可以在一些案例中得到验证。例如,只有超过 1/3 的小学教师接受过正式的培训,而他们当中的 3/4 认为培训有助于教学。然而,我们没有培训更多的教师,大多数情况下也达不到培训的标准。2009 年举行的"大型教师发展峰会"旨在制定一个新的教师发展战略,使更多的教师接受培训。一些训练将通过远程培训方式进行,教师将通过互联网获得培训材料。网络教育可以帮助提高教师技能。政府的教师远程培

训计划旨在提高教师和校长的计算机能力。很多教师都在编写优秀的教材,通过互联网来实现资源共享。

3.角色转变

与其他教师合作十分必要。政府致力于提供更多更好的可供选择的培训课程。如果教师对自身发展进行规划,该计划就成功了,但并非所有人都会做出规划。2007年针对教师的调查发现,有30%的学校教师没有参与过专业培训,而有资质的教师需要每年参加80个小时的专业培训。

4.进展观测

为了了解学科知识和教学技能之间的差距,政府将继续进行教师测试。这项研究尊重教师隐私,测试结果不会透露给任何人,也不会用于教师个人管理。调查目标在于全面了解整个国家在教师培训方面存在的问题。

(十四)目标17:着力打造人民满意的教师队伍

1.主要问题

即使教师获得了适当的培训,如果教师对工作不满意并且感到社会的轻视,该计划也不能称之为成功。教学是一项富有挑战性的工作,尤其是在面对贫困家庭学生的时候。然而,必须要避免的是教师对于教育政策和课程设计的偏见。教师不能自行决定教育政策,但这些政策对于教师而言必须是合理的。政府需要做的是以教师为中心制定和落实政策。

2.采取措施

如上所述,近些年来教师工资有所提高。2008年新的教师晋升政策开始实施。政府与教师工会合作的重要目标是确立优秀教师激励制度。2009年,简化学生评价规则,减少教师的文书工作,使其更加投入教学工作。最重要的是,政府致力于深入了解教师需求,通过与教师工会协商以及更好地利用调查来了解教师问题并提出解决方案。此外,还要进一步了解教师的健康问题,如艾滋病,必须摒除歧视且一视同仁。

3.角色转变

对教师的认可在某种程度上比金钱激励更有效。教师和工会积极分子对教育政策的完善同样也对教师起到了重要的激励作用。

4.进展观测

政府可以通过对教师工作满意度的调查了解目前政策实施过程中存在的困难和取得的成绩。

(十五)目标18:确保学生完成每一学年的学习任务

1.主要问题

研究表明,教师通常不能完成年度教学计划,这些无法完成年度教学计划的教师到了下一年级仍然无法完成计划,这种现象在所有年级都普遍存在。导致这个问题的部分原因是教师和学生在教学和学习上投入的时间不够,教师和学生迟到或早退、课间休息时间被延长或者教师离岗都会导致时间大量浪费。

2. 采取措施

通过引入新的系统来监测学校和教师,以了解教师没有完成全年教学计划的原因。这项新措施每年至少会在区内各学校启动一次,来了解教师在这一年当中取得的进步以及教师是否在进行正常的工作。如果出现问题,地区办事处和学校就会采取相应措施。有些学校每隔一年被选为国家年度评估认证学校,以了解国家年度评估官员(由国家部门聘用)是否在学校投入更多时间来审查学校的工作计划和学生的作业完成情况。显然,学校和教师不应该草率通过测试或是在没有完成某些任务时谎称已经完成任务。新的监测系统不仅要审核年度计划的完成情况还要审核其完成质量。

3. 角色转变

所有学校管理机构都应关注本年度的学习计划完成情况。如果没有关注,学生管理委员会成员就应该进一步了解情况并帮助其找到解决问题的办法。

4. 进展观测

作为新的监测系统的一部分,地区办事处需要提交有关学校情况的报告,以协助各省和国家部门的监测,并且按照报告要求修改课程。最终,所有学校和所有教师必须完成年度教学计划。

(十六)目标19:确保学生获得符合国家标准的课本和作业本

1. 主要问题

虽然近些年来情况有所改善,但仍有很多学生无法获得他们所需要的教科书、练习册、作业本和文具。没有学习资料的情况下学生是不可能完成学习任务的。近些年来,教科书等材料的投入数量有所增加,南非的统计数据表明,家长对于书籍短缺的不满从2005年的16%下降到2008年的11%,然而11%比率仍然很高。2007年3年级学生中1/8的学生没有自己的识字练习册,6年级学生中的4%没有练习本或练习册。

2. 采取措施

学生缺少学习资料的原因有很多。有关部门没有提供应有的学习资料、学校没有购买学习资料或者有关部门没有提供相应的资金,出现这种情况是由于财政资助政策的资助方式存在问题,例如教材丢失、被盗或损坏导致教材不能使用,政府正在处理这些问题。一项研究表明,如果学校自己管理学习资料,那么就不会出现这些问题了。国家有关部门将公布一项关于1~12年级学生获得学习资料的政策,学生获得学习资料的清单被称为"最小书包清单"(最低数量的学习资料)。

3. 角色转变

家长允许学生把书和资料带回家并保证这些学习资料的完好。

4. 展望

将有更好的监测措施确保每个学生都有最基本的学习资料。当所有学生从开学第一天到最后一天都能获得学习资料时,该计划就成功了。

(十七)目标20:增加学生使用电脑等多媒体的机会,丰富教育内容

1. 主要问题

除了有最基本的学习资料,每所学校都要有一间资料丰富的图书馆。那些没有使用过计算机的孩子在以后的生活中将处于不利地位。大约有15 000所学校或是更多的学校没有图书馆,而有图书馆的学校图书馆数量也是不足的。问题在于如何使学校的计算机课程内容超过学生在校外接触的计算机的学习内容。2007年的统计数据表明,6年级学生中有50%的人在校外使用过计算机,而只有37%的学生在学校里使用过计算机。

2. 采取措施

政府应加速在学校建立学校基础设施、媒体中心、图书馆。2008年,国家有关部门根据学校性质和入学率制定了一个新的学校基础设施标准,规定学校应该有什么样的图书馆或媒体中心。政府还将继续在教室内推广微型图书馆,在学校拥有一个设备齐全的图书馆之前帮助学生获得学习资料。作为电子教育战略的一部分,政府将继续支持学校设立计算机中心。数年来学校计算机数量的增长既是政府政策的结果,也是学校采取行动的结果,同时也是与私营部门合作的结果。显然,如果教师不懂电脑,学校就无法提高学生的计算机能力。教师的计算机使用能力是政府评估的一个重要指标。

3. 角色转变

私营公司是否会为了增加学生受教育机会而考虑帮助学校建立图书馆、媒体中心或是计算机中心?许多公司已经表明,这是一个让私营公司发展得更好的绝佳机会。

4. 进展观测

作为行动计划的一部分,政府掌握拥有图书馆和计算机学校的学生比例。有充分数量的会使用计算机的儿童和青少年也将是计划成功的一个重要衡量指标。

(十八)目标21:确保全国所有学校开展年度管理工作,以发挥学校的作用

1. 主要问题

学生是否愿意学习、学校氛围是否和谐,在一定程度上取决于校长和学校制度。然而,校长同样需要通过培训和其他方式来完成他们的工作。为了更好地管理,必须建立相应的年度管理工作制度。学校需要制订预算、学校发展计划并制作学生和员工考勤表、学生评估分数表、年度财务报表和年度报告。这些方面并未在所有的学校都得到落实,但如果做得不到位,就很难创造出一个良好的学校环境。

2. 采取措施

大多数学校校长都会定期进行培训,超过90%的校长承认他们平均每年得到一次财政支持,但只有40%的校长胜任其职。政府加强对校长的培训和支持,需要有一些文件与学校教育相结合来保证所有的学校都得到支持。随着越来越多的学校提供计算机和互联网,学校的管理也将变得信息化。

3. 角色转变

学校管理是学校和私营公司可以更紧密合作的另一个领域。如果在私营公司,就要考虑公司是否可以为所在地区的学校校长组织联合管理,建立领导工作室。

4. 进展观测

将有一种更合理的方式来评估学校的管理和基本职能。地方部门将提供一些需要的信息,看看是否达到这个标准,但国家部门也会直接监督学校,考察学校是否正在进行相应完善。

(十九)目标 22:在学校治理方面,通过网络实现教育信息公开以实现家长与社区参与学校治理

1. 主要问题

家长参与学校治理值得提倡。2009 年的研究发现,2/3 的家长有时会投票支持学校管理机构成员,61％的学校家长会积极参与学校预算方面的一些决定。

在贫困地区,家长参与学校治理几乎是一项更大的挑战。家长可能会认为参与学校预算会议很困难,而预算会议又会以家长不理解的方式进行。

2. 采取措施

同过去相比,国家年度评估为家长提供了更好的学校信息,这使家长更容易有兴趣参与讨论如何改善学习等问题。如果认为父母在保证学生按时上学和完成作业方面起到重要作用,那么让他们参与讨论也是十分有必要的。多年来,学校治理委员会的家长们进行了大量的培训,学校治理委员会中大约有 77％的家长表示他们接受过一些培训,这项培训内容必须包括如何理解国家年度评估以及如何在提高学习方面做决定,它还应该关注如何使家长更容易进行网络教育,这种培训应该以贫困地区的父母为主。

3. 角色转变

家长需要特别了解这项行动计划和 2025 年学校教育计划,以便他们能更清楚他们需要政府和学校做什么,以及他们为实现这些目标可以做什么。

4. 进展观测

地区办事处和国家有关部门将了解家长参与情况以及学校管理机构的工作情况并提供有关这方面的报告。

(二十)目标 23:确保所有学校依法设立,同时保证资金投入的透明有效

1. 主要问题

2009 年的研究表明,尽管学校的非个人资助有所增加,但根据国家政策,学校实际获得的资助低于承诺的资助,还有一个问题就是省级行政部门对资金的控制阻碍了学校的发展。省级部门给学校提供的资金会延迟拨款;在资金下发到学校时,省部委可能会要求学校按照其指示来使用这笔资金。

2. 采取措施

国家部门提供 2009 年的研究报告来了解学校资助政策需要改进的内容。国家部门着重确保没有收费的学校可以正常开展教学活动,同时关注专门学校所出现的特殊问题。学校给较贫穷的学生减免学费的同时给他们一些补助。政府的目标是在互联网上公布对学生个人的资助金额,使得家长更好地了解情况,同时也减少学校和各部门之间的分歧。

3. 角色转变

家长和校长有权了解学校资助金额,转入学校银行账户的金额以及有关部门为学校资助的金额,如果这些信息不清楚,或者不是所有的资金都资助给学校,家长则有权投诉。

4. 进展观测

财务报告制度需要改进,以使每一所学校的支出变得更加透明化。当学校收到国家政策中所规定的资助金额且不再反映有关部门的问题,也没有出现虚假的报告,就意味着正在实现这一目标。

(二十一)目标 24:确保学校的基础设施和学校环境满足学生的学习需求的教学

1. 主要问题

2008 年,国家有关部门提出了一种新的学校基础设施质量分类方法,这样就可以更容易地确定哪些学校需要翻新或重建。部分学校已经实现了基本的基础设施功能,有些学校的基础设施已经达到了最佳的状态。我们希望所有的学校都能达到最佳的功能状态,但是大约 5 600 所学校的基础设施还没有达到基本的功能水平,这是我们到 2014 年为止最关注的问题。例如,还有 700 所学校缺少饮用水,700 所学校没有洗手间,这些不仅使学习变得困难,而且对学生的健康非常不利。

2. 采取措施

多年来,政府重点关注改善学校基础设施建设,在此方面也取得了很大进展。例如,自 1996 年以来,没有供水的学校数量由 9 000 所减少到 1 700 所,没有电的学校数量由 15 000 所减少到 2 800 所。超过 45 名学生的教室比例从 55% 下降到 25%。政府将继续努力,在 2014 年使所有的学校基础设施建设达标并且使更多的学校基础设施达到最佳的运行状态。国家有关部门正与南非开发银行进行密切合作,以探索更好的资助建设学校基础设施的方法。

3. 角色转变

在许多学校,基础设施建设的问题不是建筑不足或桌椅短缺,而是它们的质量很差。家长、教师和社区可以对学校基础设施进行维护。

4. 进展观测

政府现在有一个更好的学校基础设施报告制度,这将使政府层面更容易发现并解决问题。

(二十二)目标 25：确保学校为学生提供公共卫生和脱贫知识的教学

1. 主要问题

如果学生极度贫困、营养不良、患有疾病，甚至有听力和视力问题，他们就很难得到良好的教育。尽管学校的主要任务是提供良好的教学和学习环境，但学校也要保证学生健康，并参与政府的脱贫项目。大约 90% 的小学新生从未接受过视力测试，这是导致视力不好的学生难以在课堂上学习的一个重要原因；2015 年仍然有大约 7% 的学生没有健康卡。

2. 采取措施

政府的一项重要举措是实行国家学校营养计划（NSNP）。大约 1/4 的学生收到直接送到学校的免费食物，还有 1/4 的学生则接受由有关部门送到学校的付费营养午餐。政府的目标是在 2014 年所有学生都能吃到学校提供的营养午餐。此外，作为卫生部与教育部合作的一部分，学校健康调查计划将在更多的学校实施。同时还要确保接受儿童抚养补助金的学生免费上学，这项政策在很多学校依然没有得到有效实施。

3. 角色转变

家长应协助儿童在当地诊所进行视力和听力检查。家长也应清楚孩子是否已经获得了儿童抚养补助金，是否在公立学校免费读书。

4. 进展观测

学校和家庭的有关信息将用来监测学校提供午餐情况和其他影响学生健康的问题。

(二十三)目标 26：落实普及教育政策，增加特殊教育学校数量

1. 主要问题

大约 20 万名 7～15 岁的学生不上学的一个重要原因是没有足够数量的特殊教育学校。

2. 采取措施

普通学校的教师培训可以使教师应对学生的特殊需要。大约 40% 的学校已经开始关注有特殊需要的学生，35% 的校外专家前来协助教师实施教育普及政策，这些举措需要覆盖所有学校。到 2015 年为止，已经在 20 个区设立了 20 所综合性学校，这些学校能够提供特殊教育服务。政府的目标是在全国 92 个教育区的每一个区都有一个综合性学校。

3. 角色转变

家长可以向教师反映孩子的特殊需求，同时也要确定所在的地区有这样一个全面服务学校。

4. 进展观测

国家相关部门将明确规定学校实施普及教育的最低标准的人员配备和设备投入，并将这些学校投入建设中。

(二十四)目标 27:提高监管的频率和质量,支持地方办学以及网络教育教学

1. 主要问题

这个行动计划中的许多目标,地方政府都承担了很多责任。例如,预计将形成全区的国家年度评估报告,监测学校是否完成了年度目标等。问题在于许多地方部门没有足够的平台来发现现有员工是否具备应有的技能,这意味着他们不能保证教师人数和教师质量。

2. 采取措施

最近的统计数据显示,超过 90% 的学校至少每年将接受一次地区官员的调研,35% 的学校被调研四次以上。所有学校每年至少要被考察两次,特别是那些需要更多资助的学校,更要被频繁接受参观。国家相关部门和省级部门将共同拟订一个更明确的资助学校名单,因此学校需要为地方部门提供其所需要的信息。这将使学校和地方部门更容易抓住主要矛盾。每两年一次的国家年度评估测评,要求所资助的学校对于资助进行评价,通过网络教育学校和地方部门之间的信息交流,了解学校在哪些方面还需要加强资助。

3. 角色转变

家长应该了解地方部门对于学校的要求和为学校提供的支持有哪些。

4. 进展观测

衡量地区官员每年对学校的参观次数和学校校长对该地区提供服务的评价指标是行动。

2 B 部分

(2014 年行动计划)

引 言

2009 年,国家发表了一份关于国家战略规划的《绿皮书》以及一份名为《提高政府绩效》的指导性文件,这些文件促使政府计划和实施政策得到落实。最重要的是,充分利用信息可以更好地监测取得的成效和出现的问题,从而调整行动计划,进而制定中央规划与地方实体权力机关授权相结合的规划(如教育区和学校)并长期关注其实施情况。

该文件描述了应如何在 2014 年实现改善南非学校教育水平的计划,该文件在很大程度上关注的是一系列的目标、指标以及教育部门要求开展的活动和人们在学校和社会当中要实现的目标。2025 年学校教育计划是基于 2014 年计划的更长远的计划,其包括在南非教育体系的长期目标当中。因此,我们希望在 2014 年实现总目标 1/4 的任务,2014 年行动计划被基础教育部门进一步修订,对利益相关者和专家充分的磋商表示认可。

这个计划中的许多目标并不是最新的。它们曾在总统的国家演说中、总统发表的各类文件中出现过,特别是在 2009 年中期战略结构和基础教育部的讲话和文件中出现过,许多目标已经得到了广泛支持。例如,2008 年发起的多方利益相关者的素质教学和学习活动。本报告中的全部目标和指标由教育部长理事会支持并实施,国家教育部门向这些机构提交报告后,由议会的基础教育部的投资组合委员会和教师工会支持。对于这些目标,专家们已经达成很多共识,现阶段所有在文件中出现的目标都应该被公开讨论。

一、两个附随文件

省级部门为 2014 年行动计划和 2025 年学校教育计划列出为完成计划所需要投入的资源清单。这份计划的第二份文件称为"精简版",将行动计划或 2014 年行动计划与 2025 年学校教育计划当中家长、教师和校长感兴趣的信息加以汇总。

二、在实施该计划的过程中如何选择投入方式至关重要

通过该部门的网站进行资源投入,该网站包括利益相关者组织和个人发布评论和查看他人评论的平台。

三、完善学校制度

2014 年行动计划与 2025 年学校教育计划首要目的是以具体的方式来为南非学生提供一个更好的教育体系以应对快速发展变化的社会挑战。教育制度首先应该确保学生获得他们生活所需的基本技能和知识,并构建一个统一民主的国家所需的价值体系。如果南非要消除贫困和犯罪等,使国家得到繁荣发展,就需要从改革教育制度方面着手。

四、长期规划

随着 2014 年行动计划的实施,2025 年学校教育计划代表了南非的第一个长远的学校发展愿景。在国家战略规划的《绿皮书》中解释南非 2025 年国家计划是国家的一个长期规划。事实上,2025 年学校教育计划是教育部门参与南非 2025 年国家发展计划的一部分。实质上,学校教育的长期规划阻止了专门的和零散的规划的落实。

五、计划的实际作用

在实践层面上,行动计划必须能够明确地解释关于改善学校教育最好的方法,以便教育管理者能在这方面获得更好的信息,并且意识到改善学校教育不是一件简单的事情,该行动计划必须为学校、地方和非政府利益相关者提供关键问题的指导。应该清楚的是,改善学校教育取决于每年数以千计的在整个系统中制订的有效的计划的落实。国家计划还应提供一系列政府和非政府监督机构,明确规定的目标,以明确学校管理部门的领导和管理人员责任。此外,该计划还必须在南非贸易和投资伙伴之间实行,这是我们一直致力于发展和改进国家人力资源的基础。

六、计划实施的灵活性

行动计划需要定期审查。行动计划和 2025 年学校教育计划提供了一个框架，用于讨论如何改进学校教育问题。事实上，这项计划将努力实现《绿皮书》中提出的规划目标，即开展自下而上的一系列活动，并由国家部门进行指导和领导。行动计划的一个重要组成部分是国家部门要负责监督计划的开展情况，以确保省级各部门以更加一致的方式完成自己的年度计划和中期计划。

七、在现有的基础上向前发展

重新制定学校教育制度的政策并不是行动计划的目的。自 1994 年实现民主以来，许多重要的基础设施建设就一直存在。学校治理体系一直获得广泛支持。学校扶贫资金筹措制度在其他地方已经建立。对学校 12 年级以下的学习结果的标准化国家评估开始于 2001 年，在过去的几年里得到普遍实施。所有现存的教育计划至少需要做出一些改变，甚至在某种程度上需要进行根本性的改变。本文件对部分细节会做出说明。

八、进行更严格的监控

行动计划的一个目的是加强对学校教育制度的监督，以便更好地对该部门所面临的问题进行研究。政府的《绿皮书》明确指出，政府要想取得成功，必须以具体的数据和完善的研究为基础。学校的监控，尤其是对学生的学习质量、在校时间、教师的专业需求和学生复读等问题进行监控，不仅在南非，在整个发展中国家都存在诸如此类的问题。在这份文件中提出的可监测的目标需要不断进行研究，以确保它们是真实可测的。此外，行动计划中的监测报告必须是准确可靠的。教育统计方法必须是客观专业、可操作性强的，最新的，联合国教科文组织和其他重点机构建议的方法也应该纳入其中。

九、把计划传达给国家

行动计划必须十分简洁明了，应有详细版和精简版两个版本。详细版计划应该包括所有细节，如管理者和研究人员需要了解的所有技术细节（当前这份文档和目标、指标、目的都包括在这个详细版计划当中）。行动计划向整个国家特别是向家长介绍了期待目标以及公民的具体行为。

十、网络教育战略

网络教育战略是基础教育的一部分，互联网对于 2014 年行动计划与 2025 年学校教育计划的实施起到十分重要的作用。

十一、目标内容

行动计划当中包含了一系列的长期目标，在本文中介绍了三类目标。产出目标是关于学习成果的质量，可计量的术语以及如何取得目标成绩。产出目标是计划中的卓越目标，旨在使社会直接受益，计划中的所有其他目标都以该目标为基础，但这并不意味着其他的目标不重要。显然,如果要达到所期望的学习成果,整个学校制度必须发挥其应有的作用。前景目标不是对于输出目标的改进,而是家长和学生可以直接观察到的改变,比如,更小的班级或更好的午餐。"地平线"目标指的是与家长和学生直接相关的重要改进,如学校管理制度的改进。行动计划目前包括 27 个目标,这其中 13 个是输出目标。制定这样的目标很容易,但在这类规划中的实践表明,超过这一数量的目标会降低行动效率。

十二、指标和目标

大多数目标都有一个指标,每年都可以进行测量,很少的目标会有两个指标。根据行动计划,技术文件将详细说明每个指标应该如何被测量,如果预期的数据不存在或不可靠,可以使用什么方法替代。根据国家级和省级标准,基本目标和具体的目标值已确定了 13 个输出指标,并将为每个指标进行具体解释。

十三、活动

行动计划尽可能地为评价系统中的每个利益相关者指明道路。

十四、处理不良学习结果的重要性

近年来,教育政策发生了一个重大转变,主要是因为很少有学生能够在学校获得基本的学习能力。评估过的学生没有掌握相应的基本技能。该部门参与的国际测试项目,如非洲南部和东部教育质量监测联盟和国际数学和科学研究组织发起的测试项目,表明南非的学校与那些处于类似发展水平的国家相比处于弱势。一个关键的问题是大多数的非洲学生和其他有色人种学生成绩不好,这也反映了在家庭、教师对待学生方面、使用学校基础设施方面的种族隔离现象普遍存在,因此整个评估系统都需要改进。即使是南非最优秀的学生和其他类似国家最优秀的学生相比,表现也并非出色。学校制度整体水平的落差,使得每年 12 个年级学生成绩都不理想,尤其是数学和物理等重要的学科,这也反映了学生代表数量的严重不足,特别是非洲人和其他有色人种的学生代表人数。提高学习成绩是整个南非政府的重要任务之一。如果情况依旧如此,不仅会使得数百万人因能力不足离开学校,还会为整个国家的经济和社会发展产生巨大不利影响。

十五、在学习成果方面主要有两个焦点

在基础教育的长期规划中必须重点关注学生的数量,因为他们已经达到其所在年级要求的最低标准。必须关注于提高每一个学生的能力,尤其是对于那些处于不利地位的学生。输出目标旨在通过行动计划达到教育质量,提高达到最低标准的学生数量同时使各年级成绩达到平均水平。表 5-1、5-2 中的目标 1～6 处理前者问题,目标 7～9 处理后者问题。这些目标和指标数据以及 2009 年基本标准的确定仍在审查之中。此外,在每一个指标中都需要确定具体的目标。

表 5-1   目标 1～6 的基础值和目标值

	目　标	指　标	基础值和目标值
1	增加达到 3 年级语言和数学成绩要求的学生人数	3 年级学生通过国家年度质量评估合格的比例(％)	2009 年基础值:3 年级学生语言成绩合格率达到48％;数学能力合格率达到43％。 2014 年目标:3 年级学生语言和数学成绩合格率均达到 60％。 2019 年目标:3 年级学生语言和数学成绩合格率均达到 75％。 2024 年目标:3 年级学生语言和数学成绩合格率均达到 90％。
2	增加达到 6 年级语言和数学成绩要求的学生人数	6 年级学生通过国家年度评估评估合格的比例	2009 年基础值:6 年级学生语言成绩合格率达到37％;数学成绩合格率达到19％。 2014 年目标:3 年级学生语言和数学成绩合格率均达到 60％。 2019 年目标:3 年级学生语言和数学成绩合格率均达到 75％。 2024 年目标:3 年级学生语言和数学成绩合格率均达到 90％。
3	增加达到 9 年级语言和数学成绩要求的学生人数	9 年级学生通过国家年度质量评估合格的比例(％)	2009 年基础值根据 2010 年国家年度质量标准制定。
4	增加具备上大学资格的 12 年级学生人数	12 年级学生有资格接受高等教育的人数	2009 年基础值:12 年级学生中有资格接受高等教育的人数达到 110 000 人。 2014 年目标:12 年级学生中有资格接受高等教育的人数达到 175 000 人。 2019 年目标:12 年级学生中有资格接受高等教育的人数达到 250 000 人。 2024 年目标:12 年级学生中有资格接受高等教育的人数达到 300 000 人。
5	增加 12 年级通过数学考试的学生人数	12 年级通过数学考核的学生人数(不包括通过数学素养考核的学生)	2009 年基础值:12 年级学生中通过数学考核的人数达到 125 000 人。 2014 年目标:12 年级学生中通过数学考核的人数达到 180 000 人。 2019 年目标:12 年级学生中通过数学考核的人数达到 270 000 人。 2024 年目标:12 年级学生中通过数学考核的人数达到 350 000 人。
6	增加 12 年级通过物理考试的学生人数	12 年级通过自然科学考核的学生人数	2009 年基础值:12 年级学生中通过自然科学考核的人数达到 120 000 人。 2014 年目标:12 年级学生中通过自然科学考核的人数达到 170 000 人。 2019 年目标:12 年级学生中通过自然科学考核的人数达到 250 000 人。 2024 年目标:12 年级学生中通过自然科学考核的人数达到 320 000 人。

十六、小学教育目标的改进

表 5-1 中提到 3 年级和 6 年级的目标值相比基础值而言有大幅度的提高。然而，教育水平的高低是和横向国家进行对比总结出来的。因此，这些改进虽然难度大，但也是可行的。

十七、国家年度质量评估

自 2008 年该部门的全国年度评估计划正式施行，对于监测 12 年级以下学生成绩的提高至关重要。在 2009 年，该项目涉及为 1～6 年级学生提供国家考试和提供考试成绩的学校备忘录，要求学校按照一定的质量控制标准进行测试，并向省级行政部门提交报告。此外，国家部门还与服务提供商合作，重新对大约 600 所的样本学校进行测试，以核实学校所提交的成绩。2011 年国家年度评估引入两个重要的内容。首先，要进行 9 年级测试；其次，测试的实际管理将由国家指定机构对外负责。在未来几年中，该部门的一项重要任务是基于新的经验和其他国家实践对国家年度评估进行调整。

十八、如何监控会影响性能

南非及一些其他国家采用类似于国家年度评估方案，以确保质量监控过程和结果，使得学习成果得到切实改善。必须强调的是，国家年度评估不会被用来评价那些表现不好的学校，也不会对表现良好的学校提供物质或金钱奖励。更确切地说，国家年度评估是为了了解改善学校教育需要采取的措施以及哪些学校采用了正确的教学方法。预计国家年度评估将以四种方式影响学校的绩效：

1、采取适当的评估标准丰富教师的教学经验。

2、提高地区和省级部门提供人力和物力的能力。

3、为学校提供精神奖励，以激励教师留校教学。

4.在学校治理过程中提高对学习成绩的关注。

十九、更好的学校评估实践

来自国家年度评估的数据表明，该方案使教师能够更清楚地认识到课程表的内容应该如何评估。过去允许学校自行设计评估的行为显然是不合理的。国家年度评估的外部影响评估开始后，将是验证国家年度质量评估的最佳评估方式。

二十、地方政府支持

国家年度质量评估结果将为学校划分等级。这些目标将对学校周围社区的社会经济状况产生影响，不符合该目标的学校将由地方部门审查，以确定其产生问题的原因。教师的能力不足问题将通过适当的教师在职培训来解决。学校校长管理不善显然也是一个重要因素，要更加关注校长的能力，或者在必要时，根据省部委与校长之间的合同规定采取纪律处分措施。教师、学习资料或基础设施如教室或厕所不足，也是一个重要影响因素。这些问题将通过现有的资源政策来解决。例如，招收教师填补空缺职位。此外学校应该受到公平对待，不应该以营利为目的故意在国家年度质量评估中弄虚作假，而是应该使现有的扶贫工作正常进行，使得所有学校都具有课程所需的最基本的人力和物力资源。

二十一、鼓励所有学校

学校教育体系中的教育质量问题并不局限于表现最差的学校。所有学校都有更好的发展空间。如果南非要解决国家面临的科学、社会和文化问题，如果想对非洲大陆乃至世界的进步产生更大的影响，则必须增加学生和学校的整体数量。国家年度质量评估给学校甚至是个别表现突出的学生提供了新的机会。在这一点上，重要的是认识到家庭背景会影响学生的行为表现。受过良好教育的家长和好的家庭条件对学生发展十分有利。当然有很多例外，但来自世界各地的研究表明，社会经济地位和贫穷是决定性因素，其他国家的解决方案包括扶持成绩最佳的学校以及在每一个贫穷地区取得最大进步的学校，这样学校就可以和其他面临类似问题的学校进行比较。这种做法符合南非的实际情况。

二十二、提高学校治理过程中的学生学习成绩

正如总统在 2010 年国情陈述中表示，学校的国家标准化评估结果应该与家长分享。在某种程度上，国家年度质量评估正在采取这些措施。这项计划为家长们参与学校内部治理以及探讨如何提高学生学习成绩创造了条件，同时可以让学校指导家长为学生提供帮助。每一所学校都会收到该地区的平均成绩，其中的 1/5 被社会经济所影响，学校管理机构可以衡量学校相对于周边其他学校的表现，该省的平均数和全国的分数也将被每个学校所了解，每个省和地区的平均成绩还将通过国家相关部门的有关报告进行公布。

二十三、鼓励 12 年级学生提高成绩

在某种程度上，与国家年度质量评估有关的上述方法已经通过验证并在 12 年级实行。12 年级的教学质量仍有改进的空间。有两个特别重要的领域，一是确保所有学校和学生通过官方渠道和报纸获得相关的学习资料，如示范性试卷和学习指导。另一个是通过媒体，如收音机来为 10～12 年级的学生提供学科组合指导。有证据表明，学生无法做出正确的科目选择是导致 12 年级学生成绩不理想的部分原因。

二十四、学习成绩、复读、辍学

实践证明，在复读和辍学情况下自学的负面影响很大。标准化评估对学习成绩不好的学生不会产生消极影响。世界各地采用不同的方法为学生提供学习机会，提高其学习成绩进而去应对现实压力。有关目标和指标等级的内容，说明了学生的升学和留级情况，以及实现这些目标的方式。显然，可靠的解决复读和辍学问题的方法对于整个

监测过程来说是必要的。这些方法将作为户口普查和学生个人数据记录以及正在所有学校推广的追踪系统的一部分,在未来几年内实施。

二十五、国际环境的改善

表 5-2 列出了提高教育系统中两个关键年级平均成绩的目标;这些目标基于国际标准化评估方案,说明了在全球范围内关注教育质量的重要性。南非将继续参加区域性教育质量监测计划(低于 6 年级的学生平均分数表明教育质量监测标准的内容)。南非还进行了 8 年级的教育质量监测,并且 8 年级的目标在国际教育成就评价中有所显示。这些国际计划的时间表并非完全可以预测方向,因此下一个目标随时都有可能实现。重要的是,改进国际教育成就评价在一定程度上要与目标方向相适应,改进目标是积极可行的。其他一些发展中国家也出现过类似的情况。国际评估方案重要与否和表中的任何指标都无关。南非实施这一计划的重点在于自 2011 年开始着重提高小学生的阅读能力。

表 5-2　　　　　　　　　　　目标 7~9 的基础值和目标值

	目　标	指　标	基础值和目标值
7	提高 6 年级学生在语言方面的平均成绩	6 年级学生的教育质量监测语言成绩	2009 年基础值:495 分 2012 年目标:约为 520 分 2019 年目标:约为 550 分 2022 年目标:约为 600 分
8	提高 6 年级学生在数学方面的平均成绩	6 年级学生的教育质量监测数学成绩	2009 年基础值:495 分 2017 年目标:约为 520 分 2022 年目标:约为 600 分
9	提高 8 年级学生在数学方面的平均成绩	8 年级学生国际教育成就评价中的数学成绩	2009 年基础值:264 分 2011 年目标:约为 300 分 2015 年目标:约为 340 分 2019 年目标:约为 380 分 2023 年目标:约为 420 分

二十六、南非目前的立场以及希望看到的国家在未来几年内的发展趋势

虽然不同的国家参与不同的评估方案,但可以参考综合图表当中的国家数据,而这些国家不止参与了一个计划方案。除了教育质量监测分数之外,还提供了与目标方向相适应年级的阅读量表和解决年级的数学学习量的数据表。

二十七、目标 10～13 的指标、基础值和目标值

见表 5-3。

表 5-3 目标 10～13 的基础值和目标值

	目 标	指 标	基础值和目标值
10	确保所有孩子都能在 15 岁之前完成入学	依据数据库统计的 7～15 岁人口的入学率(%)	2008 年基础值:97.4% 2014 年目标:99% 2019 年目标:100%
11	增加 1 年级以下儿童获得优质学前教育的机会	(1)1 年级学生接受 R 级项目教育的比例(%) (2)学前儿童的入学率(%)	(1)2008 年基础值:51% 2014 年目标:80%(如果计算非正式 ECD 教育的话要达到 100%) 2019 年目标:100%(正式 ECD 教育) (2)2008 年基础值:25% 2014 年目标:37% 2019 年目标:44% 2024 年目标:50%
12	提升 1～9 年级学生的学校表现	(1)9 岁儿童中通过 3 年级考试的学生比例(%) (2)12 岁儿童中通过 6 年级考试的学生比例(%)	(1)2008 年基础值:59% 2014 年目标:65% 2019 年目标:75% 2024 年目标:85% (2)2008 年基础值:46% 2014 年目标:52% 2019 年目标:60% 2024 年目标:75%
13	增加 9 年级毕业生继续接受教育和培训的机会	(1)学生中获得国家高级证书的比例(%) (2)学生中获得继续教育和培训证书的比例(%)	(1)2008 年基础值:40% 2014 年目标:50% 2019 年目标:70% (2)2008 年基础值:41% 2014 年目标:65% 2019 年目标:100%

注:其中,净入学率=6～14 岁学校 1 年级学生数/6 岁总人口数;总入学率=6～14 岁小学生总人数/6 岁总人口数。R 级项目是由罗杰·费德勒基金会资助,致力于为 1 年级学生提供正确的学习启发,以及轻松的学习体验。

二十八、接受义务教育的法定义务

南非《学校法》要求各州和家长确保孩子在 7～15 岁入学。这项要求涵盖了南非在 2015 年联合国教科文组织全球普及教育活动中的承诺,目前这个年龄段的学生入学率高达 97%。这个数字表明,仍有 25 万名儿童没有接受义务教育,其中的许多人需要特殊的学校教育,因此,面临的问题是加强普及教育政策的实施并为穷人提供特殊教育。此外,一些接受义务教育的学生日常出勤率很低,提高这些学生的出勤率也是我们实现义务教育目标的一部分。

二十九、更优质的学前教育

近年来,学前教育的招生情况有所改善,例如,在过去的数年中,获得某种形式学前教育的 1 年级学生占比从 60%增加到 80%,这主要是由于政府在学前教育方面增加了

支出。然而,正如小学教育质量的问题一样,人们也关注到学前教育的教育质量。教育质量的一个衡量标准是学生接受的 1 年级教育是正式的还是非正式的。历年的调查数据表明,到 2008 年有 51％的 1 年级学生接受正式的学前教育。政府的目标是到 2014 年将该比例提高到 80％,同时也保证所有的学生接受某种形式的学前教育,无论正式与否;到 2019 年所有的 1 年级学生都应该接受正式的学前教育。

2001 年学前教育《白皮书》显示,2001 年 5 岁以下的学生总入学率在 30％以下。然而到了 2008 年,已经达到了 32％的水平。这个数字与其他中等收入国家的数字相当。据设想,到 2024 年,5 岁以下的学生入学率应该提高到 50％,这将相当于平均每三年都有一个孩子接受学前教育。此外,政府将致力于提高所有类型的学前教育的质量,因为它不仅仅代表着一种学前教育的质量,甚至代表整个学前教育的质量。

三十、年龄与年级

学生的复读率很高,在 1 年级几乎为 20％,2～11 年级为 5％～15％。行动计划更加重视学生的学习成绩,学校增加了对低年级学生的帮助,以提高其国家年度评估的平均成绩。学校和有关部门更加关注复读率和辍学率的情况,通过缩减班级的规模以降低复读率。复读率不是通过自动升级国家年度评估来降低的,而是通过更好的教学和学习质量来降低的。根据他们的成绩用两个指标来监测学生流动性的变化:

(1)9 岁的儿童读完 3 年级的人数比例。

(2)12 岁儿童读完 6 年级的人数比例。

设想到 2024 年两个指标分别达到 85％和 75％,这些目标允许每个年级大约 5％的复读率。在未来几年中,当地方有关部门所监控的学习成绩有所改善时,他们也会监控学校层面的同年级学生成绩指标。

三十一、继续教育、训练、转学

要使 10～12 年级的继续教育和培训学校更能满足学生所面临的劳动力市场和生活要求,还需要采取很多措施。显然,这一领域的规划必须以公立与私立继续教育和培训学校的发展为基础。2015 年约有 40％的学生完成 12 年级教学任务并获得了国家高级证书。获得继续教育和培训资格的青少年的比例仅为 41％左右。这意味着普通学校在所有继续教育和培训学校中占非常高的比例,而大约 60％的学生除了得到学校颁发的证书以外,没有得到其他正式的资格证书。这种情况一直在变化,继续教育和培训还不能满足现在学生的需要。学校的目标是大幅提高获得国家高级证书的学生比例,到 2019 年达到 70％,到 2024 年使所有的学生获得继续教育和培训的资格。这些目标将使南非与其他中等收入国家甚至还没有普及中学教育的发达国家相比处于优势地位。在美国,这个比例还不到 80％,而在英国则达到 90％。此外,南非的高中入学率在 92％左右,与博茨瓦纳(58％)、墨西哥(61％)、古巴(91％)、马来西亚(53％)和土耳其(72％)相比,情况较好。南非大力发展继续教育和培训的部分原因是为了提高入学水平,同时也是为了获得更好的学习成绩。2014 年行动计划和 2025 年学校教育计划必须以继续教育和培训总体发展为基础,为继续教育和培训学校指出一条明确的道路。为此,需要进一步的磋商和思考。

三十二、调整基本教育制度,以实现上述目标

这是一项复杂的任务,涉及许多不同的行动者和实施方法,但实施的过程可能导致过度行政化或扼杀创新。

三十三、与改进学校干预措施有关的中期挑战以及指导长期行动的具体目标

这里所说明的目标和指标少于上述的输出目标。未来几年,如何更好地开展学校教育,以实现预期目标,需要进行大量的讨论和细致的工作。在国家和省级层面上,中期发展计划中有充足的准备来应对学校的问题,下一步任务是如何将现有的计划精简,使其更好地体现在这个行动计划中。

三十四、课程

课程是学校教育过程的核心。它规定了应该教什么,如何教以及如何在课堂上学习。2009 年课程回顾给出了一系列建议,这将使学校课程更容易开展。例如,统一保存学生信息方式取代了存档保存的方式。草案于 2010 年公布,该草案规定了更具体的学习方案来指导教师教学,同时建立了相关课程小组。此外,我们不应忽视指导课程开发的基本原理,课程必须是有教育性的,以适当的教学理论为基础,同时也应该是实用的、易懂的,在南非学校可以落实的。随着情况的变化,课程必须在必要时进行整改。教育部门 2003 年网络教育策略在这方面做了规定。课程是改善教师的教学方法和获得教学机会的媒介,应该在尊重教师创新性和创造力的前提下找到更明确的方法。为了提高学习水平,需要研究如何使用教学语言。南非《宪法》规定必须提高 9 种土著语言的地位,然而当前国家评估发展学校课程的能力尚不足,国家有关部门正在强化这种能力,从而发挥其关键作用。

三十五、教师

教师主要负责课程教学。在许多方面,国家未来的经济和社会发展取决于大约 365 000 名在南非公立学校授课的教师的能力、承诺和所作所为。当前教师面临的挑战分为以下四个方面:

1. 教师数量充足

长期有效的政府计划可以保证每年有足额合格教师进行教学。多年来,这种供给一直低于其应有水平,教师的平均年龄也逐渐增加。由于近年来教师培训的增加(部分通过芬萨-卢沙卡助学金计划),教师的薪酬与其他行业相比显著提高,然而在局势尚未完全正常化之前还需要几年时间。监控这一趋势的同时要确保教师长期任职。在决定采取正确的政策时,更要考虑到教师自身的兴趣所在,是金钱还是精神,教学是否令人满意等。对于政府、教师工会和学校校长来说,提高教师满意度是一个核心问题。必须重视教师职业,让其成为让南非人感到自豪和骄傲的职业。

2. 教师在全国的最佳分配

南非的教师总数低于国际水平,同时存在现有学校教师分布不均的问题。这也是出现大型班级的原因。大约一半的南非公立学校的班级都有超过 40 名学生。解决这一问题的方法是通过在农村和城市困难地区完善激励机制以填补教师员额空缺,此项

激励措施在 2007 年正式实施。学校分配教学岗位的政策保证了教师职位的公平分配，减少了大型班级的数量。教学时间可以更好地与学校时间管理规则相一致。此外，还需要以更积极主动的方式监测职位空缺以及空缺原因。研究表明，班级规模过大的原因主要是教师员额空缺，此外还包括基础设施不足和学校管理不善等原因。事实上，南非有很高的生师比例，与南非经济发展水平相似的国家相比，南非教师的工资水平是很高的。教师期望得到更高的工资，我们也希望薪水可以更高。然而，我们不能否认的是南非的教师工资已经超过了国际标准，这反映了南非学生多和教师数量少的事实。这就同时也限制了生师比的降低速度。当前降低生师比的计划仍在进行中，限制工资比率可以在计划中期进行。毫无疑问，随着经济的增长以及计划的实施，相信生师比将会出现新的变化。

3. 有效地扩大在职教师队伍

多年来，大部分的南非教师是在种族隔离时期接受岗前培训的。在过去的十几年中，南非进行了很多努力，为教师提供了新的课程和更有效的教学方法。然而，这些努力是不够的，一系列的发展表明，教师需要更好地调配和接受大规模的在职培训。许多研究项目表明，许多教师不仅缺乏有效的教学方法，学科知识也严重不足。2009 年"教师发展峰会"发起了教师、教师培训机构和政府关于如何更好地了解教师发展需求的共同声明。地方部门发挥着重要的作用。此外，网络教育给教师提供了很好的发展机会，并为其提供发展计划和学习资料。在 2009 年启动的诸如"教师专用笔记本电脑"之类的计划可以极大地印证这一点。仔细评估目前的教师发展计划，找出关键差距并填补这些差距，针对这些问题制订新的更集中的计划是十分必要的。在现有方案的基础上，很大程度上应坚持教师自身所坚持的原则，需要认识到在教师中一些需求普遍存在，而其他需求则是对年级、科目以及个别教师的特殊需求。过去几年的一个经验是，需要更好地监控教师培训的程度、教师发展的重点以及他们在课堂教学和学习方面的收获。教师培训由大学和非政府组织进行，形式不限。这种多样性在一定程度上是一个优势，但仍然需要通过统一的国家监测来不断提高教师发展的整体水平。

4. 激励和问责制

教师通常会因为教学而产生压力，因此对教师不仅要进行专业培训还要进行心理及社会疏导。与此同时，教师必须有足够的责任感。教师需要积极备课，要花费足够的时间教学，保存必要的评估记录（在 2009 年被简化了），并确保他们以这样的方式完成教学计划。实践表明，由于学校和有关部门监管不够，很多教师没有认真履行这些责任，在课堂上付出的时间很少，而且在很多情况下不能完成年度计划。为教师提供支持和追究教师责任的基础是教师和学校之间的劳动关系。在许多国家，维持这样的劳动合同关系是至关重要的。近年来，南非在这方面取得了关键性的成绩。学习质量和教学活动（QLTE）汇集了关键利益相关者，包括教育部门和教师组织，围绕一系列核心标准来支持学校的改革。在一个更具可操作性的层面，通过一套透明和公平的程序来激励良好的教学，通过金钱与非金钱激励，同时通过提供相应的纪律规则以处理绩效不足的问题。综合质量管理体系不是一个完善的体系，但它为这一领域的发展提供了基础。

未来的关键挑战是寻找更好的方式促进整个学校更好发展,这个过程需要团队的努力,同时将政策和实践落实到教师不关注的事情上,还要改进教学时间和完成年度学习计划的时间。

三十六、教材和练习册

从素质教育和教学活动来看,有效的教育的基本保证是教师、教材和时间。各国的研究表明,高质量的教材可以提高学生学习成绩,为课堂以外的研究和学习提供动力。目前南非对教科书没有足够的监控,今后必须在这方面确定更好的监测目标,最终应实现所有学生在所有学习领域(或科目)都可以得到教科书。学生可以放学后把书带回家,在年底,把书归还学校。1~9年级的新发展计划被国家标准化工作簿所采用。这些工作簿在2011年开始正式实行,确保学生进行充足的实践练习。在今后几年内必须保持教师自主开发的教材、工作簿和教材之间的适当平衡。将继续优先确保每一所学校拥有适当数量的教科书,适当的文具和(在未来几年)足够数量的工作簿,省级行政部门和学校校长在其中发挥着重要作用。各部门要根据校方提供的核实资料,确保材料如实交付,同时学校校长应积极促进教材的再利用。书籍印刷成本往往很高,学校的资助原则是促进教科书的循环使用以减少在教科书印刷方面的经费支出。一些其他国家的报告也显示教科书的印刷成本很高,因此需要国家有关部门重点关注采取降低成本的措施。

三十七、学校治理与管理

许多学校所存在的问题和本文中所描述的问题都是由于校长管理不当所引起的。在全国25 000多名校长中,有许多模范校长。然而许多校长缺乏管理能力,有时也缺少责任感,一部分原因是校长和各部门之间存在权力冲突。校长不遵守基本要求,如定期向学校提交可行的学校发展计划,也并未在学校内遵循问责制。研究表明,合格的学校校长在学校各项事务中会起到关键作用,未来几年,校长的专业精神和职业认同需要加强。近年来学校采取了相应的措施,例如在服务规范的条件下引入中层管理制度。与教师需要培训一样,校长的能力需要提高,同时需要加强监管。国家相关部门在促进现有培训项目中发挥关键作用,这些培训项目明显提高了校长能力并提高了校长参与发展方案的积极性。实践证明,合格的校长应该在学习资料和培训本身发挥更主要更直接的作用。此外,应设法增加校长对于非政府组织和私营部门的专业管理知识。学校评估政策有明文规定,学校应更好地实现学校功能和目标。本文中已经讨论过的许多目标都包含在其中。实践表明,当前学生管理委员会选举制度和程序为其学校发展提供了良好的基础,学校治理所面临的挑战是要提高家长参与度,特别是在弱势群体中,更好地提高学生学习水平,不仅应该通过学校内更为集中的教学活动来提高成绩,还应该鼓励家长帮助学生学习并督促学生按时上学。

三十八、学校经费

2009年学校资助系统的研究较为乐观,学校受益于2006年国家正式支出目标计划和资金资助计划。校长和家长对学校免费政策十分认可。重要的是,研究发现,校长和学校乐于接受资助政策规定的财务管理职责。面临的挑战是省级行政部门的控制阻碍有效的学校管理和运行,因此要确保所有学校都能够接受符合国家相关部门目标的财政资助,此外还要确定需要资助的贫困学校名单。国家的资金目标需要根据网络教育情况进行重新考虑设计,以确保其数额满足新技术的需求,从而改善学生的学习成绩。南非约有65%的学校使用计算机进行管理(近年来在这方面有了很大的改善),但由于经费限制,只有25%左右的学校使用计算机进行教学。

三十九、学校基础设施

2005~2009年,学校的基础设施建设支出增长了39%,学校设施的数据呈现了显著的增长趋势。然而,基础设施待建的挑战很大,需要为此设立一个长远的目标。用水和卫生的问题得到全面改善,可以在计划的中期得到全面解决。有1700所学校缺水,700所学校没有洗手间。此外,仍有400所学校全部是由水泥建成。然而,估计有63000个教室空缺并且有15000所学校仍然没有图书馆,这些改进措施要在行动计划的中期以后才能完成。2008年发布的国家规范为学校分类提供了关于安全性、功能性和有效性的最低或最优功能水平标准,以公平和透明的方式简化学校基础设施建造程序,该部门正在与南非开发银行合作探索创新的融资模式,以快速跟踪学校教育体系的基础设施建设,为使学校达到最佳的功能水平,于2010年公布年度目标。

四十、学生满意度

虽然目前关注学习成绩是重要的,但也不应该减少对学生健康的关注。对于国家营养计划来说,当前政府的目标是增加受益人数的百分比,在中期计划时达到90%。该目标必须被监控,同样,学校健康调查计划的涵盖范围包括为儿童提供基本卫生服务、为视力受损儿童提供眼镜。通过在某些体育法规中建立地区级联赛的方式对全国和省级体育部门提供支持。

四十一、普及教育

2001年公布的南非《特殊教育白皮书》,为这一政策领域提供了到2021年的长期目标,已经完成了《特殊教育白皮书》所规定的期限要求和许多挑战,包括一些基本政策制定问题,如最终确定公平的国家标准,为特殊学校提供资金,并为学校普及教育提供资金。应重申《白皮书》的原则,特别是为更多的穷人提供特殊服务,并从学校制度方面对有特殊需要的人和有身体障碍人士进行根本性的心理辅导。增建特殊学校和综合性学校的网络。各地区都支持普通学校的办学,并且提供高额的设备贷款,普通学校向学生提供特殊教育,综合性学校向学生提供全部或部分的特殊教育。

四十二、地方政府支持

发展教育事业使地区官员进行更好的有组织的行动以及在这个体系的层级上获得更好的资源。地方政府必须在所有政策领域内支持学校发展,并加强对学校的法律监管。学校设定的学习目标与新的信息领域和管理领域相适应。数据表明,超过90%的学校每年至少有一次地区官员实地考察,35%的学校被访问四次以上。考察次数需要增加,同时应明确应当优先解决的问题。在这方面需要更为明确的国家标准和地方政府的支持政策,即使投入成本很高,但产生的效果更为重要。地方政府的评价受学校和教师的影响。地方官员经常抱怨地方政府被视为"邮局",为行政工作提供捷径。这个趋势必须要阻止,通过严格设定行政程序和使用互联网来促进这项工作的开展。

四十三、国家部门的地位

该行动计划由部长监督执行。在年度监测报告中可以看出国家相关部门执行行动计划的具体情况,公众和学校对国家政策的了解十分必要,尤其是在促进网络教育方面,国家相关部门网站提供的信息范围大小是衡量计划是否成功的关键指标。

附　录

推动共建丝绸之路经济带
和 21 世纪海上丝绸之路的愿景与行动

国家发展改革委　外交部　商务部
（经国务院授权发布）
2015 年 3 月 28 日

前　言

2000 多年前，亚欧大陆上勤劳勇敢的人民，探索出多条连接亚欧非几大文明的贸易和人文交流通路，后人将其统称为"丝绸之路"。千百年来，"和平合作、开放包容、互学互鉴、互利共赢"的丝绸之路精神薪火相传，推进了人类文明进步，是促进沿线各国繁荣发展的重要纽带，是东西方交流合作的象征，是世界各国共有的历史文化遗产。

进入 21 世纪，在以和平、发展、合作、共赢为主题的新时代，面对复苏乏力的全球经济形势，纷繁复杂的国际和地区局面，传承和弘扬丝绸之路精神更显重要和珍贵。

2013 年 9 月和 10 月，中国国家主席习近平在出访中亚和东南亚国家期间，先后提出共建"丝绸之路经济带"和"21 世纪海上丝绸之路"（以下简称"一带一路"）的重大倡议，得到国际社会高度关注。中国国务院总理李克强参加 2013 年中国-东盟博览会时强调，铺就面向东盟的海上丝绸之路，打造带动腹地发展的战略支点。加快"一带一路"建设，有利于促进沿线各国经济繁荣与区域经济合作，加强不同文明交流互鉴，促进世界和平发展，是一项造福世界各国人民的伟大事业。

"一带一路"建设是一项系统工程，要坚持共商、共建、共享原则，积极推进沿线国家发展战略的相互对接。为推进实施"一带一路"重大倡议，让古丝绸之路焕发新的生机活力，以新的形式使亚欧非各国联系更加紧密，互利合作迈向新的历史高度，中国政府特制定并发布《推动共建丝绸之路经济带和 21 世纪海上丝绸之路的愿景与行动》。

一、时代背景

当今世界正发生复杂深刻的变化，国际金融危机深层次影响继续显现，世界经济缓慢复苏、发展分化，国际投资贸易格局和多边投资贸易规则酝酿深刻调整，各国面临的发展问题依然严峻。共建"一带一路"顺应世界多极化、经济全球化、文化多样化、社会信息化的潮流，秉持开放的区域合作精神，致力于维护全球自由贸易体系和开放型世界经济。共建"一带一路"旨在促进经济要素有序自由流动、资源高效配置和市场深度融合，推动沿线各国实现经济政策协调，开展更大范围、更高水平、更深层次的区域合作，共同打造开放、包容、均衡、普惠的区域经济合作架构。共建"一带一路"符合国际社会的根本利益，彰显人类社会共同理想和美好追求，是国际合作以及全球治理新模式的积极探索，将为世界和平发展增添新的正能量。

共建"一带一路"致力于亚欧非大陆及附近海洋的互联互通，建立和加强沿线各国互联互通伙伴关系，构建全方位、多层次、复合型的互联互通网络，实现沿线各国多元、自主、平衡、可持续的发展。"一带一路"的互联互通项目将推动沿线各国发展战略的对接与耦合，发掘区域内市场的潜力，促进投资和消费，创造需求和就业，增进沿线各国人民的人文交流与文明互鉴，让各国人民相逢相知、互信互敬，共享和谐、安宁、富裕的生活。

当前，中国经济和世界经济高度关联。中国将一以贯之地坚持对外开放的基本国策，构建全方位开放新格局，深度融入世界经济体系。推进"一带一路"建设既是中国扩大和深化对外开放的需要，也是加强和亚欧非及世界各国互利合作的需要，中国愿意在力所能及的范围内承担更多责任义务，为人类和平发展做出更大的贡献。

二、共建原则

恪守联合国宪章的宗旨和原则。遵守和平共处五项原则，即尊重各国主权和领土完整、互不侵犯、互不干涉内政、和平共处、平等互利。

坚持开放合作。"一带一路"相关的国家基于但不限于古代丝绸之路的范围，各国和国际、地区组织均可参与，让共建成果惠及更广泛的区域。

坚持和谐包容。倡导文明宽容，尊重各国发展道路和模式的选择，加强不同文明之间的对话，求同存异、兼容并蓄、和平共处、共生共荣。

坚持市场运作。遵循市场规律和国际通行规则，充分发挥市场在资源配置中的决定性作用和各类企业的主体作用，同时发挥好政府的作用。

坚持互利共赢。兼顾各方利益和关切，寻求利益契合点和合作最大公约数，体现各方智慧和创意，各施所长，各尽所能，把各方优势和潜力充分发挥出来。

三、框架思路

"一带一路"是促进共同发展、实现共同繁荣的合作共赢之路，是增进理解信任、加强全方位交流的和平友谊之路。中国政府倡议，秉持和平合作、开放包容、互学互鉴、互利共赢的理念，全方位推进务实合作，打造政治互信、经济融合、文化包容的利益共同体、命运共同体和责任共同体。

"一带一路"贯穿亚欧非大陆，一头是活跃的东亚经济圈，一头是发达的欧洲经济圈，中间广大腹地国家经济发展潜力巨大。丝绸之路经济带重点畅通中国经中亚、俄罗斯至欧洲(波罗的海);中国经中亚、西亚至波斯湾、地中海;中国至东南亚、南亚、印度洋。21世纪海上丝绸之路重点方向是从中国沿海港口过南海到印度洋,延伸至欧洲;从中国沿海港口过南海到南太平洋。

根据"一带一路"走向,陆上依托国际大通道,以沿线中心城市为支撑,以重点经贸产业园区为合作平台,共同打造新亚欧大陆桥、中蒙俄、中国-中亚-西亚、中国-中南半岛等国际经济合作走廊;海上以重点港口为节点,共同建设通畅安全高效的运输大通道。中巴、孟中印缅两个经济走廊与推进"一带一路"建设关联紧密,要进一步推动合作,取得更大进展。

"一带一路"建设是沿线各国开放合作的宏大经济愿景,需各国携手努力,朝着互利互惠、共同安全的目标相向而行。努力实现区域基础设施更加完善,安全高效的陆海空通道网络基本形成,互联互通达到新水平;投资贸易便利化水平进一步提升,高标准自由贸易区网络基本形成,经济联系更加紧密,政治互信更加深入;人文交流更加广泛深入,不同文明互鉴共荣,各国人民相知相交、和平友好。

四、合作重点

沿线各国资源禀赋各异,经济互补性较强,彼此合作潜力和空间很大。以政策沟通、设施联通、贸易畅通、资金融通、民心相通为主要内容,重点在以下方面加强合作。

政策沟通。加强政策沟通是"一带一路"建设的重要保障。加强政府间合作,积极构建多层次政府间宏观政策沟通交流机制,深化利益融合,促进政治互信,达成合作新共识。沿线各国可以就经济发展战略和对策进行充分交流对接,共同制定推进区域合作的规划和措施,协商解决合作中的问题,共同为务实合作及大型项目实施提供政策支持。

设施联通。基础设施互联互通是"一带一路"建设的优先领域。在尊重相关国家主权和安全关切的基础上,沿线国家宜加强基础设施建设规划、技术标准体系的对接,共同推进国际骨干通道建设,逐步形成连接亚洲各次区域以及亚欧非之间的基础设施网络。强化基础设施绿色低碳化建设和运营管理,在建设中充分考虑气候变化影响。

抓住交通基础设施的关键通道、关键节点和重点工程,优先打通缺失路段,畅通瓶颈路段,配套完善道路安全防护设施和交通管理设施设备,提升道路通达水平。推进建立统一的全程运输协调机制,促进国际通关、换装、多式联运有机衔接,逐步形成兼容规范的运输规则,实现国际运输便利化。推动口岸基础设施建设,畅通陆水联运通道,推进港口合作建设,增加海上航线和班次,加强海上物流信息化合作。拓展建立民航全面合作的平台和机制,加快提升航空基础设施水平。

加强能源基础设施互联互通合作,共同维护输油、输气管道等运输通道安全,推进跨境电力与输电通道建设,积极开展区域电网升级改造合作。

共同推进跨境光缆等通信干线网络建设,提高国际通信互联互通水平,畅通信息丝绸之路。加快推进双边跨境光缆等建设,规划建设洲际海底光缆项目,完善空中(卫星)

信息通道,扩大信息交流与合作。

贸易畅通。投资贸易合作是"一带一路"建设的重点内容。宜着力研究解决投资贸易便利化问题,消除投资和贸易壁垒,构建区域内和各国良好的营商环境,积极同沿线国家和地区共同商建自由贸易区,激发释放合作潜力,做大做好合作"蛋糕"。

沿线国家宜加强信息互换、监管互认、执法互助的海关合作,以及检验检疫、认证认可、标准计量、统计信息等方面的双多边合作,推动世界贸易组织《贸易便利化协定》生效和实施。改善边境口岸通关设施条件,加快边境口岸"单一窗口"建设,降低通关成本,提升通关能力。加强供应链安全与便利化合作,推进跨境监管程序协调,推动检验检疫证书国际互联网核查,开展"经认证的经营者"(AEO)互认。降低非关税壁垒,共同提高技术性贸易措施透明度,提高贸易自由化便利化水平。

拓宽贸易领域,优化贸易结构,挖掘贸易新增长点,促进贸易平衡。创新贸易方式,发展跨境电子商务等新的商业业态。建立健全服务贸易促进体系,巩固和扩大传统贸易,大力发展现代服务贸易。把投资和贸易有机结合起来,以投资带动贸易发展。

加快投资便利化进程,消除投资壁垒。加强双边投资保护协定、避免双重征税协定磋商,保护投资者的合法权益。

拓展相互投资领域,开展农林牧渔业、农机及农产品生产加工等领域深度合作,积极推进海水养殖、远洋渔业、水产品加工、海水淡化、海洋生物制药、海洋工程技术、环保产业和海上旅游等领域合作。加大煤炭、油气、金属矿产等传统能源资源勘探开发合作,积极推动水电、核电、风电、太阳能等清洁、可再生能源合作,推进能源资源就地就近加工转化合作,形成能源资源合作上下游一体化产业链。加强能源资源深加工技术、装备与工程服务合作。

推动新兴产业合作,按照优势互补、互利共赢的原则,促进沿线国家加强在新一代信息技术、生物、新能源、新材料等新兴产业领域的深入合作,推动建立创业投资合作机制。

优化产业链分工布局,推动上下游产业链和关联产业协同发展,鼓励建立研发、生产和营销体系,提升区域产业配套能力和综合竞争力。扩大服务业相互开放,推动区域服务业加快发展。探索投资合作新模式,鼓励合作建设境外经贸合作区、跨境经济合作区等各类产业园区,促进产业集群发展。在投资贸易中突出生态文明理念,加强生态环境、生物多样性和应对气候变化合作,共建绿色丝绸之路。

中国欢迎各国企业来华投资。鼓励本国企业参与沿线国家基础设施建设和产业投资。促进企业按属地化原则经营管理,积极帮助当地发展经济、增加就业、改善民生,主动承担社会责任,严格保护生物多样性和生态环境。

资金融通。资金融通是"一带一路"建设的重要支撑。深化金融合作,推进亚洲货币稳定体系、投融资体系和信用体系建设。扩大沿线国家双边本币互换、结算的范围和规模。推动亚洲债券市场的开放和发展。共同推进亚洲基础设施投资银行、金砖国家开发银行筹建,有关各方就建立上海合作组织融资机构开展磋商。加快丝路基金组建运营。深化中国-东盟银行联合体、上合组织银行联合体务实合作,以银团贷款、银行授信等方式开展多边金融合作。支持沿线国家政府和信用等级较高的企业以及金融机构在中国境内发行人民币债券。符合条件的中国境内金融机构和企业可以在境外发行人民币债券和外币债券,鼓励在沿线国家使用所筹资金。

加强金融监管合作,推动签署双边监管合作谅解备忘录,逐步在区域内建立高效监管协调机制。完善风险应对和危机处置制度安排,构建区域性金融风险预警系统,形成应对跨境风险和危机处置的交流合作机制。加强征信管理部门、征信机构和评级机构之间的跨境交流与合作。充分发挥丝路基金以及各国主权基金作用,引导商业性股权投资基金和社会资金共同参与"一带一路"重点项目建设。

民心相通。民心相通是"一带一路"建设的社会根基。传承和弘扬丝绸之路友好合作精神,广泛开展文化交流、学术往来、人才交流合作、媒体合作、青年和妇女交往、志愿者服务等,为深化双多边合作奠定坚实的民意基础。

扩大相互间留学生规模,开展合作办学,中国每年向沿线国家提供 1 万个政府奖学金名额。沿线国家间互办文化年、艺术节、电影节、电视周和图书展等活动,合作开展广播影视剧精品创作及翻译,联合申请世界文化遗产,共同开展世界遗产的联合保护工作。深化沿线国家间人才交流合作。

加强旅游合作,扩大旅游规模,互办旅游推广周、宣传月等活动,联合打造具有丝绸之路特色的国际精品旅游线路和旅游产品,提高沿线各国游客签证便利化水平。推动 21 世纪海上丝绸之路邮轮旅游合作。积极开展体育交流活动,支持沿线国家申办重大国际体育赛事。

强化与周边国家在传染病疫情信息沟通、防治技术交流、专业人才培养等方面的合作,提高合作处理突发公共卫生事件的能力。为有关国家提供医疗援助和应急医疗救助,在妇幼健康、残疾人康复以及艾滋病、结核、疟疾等主要传染病领域开展务实合作,扩大在传统医药领域的合作。

加强科技合作,共建联合实验室(研究中心)、国际技术转移中心、海上合作中心,促进科技人员交流,合作开展重大科技攻关,共同提升科技创新能力。

整合现有资源,积极开拓和推进与沿线国家在青年就业、创业培训、职业技能开发、社会保障管理服务、公共行政管理等共同关心领域的务实合作。

充分发挥政党、议会交往的桥梁作用,加强沿线国家之间立法机构、主要党派和政治组织的友好往来。开展城市交流合作,欢迎沿线国家重要城市之间互结友好城市,以人文交流为重点,突出务实合作,形成更多鲜活的合作范例。欢迎沿线国家智库之间开展联合研究、合作举办论坛等。

加强沿线国家民间组织的交流合作,重点面向基层民众,广泛开展教育医疗、减贫开发、生物多样性和生态环保等各类公益慈善活动,促进沿线贫困地区生产生活条件改善。加强文化传媒的国际交流合作,积极利用网络平台,运用新媒体工具,塑造和谐友好的文化生态和舆论环境。

五、合作机制

当前,世界经济融合加速发展,区域合作方兴未艾。积极利用现有双多边合作机制,推动"一带一路"建设,促进区域合作蓬勃发展。

加强双边合作,开展多层次、多渠道沟通磋商,推动双边关系全面发展。推动签署合作备忘录或合作规划,建设一批双边合作示范。建立完善双边联合工作机制,研究推进"一带一路"建设的实施方案、行动路线图。充分发挥现有联委会、混委会、协委会、指导委员会、管理委员会等双边机制作用,协调推动合作项目实施。

强化多边合作机制作用,发挥上海合作组织(SCO)、中国-东盟"10+1"、亚太经合组织(APEC)、亚欧会议(ASEM)、亚洲合作对话(ACD)、亚信会议(CICA)、中阿合作论坛、中国-海合会战略对话、大湄公河次区域(GMS)经济合作、中亚区域经济合作(CAREC)等现有多边合作机制作用,相关国家加强沟通,让更多国家和地区参与"一带一路"建设。

继续发挥沿线各国区域、次区域相关国际论坛、展会以及博鳌亚洲论坛、中国-东盟博览会、中国-亚欧博览会、欧亚经济论坛、中国国际投资贸易洽谈会,以及中国-南亚博览会、中国-阿拉伯博览会、中国西部国际博览会、中国-俄罗斯博览会、前海合作论坛等平台的建设性作用。支持沿线国家地方、民间挖掘"一带一路"历史文化遗产,联合举办专项投资、贸易、文化交流活动,办好丝绸之路(敦煌)国际文化博览会、丝绸之路国际电影节和图书展。倡议建立"一带一路"国际高峰论坛。

六、中国各地方开放态势

推进"一带一路"建设,中国将充分发挥国内各地区比较优势,实行更加积极主动的开放战略,加强东中西互动合作,全面提升开放型经济水平。

西北、东北地区。发挥新疆独特的区位优势和向西开放重要窗口作用,深化与中亚、南亚、西亚等国家交流合作,形成丝绸之路经济带上重要的交通枢纽、商贸物流和文化科教中心,打造丝绸之路经济带核心区。发挥陕西、甘肃综合经济文化和宁夏、青海民族人文优势,打造西安内陆型改革开放新高地,加快兰州、西宁开发开放,推进宁夏内陆开放型经济试验区建设,形成面向中亚、南亚、西亚国家的通道、商贸物流枢纽、重要产业和人文交流基地。发挥内蒙古联通俄蒙的区位优势,完善黑龙江对俄铁路通道和区域铁路网,以及黑龙江、吉林、辽宁与俄远东地区陆海联运合作,推进构建北京—莫斯科欧亚高速运输走廊,建设向北开放的重要窗口。

西南地区。发挥广西与东盟国家陆海相邻的独特优势,加快北部湾经济区和珠江—西江经济带开放发展,构建面向东盟区域的国际通道,打造西南、中南地区开放发展新的战略支点,形成21世纪海上丝绸之路与丝绸之路经济带有机衔接的重要门户。发挥云南区位优势,推进与周边国家的国际运输通道建设,打造大湄公河次区域经济合作新高地,建设成为面向南亚、东南亚的辐射中心。推进西藏与尼泊尔等国家边境贸易和旅游文化合作。

沿海和港澳台地区。利用长三角、珠三角、海峡西岸、环渤海等经济区开放程度高、经济实力强、辐射带动作用大的优势,加快推进中国(上海)自由贸易试验区建设,支持福建建设21世纪海上丝绸之路核心区。充分发挥深圳前海、广州南沙、珠海横琴、福建平潭等开放合作区作用,深化与港澳台合作,打造粤港澳大湾区。推进浙江海洋经济发展示范区、福建海峡蓝色经济试验区和舟山群岛新区建设,加大海南国际旅游岛开发开放力度。加强上海、天津、宁波-舟山、广州、深圳、湛江、汕头、青岛、烟台、大连、福州、厦门、泉州、海口、三亚等沿海城市港口建设,强化上海、广州等国际枢纽机场功能。以扩大开放倒逼深层次改革,创新开放型经济体制机制,加大科技创新力度,形成参与和引领国际合作竞争新优势,成为"一带一路"特别是21世纪海上丝绸之路建设的排头兵和主力军。发挥海外侨胞以及香港、澳门特别行政区独特优势作用,积极参与和助力"一带一路"建设。为台湾地区参与"一带一路"建设做出妥善安排。

内陆地区。利用内陆纵深广阔、人力资源丰富、产业基础较好优势,依托长江中游城市群、成渝城市群、中原城市群、呼包鄂榆城市群、哈长城市群等重点区域,推动区域互动合作和产业集聚发展,打造重庆西部开发开放重要支撑和成都、郑州、武汉、长沙、南昌、合肥等内陆开放型经济高地。加快推动长江中上游地区和俄罗斯伏尔加河沿岸联邦区的合作。建立中欧通道铁路运输、口岸通关协调机制,打造"中欧班列"品牌,建设沟通境内外、连接东中西的运输通道。支持郑州、西安等内陆城市建设航空港、国际陆港,加强内陆口岸与沿海、沿边口岸通关合作,开展跨境贸易电子商务服务试点。优化海关特殊监管区域布局,创新加工贸易模式,深化与沿线国家的产业合作。

七、中国积极行动

一年多来,中国政府积极推动"一带一路"建设,加强与沿线国家的沟通磋商,推动与沿线国家的务实合作,实施了一系列政策措施,努力收获早期成果。

高层引领推动。习近平主席、李克强总理等国家领导人先后出访20多个国家,出席加强互联互通伙伴关系对话会、中阿合作论坛第六届部长级会议,就双边关系和地区发展问题,多次与有关国家元首和政府首脑进行会晤,深入阐释"一带一路"的深刻内涵和积极意义,就共建"一带一路"达成广泛共识。

签署合作框架。与部分国家签署了共建"一带一路"合作备忘录,与一些毗邻国家签署了地区合作和边境合作的备忘录以及经贸合作中长期发展规划。研究编制与一些毗邻国家的地区合作规划纲要。

推动项目建设。加强与沿线有关国家的沟通磋商,在基础设施互联互通、产业投资、资源开发、经贸合作、金融合作、人文交流、生态保护、海上合作等领域,推进了一批条件成熟的重点合作项目。

完善政策措施。中国政府统筹国内各种资源,强化政策支持。推动亚洲基础设施投资银行筹建,发起设立丝路基金,强化中国-欧亚经济合作基金投资功能。推动银行卡清算机构开展跨境清算业务和支付机构开展跨境支付业务。积极推进投资贸易便利化,推进区域通关一体化改革。

发挥平台作用。各地成功举办了一系列以"一带一路"为主题的国际峰会、论坛、研讨会、博览会,对增进理解、凝聚共识、深化合作发挥了重要作用。

八、共创美好未来

共建"一带一路"是中国的倡议,也是中国与沿线国家的共同愿望。站在新的起点上,中国愿与沿线国家一道,以共建"一带一路"为契机,平等协商,兼顾各方利益,反映各方诉求,携手推动更大范围、更高水平、更深层次的大开放、大交流、大融合。"一带一路"建设是开放的、包容的,欢迎世界各国和国际、地区组织积极参与。

共建"一带一路"的途径是以目标协调、政策沟通为主,不刻意追求一致性,可高度灵活,富有弹性,是多元开放的合作进程。中国愿与沿线国家一道,不断充实完善"一带一路"的合作内容和方式,共同制定时间表、路线图,积极对接沿线国家发展和区域合作规划。

中国愿与沿线国家一道,在既有双多边和区域次区域合作机制框架下,通过合作研究、论坛展会、人员培训、交流访问等多种形式,促进沿线国家对共建"一带一路"内涵、目标、任务等方面的进一步理解和认同。

中国愿与沿线国家一道,稳步推进示范项目建设,共同确定一批能够照顾双多边利益的项目,对各方认可、条件成熟的项目抓紧启动实施,争取早日开花结果。

"一带一路"是一条互尊互信之路,一条合作共赢之路,一条文明互鉴之路。只要沿线各国和衷共济、相向而行,就一定能够谱写建设丝绸之路经济带和21世纪海上丝绸之路的新篇章,让沿线各国人民共享"一带一路"共建成果。

附录二

教育部关于印发
《推进共建"一带一路"教育行动》的通知

教外〔2016〕46 号

各省、自治区、直辖市教育厅(教委),各计划单列市教育局,新疆生产建设兵团教育局,部属各高等学校,部内各司局、各直属单位:

为贯彻落实中办、国办《关于做好新时期教育对外开放工作的若干意见》和国家发展改革委、外交部、商务部经国务院授权发布的《推动共建丝绸之路经济带和 21 世纪海上丝绸之路的愿景与行动》,我部牵头制订了《推进共建"一带一路"教育行动》,并已经国家教育体制改革领导小组会议审议通过。现印发给你们,请结合实际认真贯彻执行。

教育部

2016 年 7 月 13 日

推进共建"一带一路"教育行动

推进共建"丝绸之路经济带"和"21 世纪海上丝绸之路"(以下简称"一带一路"),为推动区域教育大开放、大交流、大融合提供了大契机。"一带一路"沿线国家教育加强合作、共同行动,既是共建"一带一路"的重要组成部分,又为共建"一带一路"提供人才支撑。中国愿与沿线国家一道,扩大人文交流,加强人才培养,共同开创教育美好明天。

一、教育使命

教育为国家富强、民族繁荣、人民幸福之本,在共建"一带一路"中具有基础性和先导性作用。教育交流为沿线各国民心相通架设桥梁,人才培养为沿线各国政策沟通、设施联通、贸易畅通、资金融通提供支撑。沿线各国唇齿相依,教育交流源远流长,教育合作前景广阔,大家携手发展教育,合力推进共建"一带一路",是造福沿线各国人民的伟大事业。

中国将一以贯之地坚持教育对外开放,深度融入世界教育改革发展潮流。推进"一带一路"教育共同繁荣,既是加强与沿线各国教育互利合作的需要,也是推进中国教育改革发展的需要,中国愿意在力所能及的范围内承担更多责任义务,为区域教育大发展做出更大的贡献。

二、合作愿景

沿线各国携起手来,增进理解、扩大开放、加强合作、互学互鉴,谋求共同利益、直面共同命运、勇担共同责任,聚力构建"一带一路"教育共同体,形成平等、包容、互惠、活跃的教育合作态势,促进区域教育发展,全面支撑共建"一带一路",共同致力于:

推进民心相通。开展更大范围、更高水平、更深层次的人文交流,不断推进沿线各国人民相知相亲。

提供人才支撑。培养大批共建"一带一路"急需人才,支持沿线各国实现政策互通、设施联通、贸易畅通、资金融通。

实现共同发展。推动教育深度合作、互学互鉴,携手促进沿线各国教育发展,全面提升区域教育影响力。

三、合作原则

育人为本,人文先行。加强合作育人,提高区域人口素质,为共建"一带一路"提供人才支撑。坚持人文交流先行,建立区域人文交流机制,搭建民心相通桥梁。

政府引导,民间主体。沿线国家政府加强沟通协调,整合多种资源,引导教育融合发展。发挥学校、企业及其他社会力量的主体作用,活跃教育合作局面,丰富教育交流内涵。

共商共建,开放合作。坚持沿线国家共商、共建、共享,推进各国教育发展规划相互衔接,实现沿线各国教育融通发展、互动发展。

和谐包容,互利共赢。加强不同文明之间的对话,寻求教育发展最佳契合点和教育合作最大公约数,促进沿线各国在教育领域互利互惠。

四、合作重点

沿线各国教育特色鲜明、资源丰富、互补性强、合作空间巨大。中国将以基础性、支撑性、引领性三方面举措为建议框架,开展三方面重点合作,对接沿线各国意愿,互鉴先进教育经验,共享优质教育资源,全面推动各国教育提速发展。

(一)开展教育互联互通合作

加强教育政策沟通。开展"一带一路"教育法律、政策协同研究,构建沿线各国教育政策信息交流通报机制,为沿线各国政府推进教育政策互通提供决策建议,为沿线各国学校和社会力量开展教育合作交流提供政策咨询。积极签署双边、多边和次区域教育合作框架协议,制定沿线各国教育合作交流国际公约,逐步疏通教育合作交流政策性瓶颈,实现学分互认、学位互授联授,协力推进教育共同体建设。

助力教育合作渠道畅通。推进"一带一路"国家间签证便利化,扩大教育领域合作交流,形成往来频繁、合作众多、交流活跃、关系密切的携手发展局面。鼓励有合作基础、相同研究课题和发展目标的学校缔结姊妹关系,逐步深化拓展教育合作交流。举办沿线国家校长论坛,推进学校间开展多层次多领域的务实合作。支持高等学校依托学科优势专业,建立产学研用结合的国际合作联合实验室(研究中心)、国际技术转移中心,共同应对经济发展、资源利用、生态保护等沿线各国面临的重大挑战与机遇。打造"一带一路"学术交流平台,吸引各国专家学者、青年学生开展研究和学术交流。推进"一带一路"优质教育资源共享。

促进沿线国家语言互通。研究构建语言互通协调机制,共同开发语言互通开放课程,逐步将沿线国家语言课程纳入各国学校教育课程体系。拓展政府间语言学习交换项目,联合培养、相互培养高层次语言人才。发挥外国语院校人才培养优势,推进基础教育多语种师资队伍建设和外语教育教学工作。扩大语言学习国家公派留学人员规模,倡导沿线各国与中国院校合作在华开办本国语言专业。支持更多社会力量助力孔子学院和孔子课堂建设,加强汉语教师和汉语教学志愿者队伍建设,全力满足沿线国家汉语学习需求。

推进沿线国家民心相通。鼓励沿线国家学者开展或合作开展中国课题研究,增进沿线各国对中国发展模式、国家政策、教育文化等各方面的理解。建设国别和区域研究基地,与对象国合作开展经济、政治、教育、文化等领域研究。逐步将理解教育课程、丝路文化遗产保护纳入沿线各国中小学教育课程体系,加强青少年对不同国家文化的理解。加强"丝绸之路"青少年交流,注重利用社会实践和志愿服务、文化体验、体育竞赛、创新创业活动和新媒体社交等途径,增进不同国家青少年对其他国家文化的理解。

推动学历学位认证标准连通。推动落实联合国教科文组织《亚太地区承认高等教育资历公约》,支持教科文组织建立世界范围学历互认机制,实现区域内双边多边学历学位关联互认。呼吁各国完善教育质量保障体系和认证机制,加快推进本国教育资历框架开发,助力各国学习者在不同种类和不同阶段教育之间进行转换,促进终身学习社会建设。共商共建区域性职业教育资历框架,逐步实现就业市场的从业标准一体化。探索建立沿线各国教师专业发展标准,促进教师流动。

(二)开展人才培养培训合作

实施"丝绸之路"留学推进计划。设立"丝绸之路"中国政府奖学金,为沿线各国专项培养行业领军人才和优秀技能人才。全面提升来华留学人才培养质量,把中国打造成为深受沿线各国学子欢迎的留学目的地国。以国家公派留学为引领,推动更多中国学生到沿线国家留学。坚持"出国留学和来华留学并重、公费留学和自费留学并重、扩大规模和提高质量并重、依法管理和完善服务并重、人才培养和发挥作用并重",完善全链条的留学人员管理服务体系,保障平安留学、健康留学、成功留学。

实施"丝绸之路"合作办学推进计划。有条件的中国高等学校开展境外办学要集中优势学科,选好合作契合点,做好前期论证工作,构建人才培养模式、运行管理模式、服务当地模式、公共关系模式,使学校顺利落地生根、开花结果。发挥政府引领、行业主导作用,促进高等学校、职业院校与行业企业深化产教融合。鼓励中国优质职业教育配合高铁、电信运营等行业企业走出去,探索开展多种形式的境外合作办学,合作设立职业院校、培训中心,合作开发教学资源和项目,开展多层次职业教育和培训,培养当地急需的各类"一带一路"建设者。整合资源,积极推进与沿线各国在青年就业培训等共同关心领域的务实合作。倡议沿线国家之间开展高水平合作办学。

实施"丝绸之路"师资培训推进计划。开展"丝绸之路"教师培训,加强先进教育经验交流,提升区域教育质量。加强"丝绸之路"教师交流,推动沿线各国校长交流访问、教师及管理人员交流研修,推进优质教育模式在沿线各国互学互鉴。大力推进沿线各国优质教学仪器设备、教材课件和整体教学解决方案输出,跟进教师培训工作,促进沿线各国教育资源和教学水平均衡发展。

实施"丝绸之路"人才联合培养推进计划。推进沿线国家间的研修访学活动。鼓励沿线各国高等学校在语言、交通运输、建筑、医学、能源、环境工程、水利工程、生物科学、海洋科学、生态保护、文化遗产保护等沿线国家发展急需的专业领域联合培养学生,推动联盟内或校际教育资源共享。

(三)共建丝路合作机制

加强"丝绸之路"人文交流高层磋商。开展沿线国家双边多边人文交流高层磋商,商定"一带一路"教育合作交流总体布局,协调推动沿线各国建立教育双边多边合作机制、教育质量保障协作机制和跨境教育市场监管协作机制,统筹推进"一带一路"教育共同行动。

充分发挥国际合作平台作用。发挥上海合作组织、东亚峰会、亚太经合组织、亚欧会议、亚洲相互协作与信任措施会议、中阿合作论坛、东南亚教育部长组织、中非合作论坛、中巴经济走廊、孟中印缅经济走廊、中蒙俄经济走廊等现有双边多边合作机制作用,增加教育合作的新内涵。借助联合国教科文组织等国际组织力量,推动沿线各国围绕实现世界教育发展目标形成协作机制。充分利用中国-东盟教育交流周、中日韩大学交流合作促进委员会、中阿大学校长论坛、中非高校 20＋20 合作计划、中日大学校长论坛、中韩大学校长论坛、中俄大学联盟等已有平台,开展务实教育合作交流。支持在共同区域、有合作基础、具备相同专业背景的学校组建联盟,不断延展教育务实合作平台。

实施"丝绸之路"教育援助计划。发挥教育援助在"一带一路"教育共同行动中的重要作用,逐步加大教育援助力度,重点投资于人、援助于人、惠及于人。发挥教育援助在"南南合作"中的重要作用,加大对沿线国家尤其是最不发达国家的支持力度。统筹利用国家、教育系统和民间资源,为沿线国家培养培训教师、学者和各类技能人才。积极开展优质教学仪器设备、整体教学方案、配套师资培训一体化援助。加强中国教育培训中心和教育援外基地建设。倡议各国建立政府引导、社会参与的多元化经费筹措机制，通过国家资助、社会融资、民间捐赠等渠道，拓宽教育经费来源，做大教育援助格局，实现教育共同发展。

开展"丝路金驼金帆"表彰工作。对于在"一带一路"教育合作交流和区域教育共同发展中做出杰出贡献、产生重要影响的国际人士、团队和组织给予表彰。

五、中国教育行动起来

中国倡导沿线各国建立教育共同体，聚力推进共建"一带一路"，首先需要中国教育领域和社会各界率先垂范、积极行动。

加强协调推动。加强国内各部门各地方的统筹协调工作，有序开展"一带一路"教育合作交流。推动中国教育治理体系完善、相关法律法规修订和教育综合改革，提升中国开展"一带一路"教育行动的质量和水平。教育部与国家发展改革委、外交部、商务部等部门和全国性行业组织紧密配合，围绕共建"一带一路"大局，寻找合作重点、建立运行保障机制，畅通教育国际合作交流渠道，对接沿线各国教育发展战略规划。

地方重点推进。突出地方推进共建"一带一路"的主体性、支撑性和落地性，要求各地发挥区位优势和地方特色，抓紧制订本地教育和经济携手走出去行动计划，紧密对接国家总体布局。有序与沿线国家地方政府建立"友好省州""姊妹城市"关系，做好做实彼此间人文交流。充分利用地方调配资源优势，积极搭建海内外平台，促进校企优势互补、良性合作、共同发展。多措并举，支持指导本地教育系统与"一带一路"沿线国家广泛开展合作交流，打造教育合作交流区域高地，助力做强本地教育。

各级学校有序前行。各级各类学校秉承"己欲立而立人"的中国传统，有序与沿线各国学校扩大合作交流，整合优质资源走出去，选择优质资源引进来，兼容并包、互学互鉴，共同提升教育国际化水平和服务共建"一带一路"能力。中小学校要广泛建立校际合作交流关系，重点开展师生交流、教师培训和国际理解教育。高等学校、职业院校要立足各自发展战略和本地区参与共建"一带一路"规划，与沿线各国开展形式多样的合作交流，重点做好完善现代大学制度、创新人才培养模式、提升来华留学质量、优化境外合作办学、助推企业成长等各项工作的协同发展。

社会力量顺势而行。开展更大范围、更深层次、更高水平的"一带一路"教育民间合作交流，吸纳更多民间智慧、民间力量、民间方案、民间行动。大力培育和发展我国非营利组织，通过购买服务、市场调配等举措，大力支持社会机构和专业组织投身教育对外开放事业，活跃民间教育国际合作交流。加快推动教学仪器和中医诊疗服务走出去步伐，支持企业和个人按照市场规则依法参与中外合作办学、合作科研、涉外服务等教育对外开放活动。企业要积极与学校合作走出去，联合开展人才培养、科技创新和成果转化，积极服务"一带一路"国家经贸发展。

助力形成早期成果。实施高度灵活、富有弹性的合作机制，优先启动各方认可度高、条件成熟的项目,明确时间节点,争取短期内开花结果。2016 年,各省市制订并呈报本地"一带一路"教育行动计划,有序推进教育互联互通、人才培养培训及丝路合作机制建设。2017 年,基于三方面重点合作的沿线各国教育共同行动深入开展。未来 3 年,中国每年面向沿线国家公派留学生 2500 人;未来 5 年,建成 10 个海外科教基地,每年资助 1 万名沿线国家新生来华学习或研修。

六、共创教育美好明天

独行快,众行远。合作交流是沿线各国共建"一带一路"教育共同体的主要方式。通过教育合作交流,培养高素质人才,推进经济社会发展,提高沿线各国人民生活福祉,是我们共同的愿望。通过教育合作交流,扩大人文往来,筑牢地区和平基础,是我们共同的责任。

中国愿与沿线各国一道,秉持开放合作、互利共赢理念,共同构建多元化教育合作机制,制订时间表和路线图,推动弹性化合作进程,打造示范性合作项目,满足各方发展需要,促进共同发展。

中国教育部倡议沿线各国积极行动起来,加强战略规划对接和政策磋商,探索教育合作交流的机制与模式,增进教育合作交流的广度和深度,追求教育合作交流的质量和效益,互知互信、互帮互助、互学互鉴,携手推动教育发展,促进民心相通,构建"一带一路"教育共同体,共创人类美好生活新篇章。

后　记

本书是张德祥教授主持的中国高等教育学会高等教育科学研究"十三五"规划重大攻关课题"'一带一路'国家高等教育政策法规研究"（16ZG003）的研究成果。

全书由张德祥教授和李枭鹰教授负责总体规划、设计和架构，确定编译的主旨与核心，组织人员搜集、选取、编译和整理这些国家的相关教育政策法规，最后审阅书稿。本书的出版凝结了众人的智慧与汗水。《埃及全民教育计划》由贾枭编译；《2015 年埃及全民教育回顾》由魏宁、刘玉君、贾枭编译；《摩洛哥全民教育国家报告 2015》由张妍编译；《摩洛哥学前教育法》由祝嫣然编译；《摩洛哥高等教育组织法》由王迪编译；《埃塞俄比亚成人教育战略》由刘玉君编译；《埃塞俄比亚全民教育回顾》由赵乐、靳莹编译；《南非基础教育的 752 则公告》由魏宁编译；感谢盛郁童提供文本资料。全书最后由贾枭、刘玉君、魏宁负责统稿和定稿。

本书的出版得到了中国高等教育学会、大连理工大学出版社的大力支持，课题组在此深表感谢！

课题组